中国创新发展
科技与制度"双驱动"路径

The Innovation-Driven Development in China
Duel-Driven Path Based on Technology and Institutions

高 伟 著

国家社科基金后期资助项目
出版说明

　　后期资助项目是国家社科基金设立的一类重要项目,旨在鼓励广大社科研究者潜心治学,支持基础研究多出优秀成果。它是经过严格评审,从接近完成的科研成果中遴选立项的。为扩大后期资助项目的影响,更好地推动学术发展,促进成果转化,全国哲学社会科学工作办公室按照"统一设计、统一标识、统一版式、形成系列"的总体要求,组织出版国家社科基金后期资助项目成果。

全国哲学社会科学工作办公室

前　言

2012年后，受各种资源和环境的约束，以及在新常态下经济规律的作用下，我国经济增长率连续低于8%，经济发展放缓。在经济新常态阶段，想要突破经济发展的瓶颈、解决阻碍经济转轨的结构性问题，最根本的办法在于创新。而正是在2012年之后的2013年，我国研究与开发（Research and Development，R&D）支出占国内生产总值（Gross Domestic Product，GDP）的比重上升到了2.01%。一般认为，R&D投入强度达到1%是一个国家科技起飞的技术性标志之一，达到2%是一个国家进入创新驱动阶段的标志。

党的十八大提出实施创新驱动发展战略，把创新摆在国家发展全局的核心位置，强调科技创新与制度创新两个轮子要一起转。在科技创新、制度创新、文化创新和理论创新四大创新领域中，科技创新是推动经济增长的核心动力，而制度创新则为经济增长提供了关键保障。十九大报告中提及"创新"一词超过50次，并明确提出实施创新驱动发展战略主要就是依靠科技创新和制度创新。创新驱动发展战略就是指国家用科技创新手段来支撑和引领我国各项产业的发展，从而加快经济发展模式和发展方式的转变，促进我国经济结构的调整，最终促进我国综合国力及核心竞争力的提高。创新驱动发展战略从我国的宏观发展战略出发，通过科技创新触发的全面创新，在客观上促进我国经济发展模式以及结构的调整、转型和升级，从而提升我国的综合国力和核心竞争力，对我国社会经济发展有着非常重要的现实意义和深远影响。我国R&D支出占GDP的比重已经超过了2%的临界点，表明我国已经进入创新驱动阶段的前期。但是，在产业、企业和政府层面，创新增长都还存在一定的障碍。中国应发动科技创新和制度创新的双驱动引擎，实现创新发展。

本书通过对国内外学者对制度创新、科技创新与经济增长关系的研究成果进行跟踪与系统分析，从而正确地把握目前研究的最新进展，并在充分利用现有研究成果的基础上探究创新与增长之间的影响机制。重点建构实证分析模型，从科研投入对科技创新的作用、科技创新对经济增长的作用、制度创新对经济增长的作用、科技创新＋制度创新对经济增长的作用四个方面进行实证分析。

科研投入对科技创新作用的实证分析得到如下结论。（1）基础研究经费支出、应用研究和试验发展经费支出、知识存量对知识生产有正向影响。（2）由知识生产贡献度的分析可知：基础研究经费支出对知识生产的贡献率普遍低于应用研究和试验发展经费支出的贡献率；知识存量对知识生产的要素贡献率最高；R&D经费支出的贡献度远远低于溢出效应的贡献度，说明我国研发投资效率和创新能力较低。（3）R&D经费支出回报率估算结果显示：从结构来看，基础研究经费对知识生产增长促进作用的潜力更大；从地区分布来看，部分中西部及东部省份的R&D经费支出回报率水平较高，故应增加对这些省份的R&D经费支出。（4）我们设定了一个边际要素生产率的离差指标，计算出1999~2016年各省份的研究经费支出回报率的差异程度。在2008年以前，基础研究和非基础研究经费支出回报率差异程度的波动都比较平稳。在2008年以后，两种研究经费的支出回报率差异系数出现了大幅下降，说明科研经费在各个地区之间逐渐优化。

科技创新对经济增长作用的实证分析得到如下结论。（1）知识从投入到生产出具体成果并最终创造价值所经历的周期相对较长，但知识生产成果会对经济增长产生巨大的推动作用。（2）实际人均收入增长率的滞后一期对当前实际人均收入增长率和知识生产增长率的影响是正向显著的，滞后二期对经济增长的影响为正且显著，但对知识生产的影响并不显著。知识生产增长率的滞后一期对当前实际人均收入增长率的影响为正向显著影响，对知识生产增长率的影响也相对明显。脉冲响应函数研究表明，当知识生产增长率受到一单位的冲击时，其对当期实际人均收入增长率的影响为正向显著影响，在随后的2~6期，影响逐渐变小并转为负。实际人均收入增长率受到冲击后，其对知识生产的影响并不长久。（3）基于东中西部地区的面板回归结果表明，知识生产增长率、物质资本增长率和人力资本增长率对实际人均收入增长的影响依然是显著的；对东中西部地区的经济增长的差异进行比较，发现当知识生产增长率提高时，东部地区和西部地区的经济增长率提高，中部地区经济增长率下降，且西部地区知识生产增长率对经济增长率的影响最大，中部地区知识生产对经济增长的促进动力不足。

制度创新对经济增长作用的实证分析得到如下结论。（1）经济市场化制度和产权制度对经济增长的影响显著为正，对外贸易制度对经济增长的影响不显著，可能是因为在对外贸易拉动经济增长的过程中需要花费大量的资源，从而对经济增长的影响在短期内难以被看到。（2）将整体数据分为2008年之前和2008年之后（含2008年）两个时间段，比较制度因素对经济增长的影响。经济市场化制度系数在两个模型中都为正且十分显著，1999~2007年，经济市场化制度对经济增长的影响显著大于对外贸易制度对经济增长的影响。2008~2016年，产权制度和经济市场化制度的变迁对经济增长有着显著的正向推动作用。（3）将面板数据根据地理位置分成东部、中部和西部三个区域，并对2008年之前和2008年之后（含2008年）两个时间段进行比较。结果表明，2008年之前东部地区对市场化改革和产权制度完善是比较积极的，相较而言，中部和西部地区的市场化改革则没有起到明显作用。2008年之后（含2008年），东部地区的三个制度要素的系数都是显著的，且产权制度更加完善；对于中部和西部地区，经济市场化制度显著推动经济增长，产权制度变量系数均不显著，说明在中部和西部地区，市场化改革推行较为成功，但是第三产业发展不如东部地区。（4）对经济制度变迁对经济增长的贡献进行分析发现，总体来说，各个省份中经济市场化制度的贡献度大于产权制度的贡献度和对外贸易制度的贡献度。这三种制度中，经济市场化制度对经济增长的推动作用最明显，对外贸易制度对经济增长的推动作用最弱。

科技创新与制度创新对经济增长作用的实证分析得到如下结论。（1）采用固定效应模型研究技术创新、制度创新等因素对实际人均收入的影响，发现经济市场化制度、产权制度、知识生产增长率对实际人均收入有显著正向的影响，对外贸易制度对实际人均收入的影响不显著，表明对外贸易对经济增长的影响可能需要较长的时间才能转化为真正的产出成果。(2) 分东中西部回归发现，经济市场化制度是促进东中西部经济增长的主要动力，除此之外，产业结构合理化能够带来东部地区经济的快速发展。(3) 为了更好地体现经济增长的持久性变化，我们用实际人均收入增长率替代实际人均收入作为模型的被解释变量，将专利申请受理量作为知识生产代理变量进行回归发现，经济市场化制度、产权制度对实际人均收入增长率的影响显著为负，这一结果表明它们对经济率的影响增速放缓，不能表示经济增长为负或者经济增长量没有发生变化。总之，技术创新和知识生产是影响经济增长的重要指标，是驱动经济发展的重要力量。

本书专注于研究创新驱动的影响因素，并在此基础上，从提高知识生产效率、发挥科技创新对经济增长的作用、发挥制度创新对经济增长的作用三个角度出发提出政策建议。基于实证结论，为了更好地实现创新驱动，我国政府应进一步完善科研投入结构，推进市场化进程，消除地方保护主义，消除行政垄断造成的创新抑制。对于部分产能过剩行业，应提高市场集中度，形成有利于企业技术创新的市场结构，将企业塑造成创新的第一主体。推进金融改革，鼓励中小金融机构发展。政府应加大对基础研究的资助比重，同时通过促进效应，提高企业创新投入，最终促进经济增长。

最后，感谢中央财经大学蒋晓敏、许雁、陶柯、沈沁涟、张慧、庄兴华、高嘉敏、董欣洁莹、王皓、刘亚平、闫慧慧，及中国科学院计算机网络信息中心刘坦对本书的贡献。

目　录

第一章　绪　论 …………………………………………………………… 1
　　第一节　引　言 ………………………………………………………… 1
　　第二节　研究目的和意义 ……………………………………………… 3
　　第三节　研究方法和主要结论 ………………………………………… 4
第二章　科技创新、制度创新与创新驱动增长的相关范畴介绍 ……… 7
　　第一节　科技创新的定义与内涵 ……………………………………… 7
　　第二节　科技创新的度量指标 ………………………………………… 14
　　第三节　制度创新的定义与内涵 ……………………………………… 17
　　第四节　制度创新的度量指标 ………………………………………… 17
　　第五节　创新驱动增长的含义与内涵 ………………………………… 20
第三章　经济增长模型与相关文献综述 ………………………………… 25
　　第一节　经济增长模型 ………………………………………………… 25
　　第二节　相关文献综述 ………………………………………………… 32
　　第三节　实证方法总结 ………………………………………………… 41
第四章　制度创新与经济增长：理论与实证文献综述 ………………… 42
　　第一节　制度创新与经济增长的理论综述 …………………………… 42
　　第二节　制度创新与经济增长的实证研究 …………………………… 53
第五章　科技创新与经济增长的实证分析 ……………………………… 63
　　第一节　R&D 经费投入与知识生产的实证分析 …………………… 64
　　第二节　科技创新与经济增长的实证分析 …………………………… 91
第六章　制度创新与经济增长的实证分析 ……………………………… 117
　　第一节　经济制度变迁对经济增长影响的总体分析 ………………… 117
　　第二节　经济制度变迁影响经济增长路径的具体分析 ……………… 119

第三节　制度变迁的度量 …………………………………… 120
　　第四节　模型设定 …………………………………………… 123
　　第五节　数据描述 …………………………………………… 124
　　第六节　回归结果与实证分析 ……………………………… 126
　　第七节　小结 ………………………………………………… 144

第七章　科技、制度双擎驱动与经济增长的实证分析 ………… 146
　　第一节　模型设定 …………………………………………… 146
　　第二节　总体回归分析 ……………………………………… 147
　　第三节　分区域回归结果 …………………………………… 152
　　第四节　技术创新与制度创新对经济增长率的影响 ……… 155
　　第五节　系统 GMM 回归结果 ……………………………… 157
　　第六节　小结 ………………………………………………… 160

第八章　中国实现双驱动创新增长的道路选择 ………………… 162
　　第一节　中国创新驱动增长的现状 ………………………… 162
　　第二节　中国创新驱动增长存在的障碍 …………………… 165
　　第三节　实现中国创新驱动增长的建议 …………………… 167

参考文献 …………………………………………………………… 180

第一章 绪 论

第一节 引 言

党的十八大提出实施创新驱动发展战略,把创新摆在国家发展全局的核心位置,习近平总书记强调:科技创新与制度创新两个轮子要一起转。在科技创新、制度创新、文化创新和理论创新四大创新领域中,科技创新是推动经济增长的核心动力,而制度创新则为经济增长提供关键保障。十八大以来,以习近平同志为核心的党中央不断推进制度创新。习近平总书记系列重要讲话中多次提及"制度设计""制度建设""制度安排""制度完善""制度保障""制度衔接"等关键词,"制度"牵动着治国理政全局,制度创新不仅成为一个系统工程,更成为一个基础工程。十九大报告中提及"创新"一词超过50次,并明确提出实施创新驱动发展战略主要就是依靠科技创新和制度创新。创新驱动发展战略就是指国家用科技创新手段来支撑和引领我国各项产业的发展,从而加快经济发展模式和发展方式的转变,促进我国经济结构的调整,最终促进我国综合国力及核心竞争力的提高。创新驱动发展战略从我国的宏观发展战略出发,通过科技创新触发的全面创新,在客观上促进我国经济发展模式以及结构的调整、转型和升级,从而提升我国的综合国力和核心竞争力,对我国社会经济发展有着非常重要的现实意义和深远影响。

影响经济增长的生产要素会随着经济发展水平阶段的演进而发生改变。前工业化社会时期,经济增长的主要驱动要素是自然资源和廉价劳动力,美国社会学家丹尼尔·贝尔认为,前工业化社会是指以农业、采矿业、渔业、林业等为主要经济部门的产业社会,它以消耗自然资源来实现经济的发展。在工业化社会早期,经济增长的驱动要素是资本、劳动与自然资源,形成以加工、制造、建筑等行业部门为主,依靠大批量机器生产产品的经济社会结构。到了工业化社会中期,技术要素开始替代一般要素促进经济增长。工业化社会后期，技术要素取代一般要素成为经济增长的主导要素。而R&D是技术进步的基本产生渠道，也是现代主要发达国家和新型工业化国家经济增长的重要因素。

Porter和Stern（2000）把经济增长的动力分为要素驱动、投资驱动和创新驱动三种类型。2012年以前，我国经济发展主要依靠资本投入和资源消耗，经过30多年的高速增长，我国成为世界第二大经济体，综合国力显著提升。但这种增长是粗放式的，随着时间的推移，我国人口红利减退，劳动力成本上升，资本投入边际效率递减，这种增长方式所形成的隐患日渐突出，增长难以为继。2012年后，在各种资源和环境的约束影响下，以及在新常态下经济规律的作用下，我国经济增长率连续低于8%，经济发展放缓。在经济新常态阶段，想要突破经济发展的瓶颈、解决阻碍经济转轨的结构性问题，最根本的办法在于创新。

而正是2012年之后的2013年，我国R&D支出占GDP的比重上升到2.01%。一般认为，R&D投入强度达到1%是一个国家科技起飞的技术性标志之一，达到2%是一个国家进入创新驱动阶段的标志。这说明，随着我国要素驱动型经济发展方式出现明显障碍，我国经济发展已经走到了必须转换到创新驱动模式的"临界点"上。21世纪以来，我国对创新的重视上升到了前所未有的高度。随着国家加大对研发和创新的投入力度，我国科研能力不断提升，企业自主创新力量不断成长，我国已经进入创新驱动阶段的前期。今后我国经济驱动模式将由要素驱动型转变为主要依靠知识的生产、传播和应用来驱动。此外，制度作为已知、稳定的因素对一国经济增长的作用也不容忽视，尤其是随着新制度经济学的发展，制度因素引起了学界的广泛关注，被加入各种各样的模型中进行研究，大多数研究也表明良好的制度有利于提高资源配置的效率，促进生产要素的自由流动，提高经济发展水平，拉动经济的增长。

关于技术创新与经济增长关系的研究，最早比较成型的研究来自索洛（Solow，1957）的增长核算方法。他认为经济增长是资本、劳动和技术共同作用的结果，经济增长是不同生产要素的贡献，经济增长的剩余部分是技术进步的贡献，被称为"索洛剩余"。

传统理论认为，土地（自然资源）、劳动、资本和技术进步是重要的经济增长源泉。土地、劳动和资本主要通过增加要素投入量来实现对经济增长的贡献，而技术进步对经济增长的贡献主要表现在全要素生产率的提高上。技术进步通过提高土地、资本、劳动诸要素的生产效率，使相同的投入能产生更多的有效产出，它是与有形要素性质不同或作用方式不同的经济增长源泉。

随着科技创新的不断发展，对经济增长产生贡献的不同要素的地位也发生了变化。一些产业可通过获得科学知识、信息和人才的方式增加竞争优势，获取更多的利润附加值，从而摆脱自然资源短期的限制，科技、信息、人才的重要性日益凸显。创新成了内生增长的动力，这就需要对传统经济增长模型进行创新。在传统经济增长模型中，经济增长是物质投入要素的函数，技术进步是物质投入要素之外的"剩余"，因此，技术进步的作用是外生的。新经济和新增长理论产生后，由知识和人才推动的科技创新越来越多地包含在物质资本中，人们对技术进步有了更进一步的认识。这种认识对创新驱动方式的解释就是，用知识和技术改造物质资本、创新管理方式以及提高劳动者素质，就能产生高于物质投入的经济增长助力。

包含创新的内生性增长理论认为，无形要素包括知识、技术、企业组织制度和商业模式等，有形要素包括资本、劳动力、物质资源等，用无形要素对有形要素进行重新组合，使得有形要素提高了创新能力，从而形成内生性增长。

从计划经济到市场经济的转变是我国创新驱动增长的基础，时至今日，粗放式经济增长方式已不能维系持续的经济增长，经济发展越来越依赖创新；知识经济的到来，要求发展中国家提前进入创新驱动的经济发展模式。在本书中，我们将创新区分为科技创新和制度创新，具体分析创新的不同形式对中国经济增长的作用。

第二节　研究目的和意义

一　研究目的

本书的研究目的在于利用已有的创新与经济增长的相关理论，结合我国的实际情况，利用我国宏观数据和省际数据，探讨我国的技术创新、制度创新与经济增长的动态关系特征，进而为我国实施创新驱动战略提供相应的参考。

二 研究意义

1971年，美国经济学家库兹涅茨在接受诺贝尔经济学奖时这样描述经济增长：一国的经济增长可以表现为为居民提供种类日益繁多的经济产品的能力不断上升，这种不断上升的能力是建立在技术进步以及制度和思想意识随之相应调整的基础上的。这一定义指明了现代经济增长的两个动力，即技术创新和制度创新。

改革开放以来，中国经济一直保持着高速增长，然而2008年以来经济增长首次出现明显下滑，自2012年起经济增长率跌破8%，这让我们开始反思以往依靠投资和出口拉动经济的增长模式。以往的增长模式使内需结构中的消费比重持续下降而投资比重则不断上升，由于外部经济形势的恶化以及国内经济刺激计划的出台，投资占比在内需结构中达到了前所未有的高位。这也导致了中国经济出现资产价格水平快速上涨、经济增长后续乏力等一系列问题。

本书研究集中于通过科技创新和制度创新带动经济增长，改善民生。本书深入研究创新和增长之间的影响机制，以论证如何引导科技创新和制度创新促进经济增长，找到实现中国创新驱动发展的良性路径。这条路径的分析符合中国当前的经济形势，对转变经济发展方式具有理论意义和现实意义。

第三节　研究方法和主要结论

为达到研究目的，本书根据现有的创新与经济增长关系的相关理论，首先介绍技术创新、制度创新与经济增长的相关理论，在探讨世界范围内创新与经济增长关系的基础上，利用我国宏观数据和省际数据，研究我国创新与经济增长的动态关系特征。本书将在国内外有关创新与经济增长关系的理论基础上，首先搜集、归纳、整理、计算我国描述科技创新、制度创新和经济增长的基本变量；其次采用全国宏观数据和省际数据，探讨影响我国创新驱动发展的因素；最后根据模型的回归结果进行分析，并提出相应的政策建议。

本书在研究中主要使用文献分析法、统计描述方法和计量分析方法。本书利用文献分析法对国内外学者对制度创新、科技创新与经济增长关系的研究成果进行系统梳理与分析，以便正确把握目前研究的最新进展，并在充分利用现有研究成果的基础上探究创新与经济增长之间的影响机制。本书综合使用《中国科技统计年鉴》、《中国贸易外经统计年鉴》、《中国统计年鉴》和《中国人力资本报告》（中央财经大学中国人力资本和劳动经济研究中心）、《中国市场化进程对经济增长的贡献》（樊纲、王小鲁、马光荣，2011）、《中国分省份市场化指数报告（2016）》（王小鲁、樊纲、余静文，2017）等可得的宏观数据和省际数据，对各种数据进行描述性统计，了解我国目前 R&D、经济增长等方面的基本情况。本书采用计量分析方法，综合利用和计算相关的宏观和省际数据，引入尽量多的解释和控制变量来说明问题，比如通过分结构的科研投入、分项的科技创新、制度因素［市场化程度（市场扭曲程度）、对外开放程度、产业结构］进行系统的计量分析，主要方法包括 VAR、面板数据处理（固定与随机效应模型）、动态面板数据分析、系统 GMM 回归等工具。具体而言，在科技创新对经济增长影响的实证分析中，本书首先使用全要素增长核算模型，分析 R&D 经费投入对知识生产的贡献，并对 R&D 经费支出回报率和各省份的边际要素生产率的差异程度进行估算。使用面板模型讨论知识生产增长率对经济增长的持久性影响，考虑到经济系统的动态变化以及省际增长的差异，使用系统 GMM 方法分析各主要解释变量对经济增长的影响。此外，本书还使用 PVAR 方法进行了脉冲响应分析和方差分解，分析知识生产和经济增长受到冲击后的反应，并就各区域之间的发展差异进行了讨论。对于制度创新对经济增长的影响的研究，本书一方面从整体上实证分析了制度创新对经济增长的影响，另一方面通过将制度创新分为 2008 年之前和 2008 年之后（含 2008 年）两个阶段以及东中西部地区三个区域，讨论制度创新对总体和东中西部各区域经济发展影响的大小，并就制度创新对不同阶段不同区域的经济增长的贡献进行核算，揭示制度创新对经济增长的重要影响。最后，本书将科技创新和制度创新放入模型来研究它们作为双擎驱动力量对经济增长的影响，通过 Hausman 检验确定使用固定效应模型，分别讨论实际人均收入增长量和实际人均收入增长率的变化情况，反映经济变化的持久性特征；为了考察知识生产总量的变化对经济增长的影响，将专利申请受理量与课题总数之和作为知识生产的代理变量，为了更好地凸显技术创新和制度创新对经济增长产生影响的动态变化过程，将实际人均收入增长率的滞后一期放入模型，用系统 GMM 方法对模型进行回归分析，结果表明技术创新和制度创新是影响经济增长的重要驱动力量。

本书专注于研究创新驱动的影响因素，并在此基础上，从提高知识生产效率、发挥科技创新对经济增长的影响程度、发挥制度创新对经济增长的影响程度三个角度出发提出政策建议。为了提高知识生产效率，在 R&D 经费投入方面，要重视应用研究和试验发展经费支出，适当提高基础研究经费投入的比重，提高 R&D 经费投入的利用效率，并且要提高 R&D 人员的数量和质量，同时注重引进外来技术，提升自主创新能力，最后还要注重 R&D 经费投入的地区合理布局；为了进一步加强科技创新对经济增长的影响，要继续增加 R&D 经费投入的总体投入和人力资本以及物质资本投资，结合区域发展差异，推动区域协调发展，调整投资结构，适当减少基建投资比重；为了疏通制度创新对经济增长的促进机制，要不断促进产权多元化，并有效保护产权，还要完善经济市场化制度，提高市场化程度，并且继续扩大对外贸易，并不断提高开放水平，创造有利于创新的文化环境。

本书对传统理论模型进行了系统分析，特别是将科技创新和制度创新与经济增长之间关系的实证分析模型较为全面地应用到了中国，系统梳理科技创新和制度创新与经济增长之间的理论和数据关系，在实证层面很好地诠释了中国的经济增长历程。在此基础上，结合世界主要国家实现创新增长的政策取舍的经验与教训，提出政策建议。创新驱动增长属于经济增长理论的重要问题，也是前沿问题。本书一方面对经济增长理论进行了拓展，强调经济增长的微观基础和社会基础结构的作用；另一方面立足中国国情，力争使实证分析能更好地拟合中国的具体情况，因此在研究视角、研究方法、指标选取等方面都具有一定的创新性。

第二章　科技创新、制度创新与创新驱动增长的相关范畴介绍

本章主要梳理本书要使用的基础概念，包括科技创新、制度创新与创新驱动增长等相关概念。

1912年，熊彼特（Schumpeter）在《经济发展理论》中最早提出创新的概念，他认为创新不仅是一个技术概念，更是一个经济概念。他的创新理论包括以下5种情况：(1) 开发新产品，或者发现一种产品的新特性；(2) 采用新生产方法，如采用机械方式代替手工生产方式；(3) 开辟新市场，即进入以前不曾进入的市场，不管这个市场以前是否存在，如开辟国际市场；(4) 控制原材料或半成品的新的供应来源；(5) 实现产业新的组织，如培训公司。

熊彼特详细阐述了创新和发明的区别，并在创新理论的基础上建立起独特的经济理论体系。在熊彼特之后，学者们对创新进行了不断深入的研究。

第一节　科技创新的定义与内涵

我们首先要界定知识生产与科技创新的含义。

知识生产指为了使物质生产顺利转化，人们在生产过程中发明、创造新观点、想法和技巧的过程。知识生产实质上也是一定社会关系的产物，其目的与物质生产一样都是更好地认识自然和改造自然。但知识生产是较高层级的生产力，其本身具有扩散性、延续性和累积性。

知识成为推动经济增长和技术进步的重要因素得益于非竞争性和累积性两个基本特征。非竞争性指不同的参与者不用支付任何额外的成本就可以获得知识产出成果；累积性指知识生产具有正的外部性，能够为社会创造更多的收益，这两个基本特征使知识生产整体上存在规模经济。在现实生活中，企业通过研发经费支出促进技术进步，生产出新的知识

成果，提高社会产出效率，促进经济增长（严成樑，2012）。

内生（新）经济增长理论认为 R&D 人员和 R&D 经费支出可以生产出新知识（新产品、新方法）。Romer（1990）提出 R&D 人员越多，知识积累速度越快，经济增长的正向外部性越显著。严成樑（2012）使用永续盘存法将新生产的知识折算成知识存量，发现知识生产对经济增长有正向的促进作用。

广义的科技创新应包含科研投入、技术进步、新产品的开发等。科研投入是体现科技创新实力的重要因素，是科技创新的物质基础，是经济增长和发展的保证和要素指标，是创新主体进行创新活动必要的物质基础和有力保障，同时也是促进科技进步和经济发展的前提条件。对于科研投入的理解，学术界有许多观点，大部分学者认为科研投入主要是人力、财力和物力的投入。还有一部分学者认为科研投入就是科技研究的经费投入，包括政府、企业、团体和个人等的经费投入。狭义上的技术进步指对生产工艺、制造技艺及中间投入产品等的创新与改进，具体包括：改造旧设备或使用新设备改进旧的工艺，培训工人以提高其劳动技艺，使用新工艺、新材料改进原有产品或者研发新产品等。从广义上说，技术进步指在技术涵盖下的以各种形式出现的知识的积累与改进。在对技术创新的研究不断深入的过程中，人们逐渐认识到技术进步既不是技术创新的全部，也不是技术创新的目的。知识社会的形成离不开信息技术发展的推动，技术进步与应用创新的互动在技术创新中的重要作用进一步得到确认。从科学的视角看技术创新活动，它是一个全面而复杂的系统工程，而绝非一个简单的线性递进过程或创新链条。

以下来定义反映知识生产与科技创新的几个关键指标，分别为 R&D、R&D 人员、科技论文发表数量、发明专利等。

一　R&D

R&D 中，研究是应用科学的方法系统性地收集、分析与解释资料，进而解决疑问、寻找答案的一种过程；开发是指运用研究成果创造出具体的科技成果，如新材料、新产品等。R&D 活动是科技创新中的关键内容。

20 世纪 60 年代起，经济合作与发展组织、联合国教科文组织相继对 R&D 活动进行分类定义,规范了其统计标准。

1. 经济合作与发展组织的定义

经济合作与发展组织在 1963 年发行《弗拉斯卡蒂手册》,制定了对研发活动进行度量的标准,并按照这一标准从事有关研发指标的统计调研。R&D 在《弗拉斯卡蒂手册》中的界定是:在系统研究的基础上从事创造性的工作,为了增加知识总量(其中包括有关人文和社会知识的总量)以及利用这些知识发明新的用途。

经济合作与发展组织对基础研究、应用研究和试验发展的定义如下。

基础研究(Fundamental Research):是以知识进步为目的的研究,不考虑特定的实际使用。

应用研究(Applied Research):是以知识进步为目的的研究,考虑特定的实际应用。

试验发展(Experimental Development):是利用基础研究和应用研究的成果,以及引进新材料、装备、产品、系统工程或对现存的东西以改良为主的研究。[①]

《弗拉斯卡蒂手册》中有关 R&D 规范和标准的制定,也成为很多非经济合作与发展组织国家实施本国 R&D 统计调研的参考范式。

2. 联合国教科文组织的定义

联合国教科文组织参考《弗拉斯卡蒂手册》,在 1978 年提出了《科技统计国际标准化建议案》,随后编写了《科技活动统计手册》。在其 1997 年修订的《科学与技术统计资料收集指南》中,将 R&D 定义为:为增加知识(包括人类、文化和社会方面的知识)的总量,以及运用这些知识去创造新的应用而进行的系统性创造工作。联合国教科文组织认为科技活动中最基本的一个部分就是 R&D 活动,其由三类研发活动构成:基础研究、应用研究和试验发展,并分别将它们定义如下。

基础研究:旨在增加科学、技术知识和发现新的探索领域的任何创造性活动,而不考虑任何特定的实际目的。[②] 基础研究的目标是更深入地了解客观现象和客观事物,在未知的领域探寻新的发现。基础研究的

[①] 定义来源于《弗拉斯卡蒂手册》。
[②] 定义来源于《科学与技术统计资料收集指南》。

结论常常能够揭示事物的本质属性，说明普遍适用的真理，总结出一般性的理论或原则，从而对广泛的科学领域产生影响。

应用研究：旨在增加科学、技术知识的创造性的系统活动，但它考虑到了某一特定的实际目标。① 应用研究是为了实现某种特定预设的目标，将理论应用到特定的领域，因此应用研究的成果对科学和技术的影响是有限的。

试验发展：指运用基础研究、应用研究及试验的知识，推广一系列新材料、新设计、新方法和新产品，或对现有技术和中间生产进行大规模改进的系统性创造活动。② 试验是 R&D 最重要的特点，试验发展工作是为了对现有技术进行重大改进，以及引进技术配套工作。

3. 《中国科技统计年鉴》的定义

《中国科技统计年鉴》(2014 年)的指标解释中将 R&D 定义为：在科学技术领域，为增加知识总量以及运用这些知识去创造新的应用而进行的系统的、创造性的活动，包括基础研究、应用研究和试验发展三类活动。

基础研究是指为揭示可观察事实和现象的基本原理而进行的试验或者理论研究，包括揭示事物本质、运动规律，从而获得新的发展、新的学说。基础研究不以特定或专门的应用或者使用为研究目的。③

应用研究是指针对某一特定的目的，为获取新知识而进行的创新性研究。应用研究是为了明确基础研究结果的某些可能用途，抑或是为了达到预定目标探寻所需采用的新方法或者新路径。④

试验发展是指在基础研究、应用研究和试验经验所获取的知识的基础上，为生产新产品、建立新工艺、提供新服务以及对已产生的上述各项做出实际的改进而进行的系统性的工作。⑤

4. R&D 经费投入的分类

R&D 经费投入包括资金投入和人力资本投入，即 R&D 经费和 R&D

---

① 定义来源于《科学与技术统计资料收集指南》。
② 定义来源于《科学与技术统计资料收集指南》。
③ 定义来源于《中国科技统计年鉴》。
④ 定义来源于《中国科技统计年鉴》。
⑤ 定义来源于《中国科技统计年鉴》。

人员。本章主要研究R&D经费，R&D经费有多种形式。

从R&D经费来源角度看，R&D经费主要来源于政府财政预算、企业自有资金投资、银行等金融机构借贷，以及其他来源。

从R&D活动主体角度看，可划分为科研机构R&D经费支出、高等院校R&D经费支出和企业R&D经费支出。

从R&D活动类型角度看，有基础研究经费支出、应用研究经费支出和试验发展经费支出。

基于本书的研究对象和研究内容，本书按照R&D活动类型分配的形式来对R&D经费进行分类。

二 R&D人员

对于科技人力资源，国际通用的概念是实际或有潜力工作于系统性技术或者科学知识的生产、发展、传播及应用领域的人力资源，科技人力资源不仅包括实际从事科学技术活动的劳动力，而且还包括可能从事科学技术活动的劳动力。对于科技人力资源的鉴别，主要有以下两种方式：一是按照"职业"；二是按照受教育程度即"资格"。按"职业"统计的"科技人力资源"数据显示了科技人力的实际投入水平以及科技人力的经济发展需求；按受教育程度即"资格"统计的"科技人力资源"数据显示了科技人力的储备量和供给水平。一个人只需满足两者之一就可以算作科技人力资源，因此，一国的科技人力资源总量是按照"职业"和"资格"两种鉴别方式统计的综合值。"科技人力资源"范围很广，一个国家想要准确统计科技人力资源规模并形成统计数据是非常困难的。因此，对各国"科技人力资源"的统计数据进行全面的国际比较并不容易。在我国，"R&D人员""科技活动人员"等都包含在"科技人力资源"的统计之中。

R&D人员指在单位从事基础研究、应用研究和试验发展三类活动的人员。不仅包括直接参与以上三类活动的人员，而且还包括这三类活动的管理人员和直接服务人员。为R&D活动提供直接服务的人员指直接为R&D活动提供文献资料、维护设备等服务的工作人员。

R&D全时人员和全时当量是衡量R&D人员情况的两个重要指标。

在报告年度内，实际从事R&D活动的时间占规定工作时间的90%

及以上的人员称为 R&D 全时人员。R&D 人员全时当量是指全时人员工作量与非全时人员按照实际工作的时间所折算的工作量的加总,它是国际通用的用于比较科技人力投入的指标。

三 科技论文发表数量

科技论文发表是指在学术期刊上以书面形式发表的最新科研成果。它具备以下三个条件:(1)研究成果须首次发表;(2)是作者的实验以及得出的结论;(3)发表后的成果在科技界能够引用。

SCI（Scientific Citation Index）是美国科学信息研究所于 1964 年创刊的引文索引类刊物。它的载体可分为印刷版、光盘版和联机版等。印刷版、光盘版共 3300 种科技期刊,从全球数万种期刊中选出,涉及 100 余个领域的基础科学。每年报道的最新文献 60 余万篇,涉及引文 900 多万条。进入 SCI 这一刊物的论文即 SCI 论文。

EI 是提供工程技术领域文献查阅服务的综合性检索刊物。EI 于 1884 年由美国工程信息公司编辑出版,创立年刊,是《工程索引》（The Engineering Index）的简称,1962 年增出月刊。每年摘录约 3000 种世界工程技术期刊,此外,还有会议文献、技术报告、书籍和学位论文等,文摘报道约 15 万条,内容涉及的研究成果囊括全部工程活动以及工程学科领域。出版形式有印刷本、缩微胶卷、磁带和 CD - ROM 光盘。文摘按照标题词字顺编排,年刊配有三种索引方式:著者、著者工作机构和主题,同时还配有引用出版物目录和会议目录;月刊只配有两种索引方式:著者和主题。此外,还出版了《工程出版物目录》《工程标题词表》以及质量较高的多种专题的文摘。

CPCI - S（Conference Proceedings Citation Index - Science）,原名 ISTP,由美国科学信息研究所编辑出版,中文翻译为科技会议录索引。该索引收录各个学科的一般性会议、研究会、讨论会、座谈会、发表会等会议文献,涉及生命科学、农业、生物和环境科学、物理与化学科学、工程技术和应用科学等学科。涉及学科基本与 SCI 相同。

四 发明专利

发明专利是技术创新和 R&D 活动的重要产出形式,它与科技发展关系密切，因此被用作衡量发明创造产出的指标。专利权是授予专利申请人一种独自占有该科技发明市场利益的权利，申请人对一项发明创造申请专利表明了他对这项技术的市场前景预期，所以专利统计数据可在相当程度上表明某技术领域新产品的开发和竞争情况。

专利权简称专利，是对发明创造独占权的法律保护。专利其实就是一种知识产权，它是指由首创者所拥有的、受法律保护的独占权益。

《中华人民共和国专利法》对以下三种专利进行保护：发明专利、实用新型专利及外观设计专利。发明专利指人们通过研究产品、方法或者一些改进所开发的新的技术方案；实用新型专利指对产品的形状、构成或其他结合提出的新的实用技术方案；外观设计专利指对工业品的形状、图案或其结合以及图案、形状与色彩的结合创作出具有美感的适合工业应用的设计方案。当我们提到专利时，应首先分清专利的类型。在国际比较中，专利一般指发明专利。

五 国家财政科技支出

政府对企业创新的资助主要采取两种方式。

（1）政府的研发支出。政府是仅次于私人企业的第二大研发活动的投入者，其中一部分政府支出以政策性贷款或风险基金的形式支付给企业，以提高其创新活力；另外一部分直接资助非营利机构，如大学或科研院所的研发项目。此外，当政府采购创造了对新产品或新服务的需求时，也会刺激企业的研发活动。

（2）激励措施。由于企业不能获得创新的全部收益而使得市场机制只能得到次优的结果，因此，政府可通过改变企业的激励提高其研发投入，如税收信贷政策，一般采用R&D投入和技术资本投入部分冲抵所得税、新产品开发税收减免等措施，降低企业的研发成本，同时提高R&D投资的回报率。

具体到中国，由于中国科技体系的特殊性，中国特色的政府扶持创新行为方式中，政府的研发支出分为"政府科技计划拨款"和"R&D支出中的政府资金"。

六 高技术产业R&D经费支出及其与主营业务收入之比

高技术产业在很大程度上代表了一个国家科技创新的水平，高技产业 R&D 经费支出及其与主营业务收入之比也代表了一个国家科技创新的投入强度。

第二节 科技创新的度量指标

本节提出常用的，也是本书中要用到的度量科技创新的方法。

一 知识存量和新产生知识量

1. 知识存量

由于我国 R&D 活动相关的统计数据不全面，统计年鉴中缺少知识存量这一指标。根据 Porter 和 Stern（2000），我们可以通过永续盘存法来测算知识存量。永续盘存法最早由 Goldsmith（1951）提出，经 Nadiri（1979）、Griliches 和 Mairesse（1984）完善，吴延兵（2006a，2006b，2008）、李小平和朱钟棣（2006）、邓进（2007）、王俊（2009）等国内学者也通过永续盘存法测量了 R&D 存量。

根据以上文献中关于永续盘存法测量 R&D 存量的方法，将知识生产存量的测算公式表示为

$$A_{it+1} = (1-d)A_{it} + \sum_{j=1}^{n} \mu_j P_{it+1-j} \qquad (2.1)$$

其中，A_{it} 为第 t 年的知识存量；P_{it} 为第 t 年的知识流量；d 为知识生产的折旧率，折旧率 d 一般取 5%、10%、15%，我们选择取 $d=10\%$；n 为知识生产的最大滞后年数。在实际中，由于对知识生产的滞后结构缺乏足够了解，常设定为平均滞后期 θ，即当 $i=\theta$ 时，$\mu_\theta=1$；当 $i\neq\theta$ 时，$\mu_\theta=0$。因此，公式可化简为

$$A_{it+1} = (1-d)A_{it} + P_{it+1-\theta} \qquad (2.2)$$

若假定平均滞后期限 $\theta=1$，则公式经过化简，最终可写为

$$A_{it+1} = (1-d)A_{it} + P_{it} \qquad (2.3)$$

假定知识生产流量的平均增长率等于知识存量增长率，将平均增长率记为 g_i，则期初知识存量的公式为

$$A_{i0} = P_{i0}/(g_i + d) \tag{2.4}$$

其中，P_{i0} 为各省份期初的知识生产流量，这一数据可以从统计数据中得到。

根据永续盘存法，我们对各省份的知识存量核算过程如下。

首先，从《中国科技统计年鉴》中得到 1998~2016 年 30 个省份（西藏和港澳台地区除外）的每年新增知识流量。

其次，根据新增知识流量数据得到 1998~2016 年各省份的年平均增长率 g_i；折旧率 d 取常数 10%；由此根据式（2.4）得到各省份 1998 年的初始知识存量。

最后，根据式（2.3）得到各省份 1999~2016 年的知识存量。

2. 新产生知识量

在大量基于 R&D 的内生增长理论文献中，大多数经济学家的研究认为专利在很大程度上反映技术创新的成果，研发经费支出越多，专利价值越大，因此选用专利数量来衡量知识生产情况。有一部分学者认为研发活动成果并不是完全以专利形式呈现的，研发成果的经济价值也不能由专利数量来反映。首先，许多 R&D 创新活动不符合官方定义的统计标准，其成果也没有申请成为专利；其次，创新成果的经济价值不能由不同时间点专利数量的简单加总来说明；最后，还有一些专利来源于对日常细节问题的处理，不能称之为 R&D 活动的成果。

因此，一些学者提出了其他衡量知识生产的指标，如新产品销售收入（朱为有和徐康宁，2006）、新产品开发项目数（冯根福等，2006；吴延兵，2008）等。但这些代理变量也并不完美，如新产品开发项目数不能完全体现创新成果的经济价值；新产品销售收入虽然能很好地度量创新的经济成果，但目前我国统计年鉴并没有分省份的这一指标。

综上所述，尽管专利数量这一指标有诸多缺陷，但是专利是衡量 R&D 活动潜在价值的一个重要指标，并且其统计数据比较容易获得，目前还没有比专利数量更好的指标来反映 R&D 活动成果。

专利数量包括专利申请受理量和专利授权量。Groshby（2000）认为专利授权过程会受到各国专利政策、政府专利机关工作人员、R&D 活动统计等人为因素的影响，数据容易因外部影响而出现不确定性变动，所以专利申请受理量更能反映知识生产的真实水平。因此，本书采用专利申请受理量来衡量创新水平。

二 R&D经费支出

黄苹（2013）将R&D经费分为基础研究经费与非基础研究（应用研究和试验发展）经费两种，本书沿用这一分类。本书的数据来源于《中国科技统计年鉴》，2009~2013年的数据以基础研究、应用研究和试验发展经费支出为分类的数据，而1998~2008年的数据是企业、高校和科研机构三类R&D活动主体的经费支出数据，本书将三个主体的R&D经费支出按科研活动的类型分别相加，可以大致得到1998~2008年相似统计口径的数据。

考虑到基础研究经费支出对知识生产的影响有滞后效应，即基础研究的成果并不像应用研究和试验发展的成果一样，能够立即投入生产使用，而是需要等待一段时间，才能对经济增长、新知识生产产生影响，所以我们将基础研究的经费滞后一年，最终以1999~2016年的统计数据为样本进行实证研究。

R&D经费支出的数据需要根据式（2.5）进行价格调整，消除价格变动的影响。我国统计年鉴中没有R&D价格指数这一指标，国外学者关于R&D价格指数的构造，在我国也缺乏相应的数据，因此不具有参考价值。国内学者对R&D价格指数构造的方法有很多，如李习保（2007）认为R&D经费支出可以直接用消费者价格指数进行平减；而岳书敬（2008）认为R&D价格指数可以用固定资产投资价格指数来代替。按照《中国科技统计年鉴》中对R&D经费支出的指标解释，R&D经费支出主要用于支付R&D人员的劳务费用和固定资产投资。因此，部分学者提出R&D价格指数应该由消费价格指数和固定资产价格指数加权平均计算得出。朱平芳和徐伟民（2003）及吴延兵（2008）的研究中设定的R&D价格指数为大多数文献所采用，公式如下：

$$PI_{R\&D} = 0.55 \times CPI + 0.45 \times PI_{fixasset} \qquad (2.5)$$

其中，CPI表示消费价格指数，$PI_{fixasset}$表示固定资产价格指数，部分年份缺少的分省份固定资产价格指数以全国的固定资产价格指数来替代。

第三节 制度创新的定义与内涵

为了更好地从理论上分析经济制度对经济增长的影响，首先要弄清楚"经济制度"的概念。从经济学的角度来看，经济制度是人们从事经济活动所需要遵守的一种正式或者非正式的行为规则，依此来规范人们的经济交易活动，使交易更加规范，减少交易中的不确定因素，提高经济活动和资源配置效率。由经济制度的概念可以看出，经济制度旨在建立一个完全竞争、产权明晰和政府不干预的高效率的经济市场。

制度创新指在现有的生产和生活条件下，为实现社会持续发展和变革创新，人们创设的更能激励大众行为的新的、有效的制度和规范体系。制度创新的积极意义在于通过制度创新使新活动不断增加和得到鼓励，通过制度的创新将其固化，并以制度化的方式持续发挥自己的作用。

社会政治、经济和管理等制度的革新是制度创新的核心内容。它是调节人们行为和相互关系的规则的变更，也是组织与其外部环境相互作用关系的变更。制度创新能激发人们的创造性和积极性，促使新知识不断创造和社会资源合理配置，从而不断积累社会财富，推动社会发展和进步。相应地，优良的制度环境同时也是创新的产物，其中，很重要的就是创新型政府，它在制度创新、文化创新等方面起着非常重要的作用。目前，科技创新面临着诸多的问题，如体制、政策、法规等，这些问题的解决在很大程度上需要中央和地方政府转变经济角色，变经济活动的主角为公共服务的提供者，为大众创新创造一个优质、廉洁、高效的政治环境，完善自主创新的公共服务体系。同时发挥改革精神，提出创新思路，制定和完善激励自主创新的政策并切实保证政策的实行，激发中小企业的创新活力。

第四节 制度创新的度量指标

中国经济制度的变迁和中国的经济增长有显著的相关关系，影响的方式也十分明显，即经济制度尤其是产权制度、经济市场化制度和对外贸易制度可以显著影响我国的经济增长，不同的经济制度之下人们的经济行为不同，所以会产生不同的经济绩效，表现为一国的经济增长。

制度是一个需要从多维度来度量的变量。对中国制度因素进行估算的文献主要包括卢中原和胡鞍钢（1993）、李翀（1998）、金玉国（2001）等。卢中原和胡鞍钢（1993）通过提出市场化指数的概念，测度了我国市场化改革的程度。李翀（1998）提出了对外开放比率的概念，衡量了我国的对外开放程度。金玉国（2001）、傅晓霞和吴利学（2002）则在以上指标的基础上，提出了一个衡量制度变迁因素的综合指标，该指标包括四个方面：（1）非国有化率；（2）市场化程度；（3）国家财政收入占GDP的比重；（4）对外开放程度。我们在此基础上分析几个主要反映制度因素的变量。

1. 经济市场化

市场化是指将市场作为解决社会政治和经济问题的手段的一种状态，市场化意味着政府对经济管制的放松。市场化有多种工具，程度比较低的市场化叫作外包，程度比较高的市场化是完全出售。通俗地说，市场化就是利用价格机制使供需达到平衡的市场状态，其实就是市场内容的开放和扩大。要形成完整的市场机制，需要在经济的各个领域和环节稳步推进各类市场的发展，通过市场中各种经济组织和所有制的改革，奠定市场基础，让各种市场参数正常运行，运用法律确认财产所有权，产生真正的商品交易者。

2. 产权多元化（产权非国有化）因素

产权多元化（产权非国有化）因素可以作为市场化的辅助指标。产权的非国有化是我国制度变迁最主要的表现和内涵，通常使用工业总产值中非国有企业产值的比重来衡量。卢中原和胡鞍钢（1993）提出的市场化指数中的价格市场化使用的是农产品收购中非国家定价的比重，金玉国（2001）、傅晓霞和吴利学（2002）也沿用了这种测算方法。这种方法显然并不能全面反映价格决定中的市场化程度，因为工业品和其他非农产品的市场定价比重显然与农产品不同，而且，随着我国经济的发展，农产品产值占GDP的比重越来越小。从以上两个方面来考虑，我们都不应该使用农产品收购中非国家定价的比重来衡量价格的市场化程度。

3. 对外开放程度

一国经济的市场开放程度，具体反映在对外经济关系的各个方面，因此，其指标可以从许多方面加以规定。对外经济关系的主体是进出口贸易，而对外贸易又具有相对的稳定性，所以一般选择外贸依存度，即进出口总额或出口额或进口额与国民生产总值（Gross National Product，GNP）或 GDP 之比。

对外贸易指数采用对外贸易的进出口总额和外商直接投资之和占 GDP 的比重这一指标来表示，因为该指标较明显地体现了一国的开放程度。数据来源于《中国统计年鉴》和各省份统计年鉴中进出口总额和实际直接利用外商投资额，外商直接投资是用美元计价的，根据每年的平均汇率折算成人民币，将二者的总和与各省份名义地区生产总值相比可以得到这一比重。

4. 政府规模

政府规模反映的是国家在经济中的地位，反映了政府对经济的控制能力。一般采取政府控制资金的大小来衡量，使用 GDP 中非国家财政收入（包括中央与地方财政收入）的份额来表示。计划经济与市场经济的一个区别就是国家控制资金的不同，从计划经济到市场经济的过渡过程一般伴随着国家控制资金比例的下降。自改革开放以来，中国也恰恰经历了这样一个过程。国家控制的财政资金的一部分会为国家的计划经济服务，非国家控制的资金则遵循市场导向进行运用。

5. 产业结构

产业结构在很大程度上反映了一个国家经济发展的结构，也可以列为一个比较重要的制度变量。

产业结构指农业、工业和服务业在一个国家经济结构中的占比。产业结构的变化一方面会给某些行业带来威胁，另一方面也会为其他行业带来发展的机会。在经济发展过程中，服务业所占比重会逐渐扩大，其重要性也会凸显，对于服务业从业者来说市场机会较大。

联合国颁布的《全部经济活动的国际标准产业分类》，使得不同国家的统计数据具有了可比性，1988 年第三次修订本是比较通行的版本。这套国际标准产业分类分为 A~Q 共 17 个部门，其中包括 99 个行业类别。这 17 个部门为：A. 农业、狩猎业和林业；B. 渔业；C. 采矿及采石；D. 制造业；E. 电、煤气和水的供应；F. 建筑业；G. 批发和零售、修理业；H. 旅馆和餐馆；I. 运输、仓储和通信；J. 金融中介；K. 房地产、租赁业；L. 公共管理和国防；M. 教育；N. 保健和社会工作；O. 社会和个人的服务；P. 家庭雇工；Q. 境外组织和机构。

我国发布的《国民经济行业分类与代码》就是参照了《全部经济活动的国际标准产业分类》而制定的，因此产业划分与包括经济合作与发展组织国家在内的大多数国家基本一致。

在本书中，我们采用产权制度、经济市场化制度和对外贸易制度三个指标作为制度的代理变量。在参考其他学者相关研究的基础上融入自己的思考后，认为衡量这三种制度的指标分别由一国第三产业生产总值占GDP的比重、市场化指数和进出口总额与外商直接投资之和占GDP的比重来表示更为合适。对于市场化指数，我们采用樊纲、王小鲁、马光荣构建的市场化指数来表示，主要反映经济自由程度。樊纲、王小鲁、马光荣的市场化指数以5个方面、25个分指标为基础，采用主因素分析法计算得到，可以比较有效地用于分析各省份体制改革的进程。指数来源于《中国市场化进程对经济增长的贡献》（樊纲、王小鲁、马光荣，2011）、《中国分省份市场化指数报告（2016）》（王小鲁、樊纲、余静文，2017）。

第五节 创新驱动增长的含义与内涵

一 经济增长的含义

经济增长通常被定义为产量的增加，产量既可以表示为经济总量，衡量指标有GDP、GNP等；也可以表示为人均产量，衡量指标为总量的人均值，经济增长的快慢程度可以用经济增长率来衡量。经济增长的最终目的是提高和改善人民的实际生活水平，促进社会的发展。因此，我们在考察经济增长的时候，通常排除通货膨胀的影响，更加关注实际的经济增长情况。

《现代经济学辞典》对经济增长的含义做了如下解释：经济增长是指在一定时间内，一个经济体系生产内部成员生活所需要商品与劳务潜在生产能力的增加。生产能力的增加主要取决于一个国家自然资源禀赋、物质资本数量累积与质量提升、人力资本累积、技术水准提升以及制度环境改善（皮尔斯，1988）。经济增长能够为社会成员提供更加丰富的物资供应，但是经济增长的概念没有涉及收入分配状况、国民教育水平、环境保护程度等方面。随着经济的增长，收入分配差距不断扩大，社会可能出现不安定因素，国民的生活满意度可能并没有提高。因此，在促进经济增长的同时，更应关注整个社会的协调发展。

本书将使用人均GDP及人均地区生产总值来衡量经济增长水平，同时，为了分析的需要，也会采用经济增长率来考察经济增长的状况。

美国经济学家库兹涅茨1971年接受诺贝尔经济学奖时曾给经济增长下了这样一个定义："一国的经济增长可以表现为为居民提供种类日益繁多的经济产品的能力不断上升，这种不断上升的能力是建立在技术进步以及制度和思想意识随之相应调整的基础上的。"这一定义指明了现代经济增长的两个动力，即技术创新和制度创新。

二 创新驱动增长的含义

英国政府于1998年正式提出"创新驱动型经济"的概念，随后其他发达国家和地区提出了创意立国或以创意为基础的经济发展模式，发展创新驱动型经济已经被提到了发达国家或地区发展的战略层面。创新驱动型经济发展方式，是指主要依靠科学技术的创新带来效益以实现经济增长的发展方式，科技进步在经济增长中的贡献率大幅提高。新经济内生增长理论是它的理论基础，该理论主要研究经济体系如何从内部实现可持续增长，而这正是创新驱动型经济的特征。创新驱动是对要素驱动的改变和提高，它主要体现在以下方面：一是提高要素使用效率，减少要素浪费和环境污染；二是通过知识技术创新，实现产业升级和创新，促进经济体的转型。

创新是21世纪知识经济发展的重要因素，主要是通过知识的积累和增加推动的。我们所提到的科学技术手段也是通过知识的积累和增加实现的，因此创新驱动型经济发展方式的根源在于知识。创新驱动型经济发展方式的实现，必须通过全社会对知识的重视，必须得到知识相关产业的支持，这些产业通常包括广告、文化艺术、新闻出版业、软件及计算机服务、电视和广播等。这些产业明显区别于传统的第一、第二产业，也不需要大量的传统生产要素和资源的投入。这也就表明它们采取的是一种内涵型经济发展方式，不仅仅考虑投入的增加。

《中共中央国务院关于深化体制机制改革加快实施创新驱动发展战略的若干意见》（以下简称《意见》）是国务院发布的通过深化体制机制改革加快创新驱动的发展战略。这份文件分为9个部分30条，包括以下几方面内容。（1）总体思路和主要目标。加快实施创新驱动发展战略，就是要使市场在资源配置中起决定性作用和更好发挥政府作用，破除一切制约创新的思想障碍和制度藩篱，激发全社会创新活力和创造潜能，提升劳动、信息、知识、技术、管理、资本的效率和效益，强化科技同经济对接、创新成果同产业对接、创新项目同现实生产力对接、研发人员创新劳动同其利益收入对接，增强科技进步对经济发展的贡献度，营造大众创业、万众创新的政策环境和制度环境。提出坚持需求导向、坚持人才为先、坚持遵循规律、坚持全面创新。（2）营造激励创新的公平竞争环境，体现为：第一，实行严格的知识产权保护制度；第二，打破制约创新的行业垄断和市场分割；第三，改进新技术新产品新商业模式的准入管理；第四，健全产业技术政策和管理制度；第五，形成要素价格倒逼创新机制。（3）建立技术创新市场导向机制，包括：第一，扩大企业在国家创新决策中话语权；第二，完善企业为主体的产业技术创新机制；第三，提高普惠性财税政策支持力度；第四，健全优先使用创新产品的采购政策。（4）强化金融创新的功能，包括：第一，壮大创业投资规模；第二，强化资本市场对技术创新的支持；第三，拓宽技术创新的间接融资渠道。（5）完善成果转化激励政策，包括：第一，加快下放科技成果使用、处置和收益权；第二，提高科研人员成果转化收益比例；第三，加大科研人员股权激励力度。（6）构建更加高效的科研体系，包括：第一，优化对基础研究的支持方式；第二，加大对科研工作的绩效激励力度；第三，改革高等学校和科研院所科研评价制度；第四，深化转制科研院所改革；第五，建立高等学校和科研院所技术转移机制。（7）创新培养、用好和吸引人才机制，包括：第一，构建创新型人才培养模式；第二，建立健全科研人才双向流动机制；第三，实行更具竞争力的人才吸引制度。（8）推动形成深度融合的开放创新局面，包括：第一，鼓励创新要素跨境流动；第二，优化境外创新投资管理制度；第三，扩大科技计划对外开放。（9）加强创新政策统筹协调，包括：第一，加强创新政策的统筹；第二，完善创新驱动导向评价体系；第三，改革科技管理体制；第四，推进全面创新改革试验。《意见》指出，为进入创新型国家行列提供充足保障，到2020年，基本形成适应创新驱动发展要求的制度环境和法律政策体系。《意见》要求，发挥市场竞争激励创新的根本性作用，营造公平、开放、透明的市场环境，强化竞争政策和产业政策对创新的引导，促进优胜劣汰，增强市场主体创新动力。重视知识产权保护制度，对于制约创新的行业垄断和市场分割要坚决打破，发展和完善新技术、新产品、新商业模式的准入管理制度，健全产业技术政策和管理制度，形成要素价格倒逼创新的机制。《意见》还强调市场的作用，发挥市场对技术研发方向、路线选择和各类创新资源配置的导向作用，调整创新策略和组织模式，强化普惠性政策支持，促进企业真正成为技术创新决策、研发投入、科研组织和成果转化的主体。

2012年底，党的十八大提出，科技创新是提高社会生产力和综合国力的战略支撑，必须摆在国家发展全局的核心位置。强调中国要实施创新驱动发展战略，要坚持走中国特色自主创新道路，这是我党立足全局、放眼世界、面向未来做出的重要决策。

创新驱动发展战略有两层含义：第一层是未来中国的发展不是由劳动力和资源驱动的，而是要靠科技创新驱动发展；第二层是创新的目的不是发表高水平论文，而是发展。

2006年的全国科技大会以及十七大提出社会经济发展是中心任务，科技发展要紧紧围绕这个中心任务，解决制约经济社会发展的重要问题。此外，还明确提出要将高新技术与传统产业全面结合，建立以企业为创新主体、以市场为导向、产学研相结合的创新体系。十八大提出了"创新驱动发展"的概念，对上述认识进行了全面的总结，同时为我国的科研工作提供了广阔的平台。

实施创新驱动发展战略，必须认识到它对发展的重大意义，我国要进入创新型国家行列，必须将科技创新摆在国家全局发展的核心位置，稳抓重点，形成合力。

我国要形成国际竞争新优势，增强发展的长期动力，实施创新驱动发展战略势在必行。自改革开放以来，我国经济一直靠劳动力和资源环境低成本的驱动快速发展。进入新的发展阶段，低成本优势在国际上逐渐消失。技术创新优势与低成本优势相比，有附加值高、不易被模仿的特点，因此技术创新优势持续时间久，具有更强的竞争力。实施创新驱动发展战略，为我国发展提供强大动力，要加快从低成本优势向创新优势的转换。实施创新驱动发展战略，能提高经济增长的质量和效益，对于加快转变我国经济发展模式具有重要意义。科技创新的乘数效应，可以通过渗透作用到各个生产要素，转化为现实的生产力，从而从整体上提高生产力水平。实施创新驱动发展战略，能降低资源消耗、改善生态环境，对于建设美丽中国的构想具有现实意义。科技创新能用先进的技术改造提升传统产业，加快产业升级，从而降低对各种资源的超额利用，减少污染，改变通过污染环境换增长的发展模式。

第三章 经济增长模型与相关文献综述

经济增长问题自"斯密定理"提出至今,在二百多年的发展中,先后经历了古典阶段、新古典阶段和内生增长理论阶段(或称新增长阶段)。经济增长的模型化起源于 Harrod(1939)– Domar(1946)模型,接着第一个发展高潮是 Solow(1956)、Cass(1965)和 Koopmans(1965)的新古典增长模型,第二个研究高潮起源于 Romer(1986)和 Lucas(1988)开创的内生增长理论。

第一节 经济增长模型

一 从古典观点到新古典增长模型

斯密(Smith,1776)在《国富论》中最早对国民财富的增加(即经济增长)问题进行了研究,提出通过增加劳动生产的分工和资本的积累来增加国民财富。劳动分工促进了发明和创新,而资本积累是引起劳动分工和改良(技术进步)的决定性因素。英国古典政治经济学代表李嘉图在斯密研究的基础上对技术进步做了进一步的研究,他在《政治经济学及赋税原理》中提出技术进步不仅能增加财富,而且能够提高未来的生产力。同时他认为,可以通过两种方式促进国家财富的增加:一种是用更多的收入维持生产性劳动;另一种是通过技术的进步使劳动生产率得到提高,并且第二种方式更加可取。

现代经济增长理论,也即经济增长模型化的起点是 Harrod – Domar 模型。Harrod – Domar 模型继承了凯恩斯的基本宏观经济学观点,致力于将凯恩斯的短期分析动态化。

新古典增长理论产生于 20 世纪 50 年代中期,Solow(1956)和 Swan(1956)改变了 Harrod – Domar 模型中的假设条件,建立了基于新古典生产函数假定的经济增长模型。Harrod – Domar 模型认为劳动和资本两变量是不可替代的，Solow（1956）和 Swan（1956）则克服了这一缺陷，将它们加入可平滑替代的新古典生产模型，研究经济长期增长问题。Solow模型的经济含义是，人均资本拥有量的变化量取决于人均储蓄量和按既定的资本劳动比配备新增劳动力所需资本之间的差额。包含技术进步的Solow 模型表明，经济增长最终取决于技术进步。

Solow（1957）把科技进步作为外生变量从生产函数中分离出来，认为产出中不能被生产要素的增加所解释的那一部分增长就是技术进步，突出了技术进步对经济增长的重要影响。在 Solow 之后，人们逐渐认识到技术进步对经济增长产生的影响，并开始探究技术进步对经济增长的贡献率问题。Salter（1960）对技术进步率进行了研究，他认为技术进步率是影响生产率增长差别的重要原因。同时指出了在不同的产业中技术进步和生产率增长存在很大差异，通过资源的合理配置，可以使技术进步的效果达到最大。Denison（1962）在库兹涅茨现代经济增长理论的基础上提出了经济增长的因素分析法，他通过对劳动质量和资本不同类型的考虑以及对 Solow 余值的进一步划分，较全面地估计了教育背景、规模经济、知识进步等对经济增长的贡献。

Cass（1965）和 Koopmans（1965）完善了新古典增长模型，将储蓄率内生化。新古典增长理论主要阐述了物质资本积累的作用，也强调了技术进步推动经济持续进步的重要作用。但是储蓄率的提高只能带来短期的增长，却无法产生持久的长期增长率。经济增长的最终源泉是技术，而技术在 Solow 的增长模型中是外生变量。它与经济体本身无关，是独立于经济体之外自动产生的，因而成为新古典增长理论最大的缺陷，有待进一步研究，因而增长理论进入重视技术内生的内生增长阶段。

二　内生增长模型

内生增长理论（新古典增长理论）掀起的研究浪潮经过 1970 ~ 1986 年这一段相对被忽视的时期后又重新兴起，经济学家在对经济增长的宏观研究中普遍认为，经济增长来源于技术进步、人力资本、教育等方面，并逐渐加深对知识生产与经济增长的了解。

内生增长理论萌芽于 20 世纪 60 年代，Arrow（1962）、Kaldor 和

Mirrlees（1962）、Uzawa（1965）先后发展了技术进步内生化模型。而内生增长理论的起点一致被认为是 Romer（1986）和 Lucas（1988）的研究工作。内生增长理论是在纠正新古典模型缺陷的基础上产生的，主要目标就是找到经济系统产生持续增长的关键因素。内生增长理论的总体观点是，一个经济系统要产生持续的增长，就必须克服新古典增长理论的回报递减问题。内生增长理论从不同角度，如规模报酬递增、不完全竞争、技术进步、人力资本积累、制度基础等因素入手，将这些因素内生化，引入增长模型，对不同国家不同发展阶段经济发展状况出现的差异做出了符合主流经济学的解释，从而使增长理论在理论的严谨性和对现实的解释力方面前进了一大步。

自 Romer（1986）和 Lucas（1988）至今的增长理论研究被称为内生增长理论阶段，也称为新增长理论阶段。之所以有"内生"的称呼，是因为内生增长理论试图解决在新古典增长理论中没有解决的促进经济增长的关键因素问题，这些因素在内生增长理论中被作为内生变量处理。迄今为止，内生增长理论经历了第一代和第二代内生增长理论阶段。

Romer（1986）建立了第一个内生增长模型，形成了第一代内生增长理论，在这个模型中提出了正向的外部经济技术效果来源于资本要素的积累，而资本要素中的资本并不一定是有形资本，也可以是知识等。他认为在资本积累的过程中，知识也随之积累，而与资本（知识）相关的外部经济效果会使产出增加。

随后，Romer（1990）提出了第二代内生增长理论的第一个经典模型，在这个模型中，他明确提出了"形式不同的、专业化的生产投入数量的增加是经济增长的源泉"，这里的专业化的生产投入指研究与开发等技术创新活动，技术创新是经济增长的核心得到了明确的阐释。Aghion 和 Howitt（1992）建立的 R&D 模型建立了拓展的 Schumpeter 模型，是第二代内生增长理论的第二个经典模型。该模型认为技术创新和技术进步会对整个经济系统产生影响，他们假设企业在整个经济系统中开展 R&D 竞赛，成功的创新将使产品的品质得到提高，同时创新能够使企业在一段时间内具有垄断优势，直到新的创新产品出现，这样不断地创新，促进经济增长。后来的很多研究都是对内生增长理论的不断深化和拓展。Aghion 和 Howitt（1992）的研究结果显示，虽然技术进步对经济增长的作用不大，但是创新对决定一国经济增长率依然起到了重要的作用，这主要是因为科学技术的复杂性越来越强，所以必须提高科技水平来保持每种产品的创新率不变；同时，随着产出数量的上升，创新对每种产品的直接影响在经济中的体现越来越小。这两个经典内生模型的主要区别在于，Romer（1990）建立的模型属于产品种类增加型模型，而Aghion和Howitt（1992）建立的模型属于产品质量提升型模型。

Zweimuller（2000）研究了创新产品的需求路径演化，认为创新回报会受到收入差距的影响：收入差距越大，创新行为越少，从而对经济增长产生不利的影响。Foellmi和Zweimuller（2006）认为创新者会对创新产品的价格进行考虑，创新产品的价格不是外生的。当收入差距变大时，创新产品的价格提高，从而提高创新收益；另外，由于价格上升而导致市场需求下降，从而降低创新回报率。

三 内生增长理论的经典模型

1. 第一代内生增长理论：基于完全竞争框架的"外部性"模型

这类模型依然基于新古典增长理论的完全竞争框架，分别寻求途径扩展了资本的范围，将知识、人力资本、政府提供的公共品等纳入经济增长模型，通过要素"正外部性"的假设消除规模报酬递减的影响，以实现规模报酬递增，从而解释长期的持续的经济增长。

此类模型主要包括Arrow – Romer的"干中学"模型，也称为知识溢出模型；Uzawa – Lucas的人力资本模型；Barro（1990）的公共品模型等。

（1）Arrow – Romer的"干中学"模型。Arrow（1962）和Sheshinsky（1967）最先通过假设知识的创造是投资或生产的一个副产品来消除报酬递减，将这种机制称为"干中学"或"知识溢出效应"。Romer（1986）证明在竞争性框架下，知识的外部性可以产生持续的经济增长。Arrow – Romer的"干中学"模型基于人类无目的的知识积累行为实现了经济增长。

（2）Uzawa – Lucas的人力资本模型。Lucas（1988）使用另一种外部性解释经济增长，他将Uzawa（1965）提出的人力资本引入模型，以人力资本的溢出效应解释了持续的经济增长。此类模型的理论是，教育部门专门生产知识从而导致技术的变化，因此如果分配部分社会资源给教育部门，则新的知识（人力资本）会被创造且其生产率会提高，其他部门也会由于外部性而可以零成本获取这些新知识（人力资本），从而增加生产部门的产出。因此，人均收入的持续增长可以独立于外在的"增长发动机"（外生变量），而仅仅依靠人力资本的积累。

（3）Barro的公共品模型。Barro（1990）将政府服务加入增长模型，政府服务作为公共品进入模型消除了资本的报酬递减性质，得到了经济是可以持续增长的类似结论。政府可选择最优的税收和生产性支出，刺激个人对公共服务的潜在需求，实现持续的人均消费增长。

2. 第二代内生增长理论：基于非完全竞争框架的创新增长模型

第二类著名的模型是基于非完全竞争框架的创新增长模型，主要包括Romer（1990）的研发模型、Aghion和Howitt（1992）的创新模型。此类模型基于创新所需要的非竞争框架，认为研发/创新是有目的的经济行为，这类行为会以某种形式的事后垄断作为回报。如果经济中不存在思想枯竭的情况，那么长期的持续的经济增长就可以实现。

Romer（1990）强调了研发部门的研发知识推动产品种类增加，从而实现经济增长。Aghion和Howitt（1992）则继承了熊彼特的创新论，突出了破坏性创新等提升产品质量的技术创新在经济增长中的作用，在这些增长模型里讨论了均衡状态下的正的经济增长率。也就是说，这些内生性经济增长理论基于有目的的研究/创新活动解释了经济增长的内在机制。

这些理论强调了商业导向型R&D投入作为经济增长动力的重要性。Romer（1990）、Grossman和Helpman（1991c）、Aghion和Howitt（1992）通过构建模型，预测劳动生产率以及全要素生产率与R&D资本投入量之间是正向的关系。这一模型的典型特征是知识的溢出效应使得商品上的R&D投入保持不变，给定R&D投入能够让全要素生产率保持持续的增长。

3. 内生增长理论的其他发展

开放经济的技术扩散模型。技术扩散模型将经济增长模型扩展到开放经济情形，此类模型主要包括Krugman（1979）、Grossman和Helpman（1991a）。这些模型认为技术落后国家可以通过模仿技术先进国家实现快速的经济增长。Krugman（1979）首先把产品周期的概念引入南北贸易模型。Grossman 和 Helpman（1991a）提出了一个内生产品周期模型。其观点主要是，南方国家有意的技术模仿是先进技术从北方国家向南方国家扩散的主要途径，在他们的模型中，南方国家的技术模仿也同北方国家的技术创新一样，被内生化了。

经济增长的研究有另外两个重要的发展：一个是强调制度因素对经济增长的作用（这个在第四章讨论和进行文献综述）；第二个是研究人口与经济增长的关系（这个研究方向离本书的主题较远，不讨论）。

4. 内生增长理论主要模型的联系与区别

我们主要区分第一代与第二代内生增长理论，其中也会涉及技术扩散模型。内生增长理论的第一代理论和第二代理论也可以称为以资本为基础的增长理论和以研发为基础的增长理论。

第一代理论，即以资本为基础的增长理论。该理论认为，资本积累是推动经济增长最重要的因素，而技术创新的作用并不明显。代表人物有 Mankiw、Jorgenson、Young、Johnes、DeLong 和 Summers。Young（1995）通过研究"亚洲四小龙"的经济增长发现，经济增长主要取决于人力、物质和财政经费的投入，技术创新所起的作用不大。DeLong 和 Summers（1991）的研究认为促进美国经济增长的主要原因是增加了设备的投资，而不是增加了 R&D 投资。

第二代理论，即以研发为基础的增长理论。关于该理论的研究最早是由 Romer（1990）开展的，主要代表人物有 Romer、Howitt、Aghion、Helpman 和 Grossman。以研发为基础的内生增长理论认为，企业通过对研发部门进行 R&D 经费投资，获得新技术并申请专利，然后将专利应用到产品生产中，或将专利出售，使得产品在种类上扩张或质量上提升，从而获得超额利润，因此 R&D 经费投资具有规模报酬递增的效应。研发部门和生产部门为了长期获得垄断利润，会不断地进行技术创新，客观上实现并维持了经济的长期增长。

以资本为基础的增长理论认为增长是以内生的物质资本或人力资本的积累为基础的，并且相应地强调了投资于物质资本或人力资本的重要性（如 Lucas、Rebelo、Romer）。以研发为基础的增长理论通过将 R&D 产生的产品假定为商品（Commodity），把由 R&D 产生的内生技术改变视为经济增长的源泉。

以资本为基础的增长理论专注于资本积累的外部性,不考虑国际R&D活动;而以研发为基础的增长理论强调国际R&D活动,且假设要素禀赋是固定的。这两类都捕捉到了经济增长的一个重点,并且都能够不依赖于任何外源性生长因子而产生持续性的增长。

然而,物质与人力资本的积累,以及由创新的R&D推动的技术改变,是在现实世界中推动经济增长的两个相互结合的要素。一方面,物质及人力资本是R&D活动以及采用新技术并由成功的R&D投入生产而得到产品的两个必要条件;另一方面,这个新技术为物质资本和人力资本投资提供了新的经济机遇。如果这两者能够被融合为一个框架,那么我们就能够看到这两种推动经济发展的力量的相互作用,并且可因此将理论向现实推进。

现在,人们普遍把人力资本积累和技术进步当作经济增长的动力。Lucas在内生经济增长理论中的开拓性贡献是认为通过教育而进行的人力资本积累是内生增长的来源。在Hanushek(2000)、Barro(2001)的实证研究中已经表明,受教育的质量和数量与随后的经济增长呈正相关关系。然而,20世纪90年代初期以来,以研发为基础的经济增长模型无疑是主要的内生增长模型,这种模型把创新当作经济增长的主要动力。Romer(1990)、Grossman和Helpman(1991b)、Aghion和Howitt(1992,1998)是最早使用动态一般均衡模型通过私人部门有计划的R&D投入来解释人均收入增长的。根据这些模型,消费品后续的质量改进或者品种增加能引发技术的变革。

以资本为基础的增长理论具有规模效应的共同特征。规模效应认为越大的经济体增长得越快,而且人口增长会导致人均收入增长率持续提高。对增长率持续提高的反事实预测认为如果劳动力这一要素投入被人力资本所替代,人力资本的积累必然会导致人均收入的增长。这种预测与实际的数据分析是不一致的。鉴于此,将人力资本的可持续积累过程加入以资本为基础的增长理论中的尝试还没有成功。相反,教育、创新被分别作为两个可替换和独立变量加入经济增长模型中,并且它们被认为是经济增长的动力。

Jones(1995a)做了一个有影响力的实证研究,他在研究中发现以资本为基础的增长理论预测的规模效应无法得到支撑,在经济增长理论中,称为"琼斯批判"。作为对"琼斯批判"的回应,以研发为基础的增长理论也经历了早期内生增长模型、半内生增长模型和完全内生增长模型三个阶段的发展历程。早期内生增长模型的经典文献包括 Romer (1990)、Grossman 和 Helpman (1991a)、Aghion 和 Howitt (1992);半内生增长模型的经典文献包括 Jones (1995a)、Kortum (1997)、Segerstrom (1998);完全内生增长模型的经典文献包括 Young (1998)、Peretto (1998)、Dinopolous 和 Thompson (1998)、Howitt (1999)。这些模型的主要思想就是通过内生的人力资本积累来代替外生的人口增长。Arnold (2000) 及 Blackburn、Hung、Pozzolo (2000) 将教育因素融入 Romer (1990) 的产品品种增长模型中,而 Arnold (2002) 把教育变量纳入 Segerstrom 的质量阶梯模型中,消除了规模效应的关键假设——技术的持续恶化导致 R&D 部门工人生产力不断下降。Arnold (2000, 2002) 与 Blackburn、Hung、Pozzolo (2000) 及 Strulik (2005) 关注人力资本的增长而不是人口增长,发现人力资本积累能够有效地促进经济增长。

在给定 R&D 经费投入的条件下,封闭经济的开放能够提高经济增长率。Rivera – Batiz 和 Romer (1991) 认为思想的传播能够带来更多的国际化特征。Grossman 和 Helpman (1991b)、Segerstrom (1991)、Barro 和 Sala – I – Martin (2003) 认为开放经济模型考虑的是技术领导者和追随者的关系。他们把国际贸易当作技术溢出的渠道,并且认为最终商品在不同国家间是完全可交易的,中间产品则是部分完全可交易的,由于模仿比创新更重要,这一模型意味着技术扩散的动态过程是走向收敛的。

因而,现代的创新驱动模型同时考虑了资本积累(包括物质资本和人力资本积累)、技术研发和国际技术扩散。根据以上文献,我们来梳理技术进步对经济增长影响的文献。

第二节 相关文献综述

一 技术进步对经济增长影响的文献综述

关于技术进步对经济增长的影响,国外实证分析方面的主要文献如下。

对于封闭经济条件下的效应检验，Zachariadis（2003）利用美国1963~1988年制造业的数据，得到研发密度①（R&D Intensity）越高，专利生产越多，技术进步越快，经济增长率越高的结论。同样地，Zachariadis（2004）利用10个经济合作与发展组织国家1971~1995年的制造业数据，发现研发密度会促进全要素生产率和经济增长率的提高。Peretto和Laincz（2006）通过对美国1964~2001年R&D人员、R&D机构的数据进行实证，检验发现R&D部门的平均就业水平越高，经济增长率越高。Ulku（2007a）利用17个经济合作与发展组织国家制造业的数据，检验发现创新率和产出增长率与研发密度具有正相关关系。

对于开放经济条件下的效应检验，Coe和Helpman（1995）利用22个经济合作与发展组织国家1971~1990年的数据检验发现，本国的全要素生产率同时受到本国和国外R&D资本存量的影响，并且国外R&D资本存量的溢出效应随着进口额占GDP比重的提高而增大。此外，他们还发现国外R&D资本对全要素生产率的贡献在一些小国中至少要与国内R&D资本的贡献一样大；而对于大国（G7）而言，国内R&D资本对全要素生产率的贡献则比国外R&D资本大。Park（1995）利用10个经济合作与发展组织国家1970~1987年的数据实证检验发现，国内研发投资不仅会影响本国生产率，而且会影响其他国家的生产率。Park和Bart（1996）通过利用59个国家1960~1985年数据进行研究，发现对于一些非经济合作与发展组织国家而言，国外R&D资本的溢出效应对经济增长的促进作用大于国内R&D资本的促进作用。Engelbrecht（1997）利用Coe和Helpman（1995）的结论，将人力资本变量引入全要素生产率的回归方程，并发现尽管此时国内R&D资本存量与国外R&D资本存量对应的系数有所降低，但都仍然非常显著。Coe、Helpman、Hoffmaister（1997）采用77个发展中国家1971~1990年的数据，检验发现发达国家的R&D资本具有很强的溢出效应，具体数值为发达国家R&D资本每增加1%，发展中国家的经济增长率会上升0.06%。其中，美国的作用尤为重要，美国的R&D资本每增加1%，发展中国家的经济增长率会上升0.03%。

---

① 研发密度等于R&D支出与GDP的比值。

关于技术进步对经济增长的影响，国内的主要文献如下。

我国的学者通过大量的研究，也都认为科技创新在经济增长中起到重要作用。下面我们分三个角度进行文献综述：一是科研投入总量的文献；二是分结构科研投入的文献；三是分区域科研投入的文献。

1. 科研投入总量对经济增长影响的文献

李京文（1993）在《生产率与中美日经济增长研究》中指出了科技创新在经济增长中的重要作用，1953~1990年，我国经济增长主要依靠资本投入，其次是劳动投入。改革开放后，生产率增长对经济增长的贡献率不断提高，因此技术进步成为经济增长的重要因素之一。王荣和杨晓明（2007）等以柯布－道格拉斯模型对1980~2004年我国科技进步与经济增长之间的关系进行研究。戚汝庆（2007）在技术进步促进经济增长的作用机制方面进行了论述，分析了技术进步如何促进经济增长的问题，不仅从实证角度计算技术进步对经济增长的贡献率，还对技术进步促进经济增长的作用机理做了深刻和系统的解释。朱学新、方健雯、张斌（2007）利用Translog函数对1998~2005年我国各省份（不含港澳台地区）的面板数据进行实证分析，检验发现科技创新对经济发展的影响程度不如技术转换的影响程度显著。崔鑫生（2008）对国内外利用专利数量作为测度技术进步和创新的指标进行了综述，研究技术进步对经济增长影响的方法。詹锋、田俊刚、朱晖（2003）应用计量模型对经济增长因素进行了实证分析，考察各因素对经济增长的贡献程度。任义君（2008）以我国31个省份（不含港澳台地区）为单元，选取高校的R&D科技活动经费、人员全时当量、课题数量及科技服务这一组变量代表高校科技创新能力，选取最终消费支出、人均GDP、第三产业生产总值这一组变量代表区域经济增长，通过对这两组变量进行典型相关分析，得出高校科技创新能力与区域经济增长是密切相关的，区域经济的持续增长要求不断提高科技创新能力。段龙龙（2012）借助1990~2007年的统计数据进行计算和实证检验发现：中国工业企业从20世纪90年代初以依靠人力资本存量和物质资本存量积累的增长模式转变为21世纪以来以R&D投资带来的技术进步和工业劳动力投入为主要产出支撑的新模式，虽然这种增长转轨并未彻底完成，但已经证明集约化增长模式将逐步成为中国经济可持续发展的主要途径。孙晓华和辛梦依（2013）以中国36

个工业行业 2002~2009 年的面板数据为样本进行实证分析，结果显示：R&D 强度与行业赢利能力之间存在显著的倒 U 形关系，在一定范围内，R&D 投资能够促进行业绩效提升，但是超过临界点则会产生相反的效果。张果和郭鹏（2016）使用中国 2009~2013 年 27 个省份的面板数据，运用结构方程进行实证研究，发现以科技研发经费投入为主的技术创新和专利申请对经济增长的影响较为显著。

2. 分结构科研投入对经济增长影响的文献

严成樑（2013）构建了一个同时包含基础研究和应用研究的 R&D 驱动经济增长模型，并进一步考察了 R&D 规模和 R&D 结构对经济增长的影响。研究发现，R&D 规模越大，经济增长率越高；基础研究支出占 R&D 总支出的比重越大，经济增长越快速；高等学校 R&D 支出对我国经济增长的促进作用比科研机构和企业 R&D 支出更显著。因此，应提高我国 R&D 支出的使用效率，同时调整 R&D 支出结构，增加对基础研究和高等学校的 R&D 投入力度。黄苹（2013）将 R&D 投资分解为基础研究和非基础研究，使用中国 30 个省份 1998~2010 年的面板数据进行实证研究，讨论 R&D 投资结构对地区经济增长的影响。其研究结果表明，R&D 投资和物质资本都积极促进经济增长，其中 R&D 的促进作用更大；同样，R&D 中非基础研究（应用研究和试验发展）和基础研究都有效促进了经济增长，但基础研究促进作用更大。蒋殿春和王晓娆（2015）分别研究了 R&D 经费投资主体和类型对全要素生产率的影响，结果表明增加我国 R&D 支出的总体规模能够明显地提高全要素生产率，从主体来看，工业企业比科研机构和高等院校的 R&D 经费使用效率高；从类型来看，试验发展的研发经费比基础研究和应用研究研发经费的使用效率高。现阶段我国企事业部门的研发投入和高等院校及各地区研究开发机构的经费投入的提高对我国知识生产及经济增长具有极大的促进作用。

3. 分区域科研投入对经济增长影响的文献

我国经济持续稳定的发展促使各地区研发资金投入不断增加，地区间科研机构和高校数量经费投入也产生不同程度的差异，R&D 投资与产出的不均衡状况使各省份之间的创新效率产生较大差别。

饶旻和杨永华（2013）运用数据包络分析（Data Envelopment Analysis, DEA）的方法考察了我国各地区 R&D 投资效率，分析结果显示我国

R&D投资效率总体较低，长期来看，东部地区的研发投资金额过大，冗余最多，西部地区研发投资金额相对缺乏。罗志红和朱青（2016）使用VEC模型分析了1990~2013年的时间序列数据，发现短期来看我国粗放型的经济发展方式并未发生任何改变，经济增长仍然以物质资本投入为主，长期来看，东中西部地区经济巨大差异主要是由人力资本引起的。

二 科研投入对知识生产影响的文献综述

在大量文献肯定技术进步对经济增长的积极作用的前提下，我们还有一个理论分支需要关注：技术进步速度，或者说技术产生的效率如何？也就是说，我们投入要素进行研发，那么研发效果如何？比如，R&D投资增加对创新知识产出是否有影响？基础研究与非基础研究经费支出对知识生产的贡献度是否存在差异？不同地区的研发投资回报率是多少？是否存在地区差别？研发回报率的地区差异随时间变化的趋势是离散的还是收敛的？等等。

杜伟（2013）基于中国2001~2009年各省份的面板数据，运用随机前沿分析方法实证研究了人力资本、R&D投资对技术效率的影响。研究结果表明：人力资本对技术效率有显著促进作用，人力资本也显著提高了外商直接投资、对外贸易对技术效率的促进作用，但没有显著提高国外技术引进对技术效率的促进作用；R&D投资对技术效率的提高并没有起到显著的促进作用，R&D投资也没有显著提高外商直接投资、对外贸易和国外技术引进对技术效率的促进作用。张玉喜和赵丽丽（2015）研究发现，短期内增加R&D经费支出能够促进科技创新水平的提高，然而长期内不能显著提高创新水平。

1. 企业规模与创新效率

熊彼特创新假说认为，企业规模越大，技术创新越有效率。有很多国内外学者对企业规模对企业R&D投入或产出的影响有深入的分析，近几年关于这类问题的研究主要是从要素扭曲的角度来考察的。张杰、周晓艳、李勇（2011）认为地方政府对要素市场的管制或控制，短期内虽然可能有助于地方政府调动资源促进经济增长，但长期来看会显著抑制地区内企业R&D投入。在要素市场扭曲程度越高的地区，越是规模大、利润高的企业越有可能通过与政府建立寻租关系以获得要素扭曲租金收益，而不倾向于进行 R&D 投入。

2. 产权结构与 R&D 投资效率

许多学者从市场结构角度来考察企业规模与 R&D 投入的关系。柴斌锋（2011）认为企业规模越大，其用于研发费用的支出额也越大，但是，在民营上市公司中，企业规模越大，其研发密度反而越小。白俊红（2011）认为中国政府的 R&D 资助是必要的和有成效的，不仅刺激了企业的 R&D 投资，同时也提高了 R&D 产出；但政府对国有企业的偏好却产生显著的负面影响。吴延兵（2012）比较研究了中国国有企业、民营企业和外资企业的创新表现，结果表明，在创新投入和专利创新效率方面，民营企业优于外资企业，外资企业优于国有企业。

3. 外资、外商直接投资的外溢效应

改革开放初期，我国依靠引进国外先进技术，在经济和科研上实现了极大的发展。随着经济发展，我国越来越注重自主研发和自主创新的重要性。许多学者对比了自主创新与技术引进对经济增长的影响。吴延兵和李莉（2011）认为自主研发、直接引进技术对我国创新能力和经济增长均有长期的积极推动作用；而外商直接投资尽管不能长期影响创新能力，但对经济增长有长期正向影响。因此，应当创造有利环境，将通过有效吸收和利用全球科技资源来提升自主创新能力作为我国实现经济赶超的重要战略选择。

沙文兵和李桂香（2011）基于知识生产函数，利用 1995～2008 年中国高技术产业 17 个细分行业的面板数据，研究外商直接投资知识溢出和自主 R&D 投入如何影响内资企业的创新能力。实证结果表明，内资企业的创新能力主要受到自主 R&D 投入影响；外资企业 R&D 活动对内资企业具有一定的知识溢出效应，推动了内资企业创新能力的提高；外商直接投资知识溢出效应主要发生在中等外资开放程度的行业中。

李光泗和沈坤荣（2011）通过对我国大中型工业企业面板数据的实证研究，分析了经济增长中影响创新绩效的主要因素。结果表明，技术引进与自主研发对我国技术创新的影响存在较大差异，与技术引进相比，自主研发的正向影响较大且较显著。

唐未兵、傅元海、王展祥（2014）运用我国 28 个省份的数据，运用动态面板广义矩进行估计发现：技术创新与经济增长集约化水平负相关，外资技术溢出和模仿效应有利于经济增长集约化水平的提升。因此，在今后较长时间内，要继续通过利用外资引进技术的战略，加大对引进技术消化吸收的力度，重视模仿创新。虽然短期内技术创新不一定能促进经济增长方式转变，但不能否认长期内技术创新对经济增长方式转变的根本性作用。

4. 自主创新、合作创新与模仿

部分学者从自主创新与模仿的角度来考察自主创新投入对经济增长的影响。吴延兵和米增渝（2011）研究企业技术效率如何受独立创新、合作创新和模仿三种产品开发模式的影响，结果表明，合作创新企业的效率大于模仿企业的效率，独立创新企业的效率则较差。这表明，在中国经济转型期，合作创新是优于模仿和独立创新的产品开发模式，因而是企业获取竞争优势的最佳战略选择。

5. 我国各地区 R&D 投资效率差异

随着我国 R&D 投资不断增长，各地区 R&D 投资与产出呈现不均衡的状况，创新效率差异不断扩大。金祥荣和余冬筠（2010）通过实证检验证明，在我国中部和西部地区，创新对经济增长的促进作用仍有限。中部地区的创新产出增长速度远低于创新投入增长速度，西部地区甚至出现创新产出与创新投入负相关的情况。而在东部地区，由于高新技术产业显著影响知识转化以及外商直接投资、多样化的产业类型导致的技术溢出效应，创新投入才成为区域经济增长的主要因素；但是该地区对外贸易的发达程度和企业规模的大小对创新效率的提高没有产生显著影响。张海洋（2010）通过建立全要素 R&D 效率估算框架分析发现：中国大中型工业全要素 R&D 效率和全要素 R&D 资本效率除了在 2002～2003 年出现下降以外，其余年份都是上升的，并且保持东部＞中部＞西部；全要素 R&D 人员效率在 2005 年以后为东部＞西部＞中部。饶旻和杨永华（2013）考察了我国各地区 R&D 投入冗余或过度投资的状况。分析结果显示：东部地区在 R&D 经费上的年均过度投入额最大，西部最小；中部地区在 R&D 全时当量上的年均过度投入额最大，西部最小。孙早、刘李华、孙亚政（2014）发现市场化改革提高了 R&D 溢出对中国工业全要素生产率的正向效应，特别是在来源地市场化程度较低时，溢出接受地市场化程度的提高对 R&D 溢出的促进作用尤为明显；地方保护主义对

R&D溢出有显著的负效应，R&D溢出越大，地方保护主义带来的负效应也越大。提高 R&D 的溢出水平，除需保证必要 R&D 投入外，更大程度上取决于推进市场化转型与消除地方保护壁垒，让市场在配置资源中起决定性作用。

6. 基础研究、应用研究和试验发展投资

蒋殿春和王晓娆（2015）按照 R&D 执行部门和 R&D 类型来分析 R&D 投入如何影响全要素生产率。其研究结果表明，尽管我国 R&D 投入在总体上会显著改善全要素生产率，但不同 R&D 执行部门和 R&D 类型的效果存在显著差异：在执行部门 R&D 效果比较中，工业企业最强，余下的依次为科研机构和高等学校；在不同类型研发活动比较中，试验发展的效果最强，余下依次为基础研究和应用研究。因此，为了进一步提高研发效率，R&D 投入结构调整和研发体制改革仍存在很大空间。

另外，学者们还研究了科技创新对产业结构、劳动就业等的影响。下面简要分析这些文献。

科技创新对产业结构的影响研究情况如下。王伯鲁（2000）从历史与逻辑相统一的角度，剖析了产业技术进步与产业结构成长的社会基础，进而探讨了产业技术进步推动产业结构升级的作用机制与过程。陈国宏和邵赟（2001）通过定量分析研究了技术引进对我国产业结构的影响。王岳平、王亚平、王云平（2005）就技术升级（技术进步）对产业结构调整的影响做了较为全面的分析，认为产业结构变化是需求结构变化和产业相对成本变化相互作用的结果，技术升级刺激需求结构变化和相对成本的变化，从而促进了产业结构变化。

科技创新对劳动就业的影响研究情况如下。以李嘉图为代表的古典经济学家普遍认为，技术进步对就业的影响具有两面性，即在毁灭了旧工作岗位的同时又创造了新的工作岗位。Aghion 和 Howitt（1994）以技术进步对就业的破坏率内生为基础建立了一个关于失业和增长的模型，并得到当利用具有较高生产率的工作替代较低生产率的工作来实现生产率的提高时，失业会增加的结论。Del Rio（2001）指出在利率可以改变的情况下，技术进步会导致利率的提高，从而使得资本的使用成本上升，促使企业将资本替换成劳动力，结果是失业率下降。Trehan（2003）等对发达国家自 20 世纪 70 年代中期以来技术进步、经济增长及就业表现方面的系列研究均发现就业表现在美国和欧洲大陆国家的显著差异，根本原因是美国在以信息技术为代表的高新技术领域占据绝对的领先优势，促进了本国就业的增长，而不是劳动力市场等制度性因素。

三　文献述评

本部分通过文献回顾，详细讨论了物质资本积累、人力资本积累、研发以及经济增长之间的综合关系。

现代经济增长理论，以知识生产理论为基础，重视知识产出成果的作用。在当前中国经济增速明显放缓的形势下，应使技术创新成为中国经济走出发展困境、实现经济发展结构转型升级的主要手段。但是我国创新面临着原创能力差、技术人员缺乏、创新成果转化不畅等问题。在我国，要想建立比较完善的创新体系，必须不断完善人才队伍素质建设，激发人们从事科研活动的积极性和创造性。人才队伍建设是创新发展的基础。创新驱动经济发展的实质是依靠人才建设拉动经济增长。国内外学者的相关文献认为知识生产与人力资本和物质资本一样是当前中国各省份之间经济增长产生地区差异的主要因素。本章在 Romer 生产函数模型的基础上，将知识生产作为技术进步的主要影响因素，人力资本、物质资本作为重要的变量仍然会发生作用。但国内有些学者对模型进行研究发现知识生产和经济增长互为因果关系，因此我们对模型进行扩展，将经济增长的滞后期作为解释变量放入生产模型，同时使用 Solow 收敛模型，研究知识生产对经济增长的影响。本章仍然沿袭国内外学者的理论，将人力资本和物质资本作为控制变量，研究它们对经济增长的重要影响。

国内相关文献主要是用知识存量来衡量创新成果，R&D 经费投入的增加使我国在基础研究、应用研究和试验发展方面实现技术创新，从而生产出更多的专利产品，实现企业生产方式的突破，进而增加市场活力、促进经济发展。高等院校一直是科技成果的主要产地，拥有强大的科研能力，在一定程度上也是地方校企研发中心，许多高等院校安排教师根据市场调整科研工作，以便适应市场需求，促进企业将创新成果转化为生产能力，形成产学研相结合的产业结构，提高社会生产效率。

本书参考以上文献，将基础研究、应用研究和试验发展活动中产生的专利申请受理量、高等院校及研究和开发机构的课题总数作为知识生产的成果，研究知识生产作为主要的解释变量对经济增长的影响，观察这种影响是否长期平稳，分析知识生产是否会使我国东中西部地区的经济产生较大差距。

第三节 实证方法总结

综上所述，现代增长模型在考虑经济增长时，需要综合考虑物质资本、人力资本（教育）、技术研发和技术扩散因素。所以，我们在做实证分析时，需要尽量全面考虑这些变量。不少研究内生经济增长的文章强调国内 R&D 投入及国际技术溢出效应对国民经济生产率的重要作用，还有一些理论研究强调 R&D 与人力资本投资之间的互补性。

因而，实证研究的结果首先是由 R&D 变量和人力资本变量导致的，因此确定最基本的模型关系式为

$$TFP = f[RSd, RSf, (H)]$$

国外 R&D 是由代表性年份的双边进口量来衡量的，而不是每年变化的进口量，之所以选择用双边进口量来衡量，是因为后者有更大的短期波动而且也没有数据支撑，这一理论由 Keller（1998）证实。原则上来说，如果目的是考察租金的溢出效应，那么年变化量是可以更好地衡量的。RSd 和 RSf 分别是国内的 R&D 资本投入量和国外的 R&D 资本投入量。

第四章 制度创新与经济增长：理论与实证文献综述

第一节 制度创新与经济增长的理论综述

一 制度和制度创新

1. 制度

很多经济学家对制度进行了定义。制度经济学的创建者凡勃伦（1964）强调了制度究其本质是被广泛认可的社会习惯，是"个人或社会对有关的某些关系或某些作用的一般思想习惯"。旧制度经济学的另一代表性人物约翰·康芒斯（2009）则把制度定义为集体行动制约个人行动的一系列行为准则。马克思的《资本论》作为研究制度和经济、社会关系的著作，虽然没有直接定义制度，但从中可以归纳出马克思将制度视为一系列的包括多方面的规则。所有制是制度的核心，体现了生产关系由生产力水平决定，亦即经济基础决定上层建筑，而制度最终决定了经济乃至人类社会的发展道路。著名经济学家拉坦和舒尔茨认为制度就是一套行为规则，用于支配特定的行为模式，维持相互关系。在论文《制度与人的经济价值的不断提高》中，舒尔茨将制度定义为涉及政治、经济等各方面的行为规则，不同领域的制度具有不同的功能。这一定义得到了新制度经济学家的广泛认同。而诺思则认为，制度是一个社会的游戏规则，是一系列被制定出来的规则、守法程序和行为的道德伦理规范，旨在减少主体福利或约束效用最大化的个人行为。青木昌彦（2001）从博弈论的角度定义制度，其观点是，制度是共有信念的一个自我维持系统，这个共有信念是关于博弈如何进行的信念，而制度的本质是对均衡博弈路径显著和固定特征的一种浓缩性表征，相关领域的几乎所有参与人都知道这种表征，并且认为这与他们的决策策略有关，从而制度可以与参与人形成新制度并以这种自我实施的方式制约着参与人的策略行动，而参与人又通过连续变化的环境下的实际决策生产出制度。我国学者林毅夫（2003）认为，制度是被社会与个人普遍遵循的一套行为规则。

各派经济学家对制度的定义虽然各有侧重，但不难得出他们都强调制度就是规则。本书将制度定义为在一定有效期内，相对稳定的、约束人类行为的规则，这些规则构成了社会运行的秩序体系。这些约束人的规则可以是正式的规章法令，如法律制度，也可以是非正式的社会规范，如礼俗等。

2. 制度创新

古典经济学家强调资本投入和技术进步对经济增长的重要性，而制度经济学家则看重产权制度、政治制度、法律制度等其他意识形态因素对经济增长的影响，从制度变迁和创新的角度对人类社会的经济增长和社会进步进行解释，最终构建了系统的制度创新理论，其具体定义是在人们现有的生产和生活环境条件下，通过创设新的、能更有效激励人们行为的制度来实现社会的持续发展和变革，即一种更有效益的制度的生产过程。另一种理解倾向于包含组织的含义。李建民（1999）认为制度创新是制度主体通过建立新的制度以获得追加利益的活动，它包括以下三个方面：第一，一种特定组织行为的变化；第二，这一组织与其环境之间相互关系的变化；第三，在一种组织的环境中支配行为与相互关系的规则的变化。何自力（2003）指出，制度创新的实质就是在一定的制度环境下，创新主体为了获得更大化的潜在利益而设计并实施的一项新的制度安排，制度创新的过程本质上是制度的供求状态由均衡到不均衡，再由不均衡到均衡的过程。

对于制度创新的动因，新制度经济学派的代表人物道格拉斯·诺思（1994）指出由于新技术的应用、交易费用的降低、规模经济的变化、外部成本和收益的变化等因素，在现存的制度下出现了潜在的获利机会。但是由于存在对规模经济的要求、厌恶风险、外部性难以内在化、市场失败与不完善以及政治压力等因素，这些潜在利益在现有制度安排下无法实现。一些人为了获取这些潜在利益，就会克服这些制度安排的障碍，从而出现新的制度安排。国彦兵（2006）认为制度创新的动因来自行为主体对利益的追求。他认为行为主体只有在看到制度创新可以获得更大的"潜在收益"的情况下才有动力推动制度创新和变迁。黄少安（1999）对制度创新的动因有另外一种解释。他把制度变迁的动力分为内动力和外动力，内动力源于制度，特别是经济制度与生产力发展（社会分工、技术变迁、人的素质提高）的内在矛盾，这种矛盾就是经济制度变迁的动力源（经济制度变迁，其他制度也会相应变迁）。外动力是制度变迁主体从事制度变迁的动力，也就是制度变迁主体发动制度变迁的动机。他认为二者之间的关系是，内动力是制度变迁的根据，外动力是制度变迁的条件。如果没有内动力作用所创造的机会，制度变迁主体的外动力再强，也没有作用点或作用场所。

二　经济增长

1. 马克思的经济增长相关论述

著名经济学家多马（Domar, 1952）说，增长模型……可以追溯到马克思。

在马克思的增长理论中，经济增长首先取决于劳动的投入及劳动生产率的提高。劳动生产率的提高，在这里一般是指劳动过程中这样一种变化，这种变化能缩短生产某种商品的社会必需劳动时间，从而使较小量的劳动获得生产较大量使用价值的能力。

其次，经济增长取决于制度选择。马克思关于制度选择的论述主要围绕以下四个方面：一是关于生产关系的选择；二是关于经济运行方式与宏观调控体制的选择；三是关于企业的组织形式与产权制度的选择；四是关于劳动力与生产资料相结合的生产方式的选择。当这四个选择都与生产力发展水平相适应时，经济增长才有可能实现。当制度选择和生产力水平不匹配时，经济增长会受到制约，这时社会改革或革命就无法避免，并最终选择与生产力水平相适应的新制度。

再次，经济增长还取决于科学技术。马克思在《资本论》中论述了生产量的扩大不单纯依靠资本量的增加，而是受到多种因素影响的情况，其中包括科学的发展水平和它在工艺上应用的程度。他总结的决定劳动生产率的诸因素，每一项都涉及科学技术的作用，生产力中也包括科学。

最后，经济增长取决于管理。马克思指出，一切规模较大的直接社会劳动或共同劳动,都或多或少地需要指挥。

2. 新古典经济增长理论:从哈罗德-多马模型到索洛-斯旺模型

在古典经济增长理论中,经济增长取决于劳动和资本投入的增长。Smith 在研究一国的国民财富增长源泉时提出,资本积累、劳动分工和技术进步是国家经济增长提供的主要动力。1929~1931 年大危机之后不久,哈罗德和多马等人在古典经济增长理论的基础上,通过模型化得出了哈罗德-多马模型。哈罗德-多马模型在凯恩斯理论的基础上将经济增长抽象为关于三个宏观经济变量的函数,第一个变量是有保证的经济增长率,用 Gw 表示;第二个变量是储蓄率,用 s 表示;第三个变量为资本-产出比率,用 v 表示。并认为,要使实际增长率 G 达到均衡增长水平,必须满足 $G = Gw = s/v$ 的条件。这样,能够实现有保证的增长率 Gw 就只有一个唯一的数值。但哈罗德-多马模型的前提假设存在缺陷:一是在发展中国家储蓄往往不能有效地转化为投资,并且不能充分吸引外国的资本转移(发展援助);二是在社会生产过程中的生产要素只包含劳动力和资本,且二者不能相互替代的前提假设否定了长期中生产要素的可替代性,并不合理;三是没有考虑技术进步和资本折旧。该模型的一个自然结论是,如果人口不增长或负增长,就没有经济增长的可能。这与第二次世界大战后西方工业化国家人口减少而经济增长的事实并不相符。

哈罗德-多马的研究激发了经济学家们对经济增长问题的兴趣。索洛、斯旺、肯德里克、卡斯、库普曼斯、米德等人汲取了哈罗德-多马模型的优点,在修正和完善其基本假设的基础上,构造了新的经济增长模型,即新古典经济增长理论。其中以索洛-斯旺模型(通常称索洛模型)(Solow, 1956; Swan, 1956)最具代表性。索洛将技术进步看作一个外生变量,提出了技术进步引起经济增长的模式。该模型修正了哈罗德-多马模型的生产技术假设,采用了资本和劳动可替代的新古典柯布-道格拉斯生产函数,从而解决了哈罗德-多马模型中经济增长率与人口增长率不能自发相等的问题。基本模型为 $Y(t) = A(t) \times K(t)^{\alpha} \times L(t)^{1-\alpha}$,$Y$ 为总产量,A 为知识或劳动的有效性,K 为资本,L 为劳动,t 表示时间,α 为资本产出弹性,$(1-\alpha)$ 为劳动产出弹性。推导可得索洛模型的资本积累方程:$k(t) = sf[k(t)] - (n + g + \delta)k(t)$。

其中，s 为单位有效劳动的平均储蓄率，n 为劳动力数量增长率，g 为技术进步率，δ 为资本折旧率。该式表明：每单位有效劳动的平均资本存量的变动率是两项之差。根据索洛模型，实现人均产量增加有三种途径：一是提高技术水平，从而增加总产出；二是提高储蓄率，使人均资本存量增加，即资本深化；三是降低人口出生率，降低资本广化。索洛认为，技术进步对经济增长具有决定性作用。索洛模型揭示了促进技术进步的创新活动是经济增长的决定因素，对各国的经济政策产生了重大的影响，但也存在一定的缺陷。索洛模型假设资本和劳动可以相互替代，并且是完全替代的，而实际中，资本和劳动的替代是存在的，但是有一定的限度。例如，在生产长期发展过程中，用资本替代劳动是必然趋势，用劳动替代资本却很少发生；索洛模型假定经济中生产函数具有规模报酬不变的特性，往往与事实不符，对大多数工业化国家来说，少量的生产投入可能带来大量的产出，而一些发展中国家由于自身条件及政府政策失误等原因，可能出现规模报酬递减的情形；索洛模型假设稳态增长率是外生的，因而无法对劳动增长率和技术进步率做出解释；许多学者认为，增长率的外部化是索洛模型在理论上最主要的缺陷；索洛模型得出的结论是，不同国家的经济增长具有趋同性，而现实中，发达国家与发展中国家的差距很大，并且差距可能持续扩大，因此，需要强化有条件趋同的经济增长理论。

3. 新经济增长理论：技术内生增长理论模型

新经济增长理论又称为内生增长理论，产生于 20 世纪 80 年代中期。其核心思想是经济的持续增长可以独立于外力推动，而取决于内生的技术进步。经济增长就是一个以知识积累为基础，技术进步、人力资本积累、劳动分工演进和制度变迁等诸因素共同作用的动态过程。和原先的经济增长理论比较，新经济增长理论主要有两点不同：一是将新增要素作为内生变量处理，二是特别强调知识的重要性及其经济意义。新增长理论是时代的产物。第二次世界大战以后，世界经济发生了许多变化，先是日本、德国、韩国和中国台湾以及亚洲其他一些国家和地区的经济以惊人的速度增长，接着是美国经济连续增长，出现"高增长、高就业、低通胀"的"两高一低"现象，实现了长期、稳定、持续的发展。对此，一些人称之为"新经济"。新经济之所以"新"，就在于它是由知识进展尤其是信息化带动的,是知识进展起先导作用的经济。英国经济学家丹尼森认为,知识进展是每单位投入量的产量长期持续增长的最重要、最基本的原因。他运用并发展了肯德里克的全要素生产率分析方法,对美国 1948~1981 年的经济增长进行研究,结果表明:增长的 1/3 归于劳动和资本的增长,其余 2/3 归于教育、创新、规模效益、科学进步以及其他要素。教育和科学进步对经济增长的贡献已大大超过资本使用增长。美国经济学家库兹涅茨运用统计分析方法对 GNP 及其组成部分做出长期统计,发现影响经济增长的主要因素是知识存量的增加、生产率的提高和结构方面的变化。1992~2000 年,美国知识进展在经济增长中的贡献率平均达到 44%,固定资本增长的贡献率平均为 28%,劳动力增长的贡献率平均为 17%。新经济以信息化为先导带动经济结构的大调整,扩大了投资,有效地提高了劳动生产率。

4. 新制度经济学

以戴维斯和诺思等人为代表的制度创新学派,在制度学派的"制度"和熊彼特的"创新理论"的基础上,研究制度因素与企业技术创新和经济效益之间的关系,强调制度安排和制度环境对经济发展的重要性,由此创立新制度经济学,从而丰富和发展了创新理论。新制度经济学利用新古典经济学理论中的一般静态均衡和比较静态均衡方法,对技术创新的外部环境进行制度分析,认为制度创新决定技术创新,好的制度选择会促进技术创新,不好的制度设计将扼制技术创新或阻碍创新效率的提高。

舒尔茨较早开始将制度创新和变迁作为内生变量研究经济增长。舒尔茨认为,制度选择和制度创新可以带来经济效率的提高,而经济福利的提高也是人们做出制度选择和制度创新的目的。新的制度安排往往可以更有效地提高劳动力价值。库兹涅茨则强调制度对于经济增长的重要性。他在 1971 年获得诺贝尔奖时发表的演讲《现代经济增长:研究结果和意见》中对经济增长的概念做了比较完整的概括:一国的经济增长可以表现为为居民提供种类日益繁多的经济产品的能力不断上升,这种不断上升的能力是建立在技术进步以及制度和思想意识随之相应调整的基础上的。

但是,对制度内生化在宏观经济增长及微观经济绩效层面上的影响进行经济学分析的真正开端是以科斯为代表的新制度经济学，诺思、德姆塞兹、阿尔钦等人都对此做出了卓越贡献。代表人物诺思认为，实现经济增长和发展的关键是制度，一种提供适当的个人刺激的有效的制度是促进经济增长的决定性因素。1973年诺思等发表的《西方世界的兴起》改变了以往人们在技术革新中寻找经济增长原因的传统，开创了用制度变迁解释经济增长的先河。"新增长理论模型都取决于一个能驱动模型的暗含的激励结构的存在，……如果不将制度中派生出来的激励结构作为这一研究的重要组成部分，这一研究对我来说将是一个无结果的试验。"新制度经济学对经济增长理论的贡献在于：一是认为经济增长实质上是更有效地利用资源的制度变迁过程；二是更有利于解释长期的、持续的经济发展，为什么有些国家发展，而有些国家停滞不前。在新制度经济学家看来，技术和制度同样是经济持续增长的内生力量，诺思明确表示"技术变迁与制度变迁是社会演进的基本核心"。有效率的制度促进经济增长和发展；反之，无效率的制度抑制甚至阻碍经济增长和发展。新制度经济学的产生和发展使制度与经济增长建立了内在的联系。据测算，在美国1992~2000年的新经济中，制度创新的贡献率平均为11%。曼库尔·奥尔森在研究了大量发达国家和欠发达国家后指出，对经济绩效来说，制度和经济政策具有决定性作用。国家之间的人均收入差距远远大于国内不同区域的差距，同样，国界有时候将贫富悬殊的地域截然分割开来。对这一论点的最好证明，除了在诺思的《西方世界的兴起》中可以找到生动的事例外，现实中的中国，也是鲜活的实例。中国自改革开放以来，经济呈高速增长之势，令世界瞩目，其中最重要的原因就是市场化的经济体制改革及其配套改革的推进。

三 制度与经济增长

国内外很多学者研究过制度和经济增长的关系。林毅夫（1994）论述过强制性制度变迁与经济增长的关系。舒尔茨（Schultz, 1968）则发表过著名论文《制度与人的经济价值的不断提高》，他认为，制度变迁是研究经济增长动态的分析方法。从反面出发，张五常（Steven, 1969）认为任何社会都存在制度费用与交易费用，如果没有竞争规则，制度费用虽可减少，但由此引起的交易费用和寻租费用则奇高，这种制度安排显然是失效的，其后果必然是经济的无序。下面从经济制度、政治制度和法律制度方面分别对相关文献进行综述。

1. 经济制度、政治制度与经济增长

经济制度可以进一步定义为形成规范的市场秩序和减少交易不确定性、交易成本和实现最优分配的正式和非正式的经济规则。科斯在1960年发表的《社会成本问题》中最早对产权和经济增长之间关系进行研究，提出当交易成本为零时，那么无论产权归谁，都可以通过市场自由交易达到资源的最佳配置，当交易成本大于零时，产权的明确化对资源的有效配置起着关键作用。德姆塞茨在《关于产权的理论》一书中指出，产权的主要功能在于引导各种激励机制，使外部性在更大程度上得以内部化。1973年，新经济史的代表人物诺思在其名作《西方世界的兴起》中指出，有效率的组织是经济增长的关键，一个有效率的经济组织在西欧的发展正是西方世界兴起的原因。而要保持经济组织的效率，需要在制度上做出安排和确定产权，以形成一种激励，将个人的经济努力变成一种私人受益率接近社会受益率的活动。North（1990）指出可信和安全的产权制度是促进经济增长的必要条件，一种良好界定的产权制度通过影响投资的水平决定经济增长。

学者们探索制度影响经济增长的主要渠道有三种。第一，制度通过"产权制度—资本投资—生产力—人均产出"机制影响技术创新；第二，制度影响技术人力资本积累，收入分配制度通过影响教育投资额影响经济增长（Barro and Lee，2013），Acemoglu、Gallego、Robinson（2014）认为人力资本投资能否推动经济增长取决于制度环境；第三，制度越完善，市场越成熟，这一渠道有助于促进生产和技术创新，如果制度缺乏公平性，则很容易滋生寻租机会，寻租将阻碍经济增长。

Rodric和Subramanian（2003）提出，在解释国家间经济发展差异的问题上，主要有三个因素在发挥作用：地理因素、制度质量因素和国际贸易因素（或经济一体化因素）。其中制度质量是唯一一个对收入水平产生积极显著影响的决定因素。制度质量一直对经济一体化发挥积极且显著的作用，同时一体化也对制度质量产生积极影响，也就是说，贸易通过提升制度质量间接影响收入水平。

Aron（2000）的研究认为，当产权保护弱化时，投资者不愿意冒风险去投资。在产权不受保护、交易费用非常高的环境下，人们投资的欲望会遭到削弱，企业就倾向于小规模生产，并采用低资本量的技术去低效率运作，其行为着眼于短期的水平，而鼓励长期合约的产权基本结构对资本市场和经济增长是必需的。

Acemoglu（2003）研究了制度质量对经济的影响。他注意到那些奉行扭曲宏观经济政策的国家的经济似乎增长更加缓慢，增长的标准偏差更高，GDP的突然下降更频繁更严重。他认为主要的潜在决定因素是制度。他发现，一个限制行政人员、保障产权、最少机会均等、基础相对广泛的教育等的制度设置，会导致更高的增长和更少的波动，如果控制制度的质量，宏观经济政策似乎不会发挥直接作用。因此，他认为扭曲的宏观经济政策不是低增长或高波动的原因，而是制度薄弱的表现。

Bekaert、Harvey、Lundblad（2006）发现，在制度质量高于中值水平的国家，以较低的消费波动率（即国际风险分担）衡量的股票市场自由化的影响更大。另一篇强调制度成熟度对全球资本分配的重要性的论文由Mendoza（2009）所著。更具体地说，他们研究了以社会、政治和经济体制为基础的国内金融体系的发展对金融全球化总体福利的影响。运用多国家、多主体、不完全资产市场的一般均衡模型，研究表明，如果金融全球化不伴随国内金融市场的发展，自由化将对一些参与国产生不利影响。他们的模型还预测了金融全球化动态中的条件收敛性，在这种情况下，随着全球金融大规模失衡的逐步加剧，不利影响也会随之产生。

Galiani和Schargrodsky（2004）发现产权分配对人们投资自身财产的行为具有较大影响，却对信贷市场没有影响。对秘鲁进行的研究指出产权保护对投资有很强的影响，以城市贫民窟为例，产权的保护使居民对房屋的更新率超过基线。他们还发现产权保护对劳动供给的巨大影响，这是因为拥有产权的劳动者可以花费更少时间看护自己的财产、维护自身的权利，大量的时间被用于工作和私人休闲活动。

黄少安、孙圣民、宫明波（2005）通过对中国（不含港澳台地区）一年土地产权制度对农业生产效率影响的分析，证明了制度对农业产出的显著作用。产权制度的作用就是有效保护所有者财产不被当权者攫取，强化所有者对投资的长期预期，从而进一步促进金融发展和经济的长期增长。西方产权经济学指出产权可以通过构建激励机制，提高经济行为主体的生产效率，减少不确定性来提高经济效益。因此，诺思的基本命题就是一种提供适当个人刺激的有效产权制度是促进经济增长的决定因素。

2. 法律制度与经济增长

近年来，学者们关于法律制度与经济增长之间的关系存在着不同甚至相反的见解。由于法律与经济增长之间的关系难以通过数量分析的方法来证明，所以，有些学者通过实证分析的方法对一些地区或国家不同阶段的法律制度与经济发展的关系进行分析，似乎可以得出相应的关联性结论。但是也有学者通过对个别经济体的发展与法制建设情况进行分析，认为一些地区的经济发展与法律制度并不存在必然关联。

从韦伯和诺思关于经济与法律的理论视角出发得出的结论是，以法律制度为核心的正式制度是经济发展的关键因素。这是因为，经济发展需要法律制度来保证财产权利的稳定性、可预期性，需要法律制度提供可知性的合同制度，以及独立公正的司法制度。这种理论观点将法律制度视为经济发展的基本前提，甚至将其视为经济发展的根本原因。法律制度建设是经济发展的先决条件，如果缺乏理性的法律制度，就不会出现经济的繁荣。该理论体系在解释西方发达资本主义国家的经济发展与法律制度建设之间的因果关系时，表现出了一定的解释力，但无法解释第二次世界大战以后东亚出现过的几个经济体的经济快速增长与法律制度之间的因果关系，也无法解释中国的发展奇迹（李玉虎，2009）。

Cross（1992）认为，在经济发展过程中，法律有可能扮演重要角色，但法学家没能够证明这一点。在法律缺失的情况下，可选择的替代制度如合同、仲裁等手段削弱了法律制度对经济发展的作用。同时，对文化因素的过分强调也使得法律本身对经济绩效的影响变得微弱。

Pistor 和 Wellons（1998）以亚洲六个经济体为样本，回顾了中国、印度、日本、韩国、马来西亚等亚洲经济增长较快的经济体的法律制度建设历程，并对法律和经济发展之间的关系做出了四种假设。第一，趋同假设（Convergence Hypothesis），是指法律和法律制度随着经济发展而趋于相同，国际化的市场使得国内经济和区域经济趋同，而国际化市场经济所需要的法律和法律制度也会表现为各国法律制度趋于一致。第二，分殊假设（Divergence Hypothesis），这种假设认为法律制度与经济发展之间存在着不确定性，即使同样的法律规则，在不同的经济体中对经济效率和经济发展也会表现出不同的效果。第三，无关假设（Irrelevance Hypothesis），认为各国的正式法律制度中的法律规则与经济发展无关。不同的法律制度与经济增长的各种中间要素之间不存在可以观察到的联系。第四，差别假设（Differentiation Hypothesis），该假设认为一个经济体中的不同法律制度对经济发展具有不同影响，有些法律制度对经济发展具有促进作用，从而使法律制度与经济发展具有趋同性特征，有些法律制度与经济发展则表现为不同的发展路径。

Ginsburg（2000）通过对东亚几大经济体的研究认为，法治与实现经济增长之间没有必然联系。东亚经济发展的主要成果应该归因于非正式制度广泛地替代作为正式制度的法律，并且政府在经济发展的过程中发挥着重要的作用。

Parker 和 Jayasuriya（1999）等人摒弃了之前研究中市场经济、法治和自由主义政治之间必然相互联系的传统观念，强调法治观念和具体的历史背景与制度背景结合的重要性。通过对中国、新加坡和印度尼西亚等亚洲国家司法独立进行比较研究，他们构建了一个司法与行政之间关系的模型，认为亚洲国家的司法和行政之间存在着与自由主义分权模式相对立的合作主义模式，从而使法律成为政府行使权力的工具，而不是限制政府的手段。他们得出的结论是，对于东亚地区的发展中国家而言，法治和经济增长可能同步而行，但是法律并不是促进经济增长的关键因素，法律发展和法治进步可能只是经济发展的结果或者附带现象。

Peerenboom（2002）归纳出两种相互对立的法治与经济发展关系的理论预设，即法治对经济发展具有重要作用和法治对经济发展的作用不明显。他认为，法治对持续的经济发展可能是必要的，但是法治本身并不足以促进经济发展。

Clarke（1995）在对中国民事判决执行问题的分析中得出结论：到目前为止的证据表明，中国的经济发展并没有因在有些领域缺乏有效的权利实施机制而受到严重阻碍。大量的商业交易可以在彼此信任的中间人和对长久合作关系的期望的基础上达成。在这种情况下，通过法律制度强制地保障权利就显得不太重要了。另外，陌生人之间一次性的交易则最需要由法院强制执行，而这类交易对于一个经济体系而言并不是主要的。

Lubman（1995）也提出了相似的观点。他认为作为中国改革开放初期的最重要资本来源的海外华人投资，并没有因为中国缺乏令人满意的法律制度框架而受到影响，而且他们也不太依赖律师和详细的合同。

通过对上述文献的分析整理不难得出结论，对特定历史、文化背景、行政体制的经济体而言，法律制度并不是能够促进经济发展的核心要素，但这也并不意味着二者之间完全不存在关联。然而上述文献的分析均着眼于以国家为单位的经济体，而并非一国法域之内的区域法治。在主体法律制度已经给定的单一制国家中，文化、历史背景可以被忽略不计，政府权力行使方式同样可以认定为相同，那么，在进行比较分析的过程中，不同的地方性法规对地区经济增长发挥作用被抵消掉的可能性也将大大降低。

第二节　制度创新与经济增长的实证研究

实证研究是经济学家在研究经济问题时经常用到的研究方式。在实证方面，经济学者们首先寻找一些代理变量将要检验的抽象的制度因素量化，然后选择不同的经济增长模型进行计量分析来研究制度对经济增长的影响。对制度和经济增长的研究主要集中在代表正式制度的经济制度、政治制度和法律制度三个方面。

一　对经济制度的测度

经济制度相比法律制度，直观上与经济发展水平的关系更加密切，且更易于衡量与研究。而对经济制度的研究主要集中在产权制度的研究上。诺思、托马斯研究了西方国家兴起源于制度革新；拉尼斯（Ranis，1995）研究了东亚新兴工业国家（地区）经济增长中制度的作用；扎克（1995）提出了一个数学模型来研究产权与经济增长的关系，得出的一个基本结论是，产权不清会导致一个国家陷入"贫困陷阱"，而在贫困陷阱中的国家则永远不可能达到高收入的稳定状态。

Knack 和 Keefer（1995）着眼于由国际商事组织编制的产权制度实

施的度量，使用 ICRG 和 BERI 中的指标作为产权制度的代理变量，结果发现产权的保护程度对经济增长有着显著的影响。其中 ICRG 指数对经济增长的影响尤为显著，该指标每增加 1 个标准化单位，经济增长率每年将会以超过 1.2% 的速度增加。在严格控制其他潜在因素的情况下，产权仍表现出了与投资、经济增长间的强相关性。

Besley（1995）搜集了加纳两个地区 334 户家庭经营的 1568 块土地的相关数据，研究土地产权对投资的影响。他用种植新树木、建设排水系统、开挖土地、灌溉、施肥等变量代表投资决策，用土地产出物的归属作为表示拥有土地产权的工具变量。研究发现，对土地拥有出租、出售、抵押权的家庭会采取更多的投资行为，从而改善土地并强化自己的土地产权。

Acemoglu、Johnson、Robinson（2004）在论述导致收入差距的基本原因时指出，有三个基本原因导致了收入差距：经济制度、历史文化和地理因素。其中经济制度是人类自身决定用来组织社会的方式，这种方式对社会能否繁荣起到决定性作用。Acemoglu 等研究的经济制度主要指产权制度和市场制度等。Acemoglu 等对在过去 500 多年间所发生的前殖民地的收入逆转进行了剖析：西方殖民统治开始时期（公元 1500 年左右），曾经富有的国家，如印度、墨西哥、加勒比海国家、南非等，如今都贫穷落后，而那时的穷国，如加拿大、美国，如今却变得富有。他们通过严格的实证分析，利用殖民者的死亡率作为工具变量，提出并验证了"制度决定假说"，检验了产权安全的作用。Acemoglu（2010）进一步提出，一个社会的人均产出及经济增长均与三个因素密切相关：人力资本、物质资本以及工人和企业能够获得的技术。然而，人力资本、物质资本以及技术的差异仅仅是经济增长的一个近因（Proximate Causes）。因为继续挖掘下去，我们又遇到了下一个问题：既然经济增长的决定因素主要是由物质资本、人力资本和技术构成的，那么贫穷国家为什么不能有效地增加物质资本、人力资本并努力提高技术水平呢？在这三要素背后一定隐藏着更为基本的原因。只有理解了这些基本原因，我们才能提出一个有实际意义的政策制定的框架，并且能够最小化这些政策的消极结果所带来的风险。Acemoglu（2010）认为在人力资本、物质资本和技术要素的基础上，不同经济体的经济差异可能出于四种假设：（1）运气假设；（2）地理（包括土壤、自然资源、气候、地形、疾病环境等）假设；（3）制度假设；（4）文化假设。其中地理差异、运气差异、文化差异往往人力无法改变，或者需要相当长的时间才可能改变，但制度差异可以通过探索使之更有效地提高人力资本、物质资本以及技术水平的方式，最终实现经济的增长乃至发展。因此制度正是除了人力资本、物质资本、技术要素之外的更为根本性的经济增长要素，制度逆转是导致前殖民地国家收入逆转的根本原因。Acemoglu 和他的支持者认为 15 世纪后期，西方列强在殖民地的扩张使这些国家原有的社会制度和组织发生了根本的变化。在当时的贫穷地区，由于人口稀少，能够吸引并容纳大量西方移民进入其中，殖民者在这里建立了同他们国家一样的私有产权制度，保护了广泛的社会成员的私有财产；而在当时的富裕地区，西方殖民者垂涎当地大量的财富和人口，因而选择了掠夺性制度，以此为手段从当地大肆掠夺财富，如强迫当地居民在矿厂或种植园劳动，或接管原有的税收、贿赂渠道，对当地居民征收高额税收，少数精英有权从社会中抽取和掠夺。制度上的差异导致了不同国家经济增长的不同，并通过路径依赖效应在长期的历史进程中产生深远的影响。

Bjorn Van 和 Danny（2012）研究了经济增长、制度质量和金融一体化之间的关系。他们假设全球金融一体化中的条件趋同现象是由制度环境造成的，利用从国家外部财富 Mark II 数据集（Lane 和 Milesi - Ferretti，2007）中获取的数据，测试了国际金融市场一体化两个指标的动态线性。对于这两个度量，他们没有采用线性动力学的零值在模型中进行替代。他们还发现，对制度环境的控制消除了某些特定类型制度的多重平衡。例如，如果控制与金融风险有关的制度的质量，那么在最广泛的金融全球化措施（总股本，即总资产和负债的总和）中出现的非线性动态就消失了。如果将投资局限于股权型负债股票（外商直接投资和投资组合股票），管理合同可行性、征收、利润汇回等的制度能够消除非线性动态。他们的研究结果表明，不鼓励在薄弱的制度环境下开设资本账户。不加强金融制度的自由化金融市场，则不会自动导致长期金融一体化的增强。在最坏的情况下，它将增加波动性并降低全要素生产率，从而导致未来的金融整合更少。他们还认为发展中国家应在追求资本账户可兑换性之前，加强其制度能力和地方金融市场。

对于产权制度对经济发展的影响的研究，不同学者的侧重点也有所不同。Davis（2010）建立了一个正式的模型来研究制度质量（当前的一套产权）和制度灵活性（发展新制度的能力）之间的关系，并将制度结构的这些方面与动态的经济绩效联系起来。该模型表明，制度质量的提高降低了市场交易成本，使经济增长率即刻但短暂地上升。相比之下，制度灵活性的增加导致经济增长的延迟但永久性增长，制度的灵活性可能在解释社会利用现代生产技术的不同能力方面发挥关键作用。当前对制度的研究过于强调产权，而对制度变革的决定因素却不够重视。

Kathavate 和 Mallik（2012）从理论和实证两方面分析了援助波动及其与制度质量的互动效应对人均经济增长的影响。在他们的理论模型中，援助受援国政府在一定质量的制度环境中运作（对援助分配做出选择），预测援助波动对增长的负面影响将通过更强的制度质量得到缓解。他们使用涵盖 1984~2004 年 78 个国家的面板数据来检验这一理论预测，并使用一般矩量法，发现人均经济增长与援助波动性之间是显著负相关的，并且这种相关性取决于制度质量。他们的基线结果对各种援助波动性和外援计算、时间段、子样本及其他协变量都具有稳健性。

Li、Chu、Gao（2018）采用基于实践学习的增长模型，并将其与内生制度相结合，分析了制度对经济增长过程中均衡稳定、均衡增长路径和收敛速度的影响，研究了经济主体的激励是如何参与制度改进或利用制度缺陷的。从同一主体效用的最大化出发，经济增长模式包括资本、劳动力、技术和制度推动。研究结果表明：一是完善的制度是中国近几年经济高速增长的决定性因素；二是完善的制度能够稳定地增加单位有效劳动力的资本存量；三是不完善的制度能够解释收入差距及各国之间的差异；四是只有在适应制度的条件下，技术才能发挥关键作用。

Lawa、Kutan、Naseem（2017）研究了制度质量对减少金融诅咒的作用，认为制度质量的改革是发展金融体系的先决条件。低收入国家尤其需要进一步提高制度和治理水平，从而形成一个促进经济增长和摆脱金融诅咒的金融体系。他们采用动态面板数据模型，收集 1984~2014 年的 87 个国家的数据，研究制度在金融发展与经济增长关系方面的作用，即通过调节金融发展对经济增长的负面影响来验证制度是否倾向于减少金融诅咒。实证结果表明，金融诅咒发生在制度薄弱的时候。因此，金融制度在金融发展与增长的关系中发挥着重要作用，具有更好的制度质量的国家从银行业发展中获得了巨大的利益。边际效应也表明，金融发展有助于经济增长，但金融发展越好，经济增长越慢。然而，这些制度在调解过多金融发展对经济增长的负面影响方面发挥着作用。

Stoever（2012）研究了良好制度与发展可持续性之间的显著的因果正相关关系。可持续性是用调整后的净储蓄指标来衡量的，制度质量是用大量指标与六项治理措施相结合即声音和问责制、政治稳定、政府有效性、监管质量、法治和腐败控制六个维度的平均值来衡量的。工具变量用于解释内生性。重新安排设置和运行净国民储蓄率回归，结果显示效果要轻微得多。因此，相对于实体资本的储蓄，非实体资本的储蓄更受制度质量的影响。

二 对政治制度的测度

关于政治制度对经济增长的影响，一部分经济学者以权力与腐败对经济的影响为切入点来研究。对权力的约束与权力的寻租与腐败是相联系的。绝对的权力导致绝对腐败，腐败是一个国家的法律、经济、文化和政治制度的反映。一般来说，健康的制度是经济发展的重要决定因素，从经济增长的角度，腐败对政策变量如投资和贸易开放度更容易产生影响，其间接传导机制也表明这一点：腐败指数提高一个标准，投资就会下降2.46个百分点，经济增长减少0.34个百分点；而腐败指数提高一个标准，贸易开放指数就会下降0.19个百分点，经济增长减少0.30个百分点。总之，研究表明传导机制能解释81%的腐败对经济增长的影响。Jakob（2005）指出腐败对经济增长的负面影响来自对无效率的企业的扶持及智力、技术和资本资源没有"用在刀刃"上。当利润或潜在的利润通过腐败而被从公司里夺走时，企业家会选择不开公司或减慢扩张速度。企业家也会选择把他们一部分或全部的积蓄转向非正式的部门，或者以对公共服务的需求最小化的形式组织产品生产。此外，如果企业家预期到他们在将来被迫在贿赂问题上讨价还价，他们就会倾向于采用生产效率低下的"短暂"技术。这种技术极为低效并高度可逆，这样就使他们能够在将来面对腐败官员的需要时反应更加灵活，而且更可能以停止业务相威胁。例如，贝茨指出在许多撒哈拉非洲国家，农民通过停止生活生产和逃难来躲避腐败,这样的结果是生产力和生活水平的下滑。另外,许多正式的公司部门则专门保护特别利益,而这些利益是其在市场竞争中无法获得的。德·索托记录了在秘鲁有类似的影响。在那里,制度限制造成的昂贵的启动成本和腐败迫使企业家秘密建立新的公司,而这些公司的规模要相对小一些。

一般而言,重新选举能够为公职人员提供激励,减少权力寻租和腐败的发生。政治制度的形式——议会制或总统制、比例制或多数制——由于会影响政治家和选民对政治家滥用权力进行问责的激励,故也会影响腐败的程度。许多学者(如 Shleifer 和 Vishny,1993;Ehrlich 和 Lui,1999)认为腐败阻碍经济增长。Centre 和 Bardhan(1997)支持这个观点,但他们认为如果一个国家普遍存在笨重烦琐的规制,那么腐败将可能提高经济效益并促进经济增长。使用 ICRG 的数据和 Kaufmann、Kraay、Zoido-Lobaton(1999)的数据,大量的研究(如 Knack 和 Keefer,1995;Mauro,1995;Sala-I-Martin,1997)表明法律规则、产权制度、腐败与平均资本的实际收入的增长密切相关。Mauro(1995)认为腐败是阻止投资、阻碍企业家革新,甚至是阻碍技术引进的主要因素,它阻碍了对各项权利的行使。North(1990)强调法律的作用,认为低成本、高效率的法律制度被认为是支持法治、保障政治权利、保护产权并避免腐败的主要因素。

Dincecco 和 Katz(2014)从国家能力与经济绩效的角度为政治制度和经济的长期关系提供了新的依据。他们以现代经济增长的发源地欧洲为研究对象。欧洲历史上的国家政府在财政上通常是支离破碎和专制的。他们认为,财政集中化和有限政府都提高了国家获取更多税收的能力,而且通过建立行政基础设施和其他渠道,国家能力的提高对经济产生了积极影响。他们对一个横跨11个国家和4个世纪的新型数据库进行了面板数据分析,并解释了潜在的偏差,包括同时性、遗漏变量和未观察到的异质性,设置了对照组测试从而进一步评估论点的有效性。结果表明,从旧政权到第一次世界大战,财政集中化而非有限政府是欧洲发生的最重要的政治变革,财政集中化与经济增长之间存在着显著的直接关系。此外,国家能力的增强是财政集中化和有限政府在一定程度上发挥重要经济作用的机制之一。他们的理论分析为国家能力是长期经济增长的重要决定因素提供了系统证据。

Md Al Mamun 和 Hassan（2017）构建模型研究了治理质量对50个石油输出国经济增长的长期影响，使用人均 GDP 的自然对数作为经济增长的度量，主要自变量是人均石油租金自然对数和治理质量指数。其中治理质量指数由三个指标组成：腐败控制、法律和秩序以及官僚制度的质量。他们采用 Hsiao 和 Pesaran（2004）开发的横截面相依性测试来调查各国的同期相关性，并使用第二代单位根测试方法，假设样本国家存在横截面相依性，通过消除估计误差中的截面相依性和非平稳性问题来提高估计的质量。这种建模方法为这些国家的政策制定者提供最可靠和最一致的参数。他们得出，无论是长期还是短期，治理质量在经济增长中都发挥着积极和重要的作用。这种研究结果与 North（1990）的理论观点一致，即在许多预测长期经济繁荣的变量中，治理质量脱颖而出。

Gründler 和 Krieger（2016）提出了一种基于支持向量机的民主度量方法，即模式识别的数学算法。支持向量机民主指数在 [0，1] 区间内连续，能最大限度地提高各国最广泛样本的可比性，能够对1981～2011年185个国家的民主进行非常详细和敏感的衡量。支持向量机民主指数的应用产生的结果突出了民主与经济增长之间强有力的积极关系。此外，该算法还提出了关键问题，即如何将潜在属性（替代指标的主要弱点）聚合到非线性优化问题的背景中，从而获得更加一致和可信的结果。他们认为，最近研究中的模糊性主要源于传统民主指标缺乏敏感性。通过分析民主对经济增长影响的传播渠道，他们得出结论：民主国家具有受教育程度高、投资份额高、生育率低的特点，但不一定具有更高的再分配水平。

Xu（2011）研究了中国的区域分权制度与经济改革和发展的关系，认为中国区域分权体制下的区域竞争和试验有效地缓解了潜在的激励和信息问题。他将区域绩效与官员晋升联系起来，指出类似于区域竞争的锦标赛，为地方官员启动和实施市场化改革提供了强有力的激励，同时也限制了企业改革。因此，在某种程度上，地方政府之间的竞争鼓励或迫使他们建立一个运作良好的市场所必需的制度。此外，若将区域试验纳入中央政府的决策过程，则改革不太可能被阻止，并且大大降低了改革的政治和技术风险。鉴于中国改革的政治和经济背景，许多"标准"

方法在政治和制度上是不可行的，如果改革因实施不可行的方法而失败，那么中国的改革可能会更糟。从这个意义上说，区域竞争和区域经验实施的区域分权制度是很好的解决方案。Xu认为这个研究可以帮助我们理解"制度"及其与发展的关系。中国在转型发展过程中，大规模地改变了制度，逐步建立了市场支持制度，即新制度逐步取代旧制度。事实上，当今发达国家所观察到的成熟的市场支持制度并不是一夜之间建立起来的，而是历史上与市场共同参与的。因此，对于一个像中国这样缺少许多"好制度"的国家来说，不可避免地要使用现有的市场支持制度。以政府等制度为起点，为制度演进铺平道路。政府过于简单化的黑白观点对改革和经济发展不利。人们普遍认为，转型期和发展中经济体的改革应侧重于界定政府，使政府的作用仅限于保护产权和合同。

有的学者关注经济对政治制度的影响。剑桥大学出版社2000年出版的学术专著《民主与发展：1950~1990以来的世界各国政治制度与福利状况》（以下简称《民主与发展》），正是以政治制度为研究对象。对于经济发展与政治体制关系的问题，传统的研究方法是关于政治体制"起源"的研究，而普沃斯基研究小组的方法则是关于政治体制"存亡"的研究。他们没有简单地将经济发展与政权类型进行回归分析，而是在之前定量分析的基础上，提出在跨国比较研究时应将"选择偏差"因素考虑在内。他们按照传统的思路，假设并检验了关于经济发展水平与政治体制类型之间的因果关系，将政治制度作为因变量并二值化为权威政体和民主政体，而这些不同的政权类型就是《民主与发展》研究分析的因变量，其目的是探究经济发展水平是否会影响不同政权类型出现的可能性。运用PROBIT的统计分析模型，普沃斯基等人将自变量定为人均国民收入来反映并代表经济发展水平，为了使历史数据可以纵向比较，普沃斯基等人将自变量人均国民收入按1895年的实际购买力水平标准化，并在这种情态分析中得到了权威政体集中在经济落后地区，民主政体集中在经济发达地区的结论，这与事实数据并不相符。普沃斯基等人将作为因变量的政治体制进行动态分析，即不是测算现存体制出现的可能性，而是转为测算现存体制转型的可能性。测度现存体制出现的可能性就是观察人均收入处于不同水平的时候，民主政体或权威政体出现的可能性有多大，是一种静态分析；而测算现存体制转型的可能性，是指测算人均收入处于不同水平的时候从民主政体转型为权威政体或从权威政体转型为民主政体的可能性有多大。普沃斯基等人发现，一旦从仅仅关注政治体制是否出现转到关注政治体制转型的状况，经济发展水平与民主政权之间的关系将不再一一对应（见图 4.1）。他们认为，贫困国家建立的民主政权难以维持，尤其是在经济受到威胁的情况下。权威政权向民主政权的转型虽然跟经济发展水平没有什么直接关系，却可能跟经济危机的发生有关系。

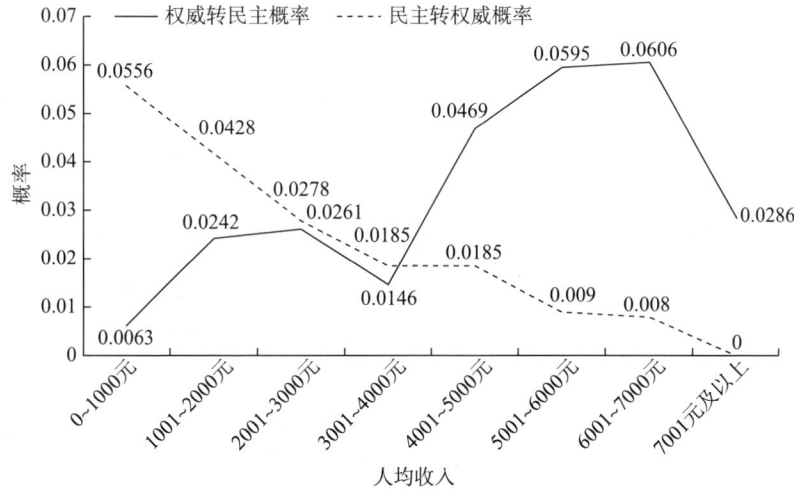

图 4.1　经济发展水平与民主政权之间的关系（1950~1990 年）

三　对法律制度的测度

20 世纪 90 年代，作为法律和金融理论的代表人物，拉波塔（La Porta）、罗伯特·维什尼（Robert W. Vishny）、洛佩兹·西拉内斯（Lopez - De - Silanes）、安德烈·施莱弗（Andrei Shleifer）提出法律与金融理论。该理论认为，相比金融结构的差异，法律制度的完善对经济增长起到了更为关键的作用。

良好的法律体系可以保证金融合约的有效性，保护投资者的权利不受侵犯，从而投资者的投资意愿更强，有利于金融体系的发展并促进经济增长，而对投资者保护差则会导致小或窄的证券市场，无法吸引外部融资。在市场经济中，法律制度是投资者权利最重要和坚实的保障。有学者测度了 49 个国家的股东权利指数、债权人权利指数以及法律执行质量，发现在不同的法律渊源下，法律制度对投资者权利的保护程度和法庭执行质量也不同。普通法系国家对投资者权利的保护最强，法国法系国家对投资者权利的保护最弱，德国法与北欧法则介于两者之间。北欧法系与德国法系国家法庭执行效率最高，法国法系国家同样最差。Lopez - De - Silanes 等（1997）得出一国的法律渊源对该国的投资者和私有财产保护力度、金融市场的发展和经济增长的差异都具有显著的解释作用。

我国学者在这一课题的研究中，郁光华和邵丽（2007）将视角亦放在了 LLSV 所关注的金融领域，主要关注法律来源论中小股东保护的好坏和股份集中程度以及资本市场发展的关系。研究的结论是 LLSV 的法律来源论无法解释中国错综复杂的政治经济环境下金融市场的发展乃至经济增长问题。缪因知（2010）认为 LLSV 理论有相当的可取性，但也有一些"明显的缺漏"，主要包括 LLSV 所用的测量指标选取和赋值的问题、统计数据不能代替定性分析的作用、普通法司法模式作用论的缺失、与诸多国家发展事实不契合及忽视了法律移植过程的重要性等。通过正反两面的总结评估，对法律与证券市场的关系有了更为全面深刻的认识。

Levine（1999）分析了法律制度与金融中介制度之间的关系，他所做的跨国实证研究表明，一个国家的法律制度和金融中介制度得到良好的发展的表现如下：（1）给予债权人对企业的要求权更加充分且更具优先性；（2）契约的执行效率高；（3）能保证企业准确充分的信息披露。一国的法律制度正是通过影响金融系统的发展而最终促进该国的经济增长。

本章主要通过中外的主流文献对制度与经济增长的理论和实证分析进行了整理。变量和模型处理将在第六章进行说明。

第五章 科技创新与经济增长的实证分析

经济增长的动力分为要素驱动和创新驱动两种类型，过去我国经济发展主要依赖资本投入和资源消耗，这种经济发展方式所形成的隐患日渐突出，要素驱动经济发展的模式也已经走到尽头。在经济新常态阶段，想要突破经济发展的瓶颈、解决阻碍经济转轨的结构性问题，最根本的办法在于创新。今后我国经济驱动模式应由要素驱动型转变为主要依靠知识的生产、传播和应用来驱动。此外，制度作为已知、稳定的因素，对一国的经济增长作用也不容忽视，尤其是随着新制度经济学的发展，制度因素引起了学界的广泛关注，并被加入各种各样的模型中进行研究，大多数研究也表明制度因素有利于提高资源配置的效率，促进生产要素的自由流动，提高经济发展水平，拉动经济的增长。因此，为了保持中国经济持续、更高质量增长，有必要更进一步、更加深入地研究科技创新、制度创新对经济增长的影响。本章及第六章、第七章将分别讨论技术创新（包括科研投入和科技产出）、制度创新、技术创新和制度创新作为双擎驱动力量对经济增长的影响。

本章第一节对影响知识生产的因素进行了讨论，使用全要素增长核算模型，分析R&D[①]经费投入对知识生产的贡献，并对R&D经费支出回报率和各省份的研究经费支出回报率的差异程度进行估算。

本章第二节研究科技创新对经济增长的影响，使用面板模型，讨论知识生产增长率对经济增长的持久性影响，考虑到经济系统的动态变化以及省际增长的差异，使用系统GMM的方法分析各主要解释变量对经济增长的影响。此外，还使用PVAR的方法进行了脉冲响应分析和方差分解，分析知识生产和经济增长受到冲击后的反应，并就各区域间的发展

---

① 《中国科技统计年鉴》的指标解释中将R&D定义为：在科学技术领域，为增加知识总量以及运用这些知识去创造新的应用而进行的系统的、创造性的活动，包括基础研究、应用研究和试验发展三类活动。

差异进行了讨论。

第六章研究制度创新对经济增长的影响，不仅从整体上实证分析了制度创新对经济增长的影响，还通过将制度创新分为两个阶段（即2008年之前和2008年及之后）和东中西部地区三个区域，讨论制度创新对总体和东中西部各区域经济发展影响的大小，并就制度创新对不同阶段不同区域的经济增长的贡献进行核算，揭示制度创新对经济增长的重要影响。

第七章前部分将技术创新和制度创新放入模型研究它们作为双擎驱动力量对经济增长的影响，分别讨论实际人均收入增长量和实际人均收入增长率的变化情况，反映经济变化的持久性特征。对于社会经济的动态变化，进一步使用系统GMM的方法研究各因素对经济增长的影响，结果表明技术创新和制度创新是影响经济增长的重要驱动力量。

第一节 R&D经费投入与知识生产的实证分析

自2002年以来，我国经济增速不断放缓，过去依靠劳动力、资本投入和资源消耗的粗放经济发展方式存在较严重的隐患，中国经济陷入发展瓶颈，要素驱动经济发展的方式也日益走到尽头，要想解决经济新常态中出现的问题，转变经济发展方式，最根本的办法是创新，建设创新型国家、促进知识生产，最重要的方式之一就是增加研发投入。研发投入分为R&D人员投入和R&D经费投入。一般认为，R&D投入规模和R&D投入强度反映了一国的创新实力和核心竞争力。随着经济实力的不断提高，我国研发投入水平也不断增强，但我国R&D投入结构和投入回报仍存在很大问题。就投入规模而言，2016年我国科研投入规模持续增大，投入总量为15676.7亿元，居世界第二位，较2007年增加了3.2倍，年均增长率高达17.4%，就全球而言，美国R&D投入总量依然居世界首位。但是就R&D经费投入强度而言，以色列、韩国的R&D经费投入强度分别为4.3%和4.2%，居世界的第一、第二位，我国的R&D经费投入强度为2.1%，虽然在逐年攀升，但与世界上的主要发达国家相比依然存在很大差距。就R&D经费内部不同支出形式而言，2016年研发经费支出中试验发展经费支出为13243.4亿元，占全部研发经费支出的84.5%，基础研究经费支出占全部研发经费支出的比重仅为5.2%，虽然数量上有所提高，但是所占比例低于美国的16.9%，低于日本的12.6%以及韩国的16%，表明我国经费投资结构不合理。从研发从业人员数量来看，2016年统计数据显示，我国R&D从业人数远远高于欧美日韩等发达国家，但是每万人劳动力中拥有的R&D人员数量却不足这些国家的一半。从经费流向来看，我国经费大量流入试验发展方面，基础研究经费严重短缺。在科研经费分配比例上，我国流向高校的经费大约为总经费的21.1%，低于美国的29.5%，流向企业的经费支出占整个经费支出的74.4%，低于美国的76.8%，我国经费投入与主要发达国家相比还有很大差距。

以上数据表明，虽然我国已经成为创新大国，但是我国创新投入和创新产出与发达国家相比差距仍然较大，R&D经费投入存在投资水平仍然偏低、投资结构不合理两个严重问题，从而导致创新质量不高、创新能力较弱。那么研发经费对企业及高校的科研成果有什么影响？如果存在影响，影响有多大？本节将采用实证分析的方法对研发经费支出对知识生产的影响进行分析。

一 模型设定

在现实生活中，各种类型的知识都有可能促进经济增长。例如，工业研发领域的知识通过提高工业产值促进经济增长，生物医药领域的知识通过改善经济主体的客观环境促进经济增长，等等。同时，影响各种各样的知识积累的决定因素也是不同的。因此，设定一个具有解释力的知识积累的模型，从而探究知识对经济增长的影响大小及其作用机制是十分必要的。

1. 基准模型

基于R&D内生增长理论，主要有两类基准的知识积累模型。

第一类：Romer（1990）提出的内生技术变迁模型中，认为用于R&D的各种资源（包括资金、知识存量）以从事研发的工人数量为微观基础进行分配，从而将知识积累的过程设定为如下方程：

$$P = \delta L^\lambda A^\varphi \tag{5.1}$$

其中，P表示新产生的知识，即知识的当期增加量；A表示已有的知识存量；L 表示从事研发的工人数量，即知识积累的微观基础。知识积累过程除了受这两个主要因素影响以外，其他可能的影响因素归结于 δ，δ 代表研发部门的生产力。Jones (1995a) 对上述模型提出了一点建议，他认为知识存量 A 的指数应该小于 1。

第二类：Jones 和 Williams (2000) 提出的模型忽略微观基础，认为知识的创新主要由用于 R&D 领域的资本投入所驱动，从而提出与 Romer 不同的知识积累过程：

$$P = \delta R^k A^\varphi \qquad (5.2)$$

其中，R 表示国家为从事研发的部门所投入的资本，其余设定与内生技术变迁模型相同。

综合这两类基准模型，研究新知识的产生过程，可以将模型设定为

$$P = \delta R^k L^\lambda A^\varphi \qquad (5.3)$$

模型 (5.3) 即新产生的知识量 P、资本投入 R、从事研发的工人数量 L、已有知识存量 A 以及受到其他可能的因素 δ 的驱动的函数。

2. 拓展模型

基于 Romer (1990) 以及 Jones 和 Williams (2000) 的模型，现阶段学术界对知识积累的研究主要有以下两个方向的扩展。

第一个方向：考虑 FDI 对知识积累过程的影响。FDI 是外商直接投资的缩写，指的是外国商人或商业机构为获取其他国家企业管理权限、更高的利润，以跨国的资本或生产要素投入为主要形式的投资活动。外商直接投资的过程中，会有一部分技术也随着资本、生产要素的流入而被引入被投资国，从而影响被投资国的技术、知识的生产过程。

具体来说，可能的影响分为正向和负向两种类型。正向效应即技术引进促进被投资国的技术、知识的积累，提高创新水平。Pack 和 Saggi (1997) 提出人力资本流动效应，认为 FDI 会将一部分知识、技术作为人力资本，以劳动力为载体，在来源国和被投资国之间循环流动，促进被投资国形成新的知识、技术。与此相类似的解释还包括联系效应（Wang and Blomstom, 1992）、示范效应（Yuko, 2000）和竞争效应（Kokko, 1994）。竞争效应则更侧重激励效应，认为来自投资国家的先进技术能够不断地使东道国意识到自己的技术、知识差距，从而激励其在自主创新

过程中花费更多的财力、物力及人力。

负向效应以挤出效应为主，即认为如果引进的技术与本国的技术水平匹配度低，随着外资进入的技术、知识可能会完全替代被投资国已有的技术、知识，使得被投资国没有动力和激励自行研发、创新，进而在长期内对自主创新过程造成负面影响。综合来说，FDI 对知识积累过程的影响受到被投资国经济发展水平的影响，但是具体方向是不确定的，这一结果取决于正向效应和负向效应的绝对值对比。对于发达国家而言，外商直接投资的挤出效应较小。对于发展中国家而言，挤出效应的数值会偏大。

第二个方向：考虑我国知识积累过程的特殊性。随着科技在国家经济发展过程中的重要性逐渐提高，我国财政支出中用于科研的经费比例逐年增大。根据科研活动的类型，可以将 R&D 经费支出划分为三个主要用途：基础研究、试验发展和应用研究。其中，基础研究通常是研发过程的必要准备阶段，需要从事研发的人员尽可能地从已有的现象、可观察事实中发现新规律、新知识，其研究成果有可能有应用价值，也可能没有。应用研究的过程，其实是把基础研究的成果进一步地在可能的应用领域进行深化，如一项新的制造汽车玻璃的技术如何更好地实现流水线生产。试验发展则是在前两种科研活动的基础上，进一步探索 R&D 成果的可能的外延性所需要的系统性工作。

黄苹（2013）提出，相比于基础研究，应用研究和试验发展对知识创造过程有更直接的影响。因此，在研究 R&D 经费支出对经济增长的影响时，我们将科研经费支出划分为基础研究经费支出和非基础研究经费支出，并尽可能地从数据中提取有效的信息，从而提高实证结果的有效性。

3. 知识生产模型

综合考虑基准模型和扩展模型，在本课题研究中，我们将知识生产的模型设定为以下形式：

$$P_{it} = \delta R_{1it}^{k_1} R_{2it}^{k_2} L_{it}^{\lambda} A_{it}^{\varphi} FDI_{it}^{\gamma} \tag{5.4}$$

其中，P 表示新产生的知识；R_1 表示用于基础研究的经费投入；R_2 表示其余两类科研活动：应用研究和试验发展的经费投入；L 表示从事研发的工人数量，即知识积累的微观基础；A 表示已有的知识存量；FDI 表示外商直接投资。考虑到数据的可获得性，我们采用省级面板数据。下角标 i 表示省份，t 表示年份。

在社会科学研究中，所采用的时间序列数据常常不具有弱平稳的性质。同时，也不容易满足马尔科夫假定中同方差的设定。为了尽可能地得到有效、无偏、一致的估计结果，对数据取自然对数，这能够在一定程度上降低非平稳、异方差的影响。对于本课题的研究内容而言，取对数还能将非线性模型转化为线性模型。

因此，我们对式（5.4）两端进行取对数处理，得到实际估计方程：

$$\ln P_{it} = a + k_1 \ln R_{1it} + k_2 \ln R_{2it} + \lambda \ln L_{it} + \varphi \ln A_{it} + \gamma \ln FDI_{it} + \varepsilon_{it} \quad (5.5)$$

其中，ε_{it} 表示将标准误聚类在省级层次。

二 数据描述

我们需要分别得到代表实际的新产生知识量、R&D 经费投入、从事 R&D 工作的人员数量、知识存量以及外商直接投资的数据。涉及的数据属于宏观经济统计的范畴，因此政府相关部门统计的数据能够提供充分的信息，此处所用到的数据的主要来源为《中国科技统计年鉴》、《中国贸易外经统计年鉴》和《中国统计年鉴》。考虑到数据的实际可获得性，所研究的时间范围为 1998～2016 年，研究主体是我国 30 个省、自治区、直辖市（港澳台地区和西藏由于数据统计存在缺失部分，此处不予考虑）。

从统计年鉴中直接获得的 R&D 经费投入和外商直接投资属于名义变量，即受到当期货币价值与价格水平的影响。我们想要研究的是实际变量之间的因果联系，因此需要对这两组数据进行处理，剔除名义变化的部分。具体的剔除方法为

$$\varepsilon = e/PI \quad (5.6)$$

即用名义数据 e 除以当期的综合价格指数 PI。1998 年是我们的初始研究年份，因此这里采用标准化的思想，以 1998 年为基期（$PI_{1998} = 1$），得到 1999～2016 年的价格指数序列，从而对 R&D 经费投入以及外商直接投资两组数据进行处理。

其余三组所需数据在理论上虽然属于实际变量，但是将新产生知识量、从事 R&D 工作的人员数量以及知识存量三个文字性概念量化的过程中，我们很难找到名称完全相同的代理变量。为此，参阅大量的相关宏观经济文献，我们分别以专利数量、R&D 人员全时当量以及永续盘存法计算得到的知识存量来进行研究。

1. 新产生知识量

专利，字面之意是特有的权利、利益，指的是经过政府相关部门认可的发明、实用的新的技术方案或者外观设计，目的是保护专利权人的合法权益，避免其成果成为公共物品而被无成本滥用。在内生增长模型研究中，专利是一个容易获得的新产生知识的代理变量，因此在已有的文献中使用频次最高。直觉上，研发经费投入得越多，技术创新发生的可能性与频率越大，专利的申请数量与专利的授权数量也会相应更多。考虑到国际上的统计口径，专利量虽然与新产生知识量之间的相关性存在不完美之处，但这已经是我们能够利用的最好的数据指标，在跨国研究时，数据也具有一定的可比性。因此，学术界研究 R&D 内生增长模型时，一般还是默认使用专利量。具体到专利量，有两个相关的数据：专利申请受理量和专利授权量。其中，专利申请受理量是从申请人角度出发，统计的是一定时期内某地区或某国政府接受办理的专利案子数量。专利授权量，体现的是最终确认为专利成果的数量。对于申请人来说，从申请到被授权，中间可能需要反复经历修改完善自己的成果、再申请的过程，会产生经济成本、时间成本等摩擦因素。各国对于专利的重视程度也会影响专利从申请到获得授权的难易程度。Griliches（1990）认为，专利申请受理量更能够体现新知识的产生量，忽略不必要的人为摩擦因素。

此外，高等院校和科研机构的研发投入对我国知识生产以及经济增长具有正向的影响，高等院校掌握着国家重大科研课题项目，很多发明和创造来源于此，所以本章综合使用专利申请受理量和高等院校及研究和开发机构的课题总数来考察知识生产[①]。

---

① 知识生产指为了使物质生产能够顺利转化，人们在生产过程中发明、创造新观点、想法和技巧的过程。知识生产实质上也是一定社会关系的产物，其目的与物质生产一样，都是更好地认识自然和改造自然。但知识生产是较高层级的生产力，其本身具有扩散性、延续性和累积性。

从课题总数来看，北京、江苏、上海的课题总数较多，北京年平均超过3.5万件，上海和江苏超过1.5万件；辽宁、浙江、湖北、广东、四川和陕西处于中间水平，在1万件左右；青海处于最低水平，年平均在500件左右。以北京为代表的东部省份，年平均课题总数较多，高等院校和科研机构较多，经济也较为发达，而中西部地区经济相对落后，人才匮乏，科研投入相对不足。

将课题总数纳入知识生产变量后，排在前几位的地区是北京、广东、江苏和上海，辽宁、浙江、山东处于中间水平，最低的是海南、青海和宁夏。江苏年平均知识生产量超过2.5万件，北京2016年知识生产量超过4万件。西部地区知识生产量相对较低，这与西部地区经济增长乏力、科研机构较少有一定的关系。总的来看，知识生产量地区分布呈现很大的差异性，增长速度也快慢不一。

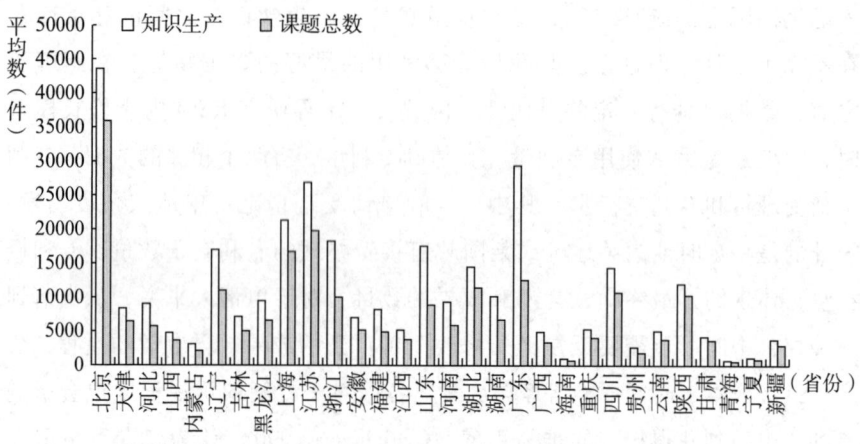

图5.1　知识生产和课题总数1999~2016年平均数

资料来源：《中国科技统计年鉴》。

2. R&D经费投入

对于研发部门来说，R&D经费是一笔投入款项；对于政府来说，R&D经费是财政支出的一部分。我们从《中国科技统计年鉴》中，可以获取1998~2016年政府用于全国R&D经费内部支出的数据，并且也可以分别计算得到基础研究经费支出和非基础研究经费支出。对于分地区进行统计的R&D经费支出，1998~2008年的数据不是按照科研活动类型统计的，我们将企业、高校和科研机构三个主要的R&D活动主体按科研活动的类型进行数据加总,得到相似统计口径的数据。从投入经费到经费作用于研发过程通常来说有一定的时滞期,因此我们在进行回归时,将基础研究的 R&D 经费内部支出部分滞后一年,以便尽可能地得到理想的估计结果。

在对 R&D 经费内部支出进行价格平滑时,我们需要利用本节前面部分所提到的公式,剔除名义变化的部分。但是,R&D 价格指数并不是一个记录在年鉴中的直接可获得数据,需要根据现有的消费价格指数和固定资产价格指数进行构造。国外学者在研究 R&D 价格指数时所参考的数据与我国数据的统计口径、统计方法都有所不同,我们不能够直接照搬过来。《中国科技统计年鉴》中,对于 R&D 经费内部支出的统计来源,官方文件认定为用于给研发部门人员支付劳务费用和购买研发所需的固定资产、机器设备的费用。支付给研发部门人员的劳务费用,最终用途是研发部门人员购买必需的生活资料、对自己的教育或者培训支出以及养育后代等。因此,R&D 价格指数的构成应是消费价格指数和固定资产价格指数的合理加权。参阅现有的相关文献,此处我们采用朱平芳和徐伟民(2003)、吴延兵(2008)所设定的两部分的权重,具体公式为

$$PI_{R\&D} = 0.55 \times CPI + 0.45 \times PI_{fixasset} \tag{5.7}$$

消费者价格指数 CPI 的权重为 0.55,固定资产价格指数 $PI_{fixasset}$ 的权重为 0.45。在省级面板数据中,有些省份缺少个别年份的固定资产价格指数,此处我们用当年的全国固定资产价格指数替代。

从全国来看,2016 年全国各省份平均经费达到 52 亿元,为 1999 年的 6 倍;基础类研究经费达到 2.7 亿元,比 1999 年增长了 301%;应用研究类经费达到 5.4 亿元,比 1999 年增长了 83%;增长幅度最大的为试验发展经费,2016 年达到 44 亿元,是 1999 年的 8.7 倍;非基础类研究经费在 1999~2016 年则增长了 5 倍增至 50 亿元,整体增长幅度可观。但是分地区来看,增长差异还是较大。就非基础研究类经费来说,增长率较高的地区有浙江和山东,增长率在 30% 左右,而云南和陕西的增长率较低,仅在 5% 左右。

从 1999~2016 年各省份的年平均经费(见图 5.2)来看,年均总经费较高的地区为北京、江苏、广东、山东、上海、四川及陕西,北京最

高，年均总经费为63亿元；海南、青海、宁夏、贵州、云南、新疆的研发经费则低许多，青海年均总经费仅为5000多万元，不及北京的百分之一，由此可以看出我国R&D经费地区分布的不均衡。具体到基础研究经费，最高的仍为北京，年均7亿元，其他较高的地区有上海、江苏、广东和四川。其余大多数地区基础研究经费较低，如山西、内蒙古和江西基础研究经费在千万元，更低的如青海和宁夏，只有700万元左右。从非基础研究经费来看，依然呈现地区分配不均衡的情况。较高地区如前所述，江苏和广东均超过北京，江苏年均达到62亿元，除海南、宁夏、青海外，年均经费都超过1700万元，四川和陕西处于中间水平，年均18亿元左右。由此可见，我国非基础研究经费比基础研究经费高出很多。整体来看，我国基础研究经费约占总经费支出的5%，而美国和英国这一占比在15%左右，长远来看，基础研究经费占比过少不利于创新的发展。

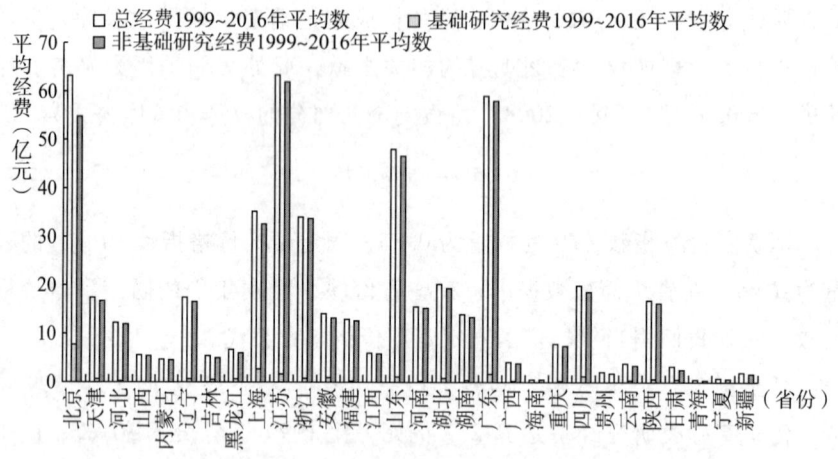

图5.2　各省份1999~2016年平均经费

资料来源：《中国科技统计年鉴》。

3. 从事R&D工作的人员数量

从事或者参与R&D工作的人员大体上分为临时参与和长期参与。从《中国科技统计年鉴》中，我们可以获得各地区从事R&D工作的人员全时当量。R&D人员全时当量，是指某地区或者某国家在一定时期内从事R&D工作的时间占全部工作时间90%及以上的人员的数量，即统计的是长期稳定从事研发工作的人员数量。直觉上，偶尔或者临时参与到科研活动中的人员，对宏观经济产生的影响微乎其微，可以忽略不计。因此，此处我们假定能够对新知识的产生造成影响的人力部分由 R&D 人员全时当量组成。

4. 知识存量

知识存量无法从统计年鉴中直接获取，可以采用永续盘存法（Porter and Stern，2000）来估计每年各地区的知识存量。国内也有一些学者在测算知识存量时应用了永续盘存法的思想。参阅相关文献，本章测算知识存量的过程如下。

首先，根据永续盘存法的定义，$t+1$ 期的知识存量由 t 期的知识存量和理论上各期新产生知识的加权和构成。

$$A_{i,t+1} = (1-d)A_{i,t} + \sum_{j=1}^{n}\mu_j P_{i,t+1-j} \qquad (5.8)$$

其中，$A_{i,t+1}$ 表示 i 地区 $t+1$ 时期的知识存量；d 表示知识生产的折旧率；$(1-d)A_{i,t}$ 则表示在 t 期期末、$t+1$ 期期初的知识存量；$\sum_{j=1}^{n}\mu_j P_{i,t+1-j}$ 则意味着 $A_{i,t+1}$ 与 $t+1$ 期及其之前 n 期新产生的知识有关。在实际计算过程中，知识生产的折旧率一般有三个值：5%、10%、15%，此处我们折中取 $d=10\%$。

其次，我们假定存在一个平均滞后期 θ，使得式（5.9）成立：

$$\sum_{j=1}^{n}\mu_j P_{i,t+1-j} = \mu_\theta P_{i,t+1-\theta} = P_{i,t+1-\theta} \qquad (5.9)$$

则 $t+1$ 期的知识存量可以表示为

$$A_{i,t+1} = (1-d)A_{i,t} + P_{i,t+1-\theta} \qquad (5.10)$$

一般而言，我们假定对于 $t+1$ 期知识存量重要的新知识的产生全都发生 $t+1$ 期，即平均滞后期为 1，那么知识存量的测算公式为

$$A_{i,t+1} = (1-d)A_{i,t} + P_{i,t} \qquad (5.11)$$

除了要得到知识存量的递推公式以外，还要得到知识存量的初始值。由递推公式得到

$$A_{i,1} = (1-d)A_{i,0} + P_{i,0} \qquad (5.12)$$

假定每期知识存量和新知识生产量有稳定且相等的增长率,表示为 g_i,则有

$$(1+g_i)A_{i,0} = (1-d)A_{i,0} + P_{i,0} \qquad (5.13)$$

整理得到知识存量初始值的计算公式:

$$A_{i,0} = P_{i,0}/(g_i + d) \qquad (5.14)$$

根据上述计算过程,我们可以得到30个省份的知识存量完整的面板数据。

5. 外商直接投资

从《中国贸易外经统计年鉴》中,我们可以得到实际外商直接投资的分地区年度数据,时间范围是1998~2016年。年鉴统计的外商直接投资以美元为单位。考虑到其他变量都是以人民币为货币计量单位,如果有统一的计量单位,解释估计结果的经济意义时会更有说服力。因此,我们需要将直接得到的外商直接投资数据单位转化为"万元"。此外,类似于R&D经费投入的处理,我们需要平滑掉名义的外商直接投资变化。

我们处理实际外商直接投资的数据步骤如下:

第一步,从《中国贸易外经统计年鉴》中整理得到1998~2016年30个省份的实际外商直接投资。

第二步,从《中国贸易外经统计年鉴》中得到1998~2016年每年平均的人民币对美元的汇率,即一美元等于多少人民币。

第三步,利用前两步的数据,计算得到1998~2016年各省份以"万元"为单位的实际外商直接投资数额。

第四步,考虑到外商直接投资主要以固定资产的形式体现,在平滑名义变化时,价格指数取当年的固定资产价格指数。其中1998年作为基期,$PI_{fixasset} = 1$。由此得到所需的外商直接投资面板数据。

6. 主要变量的描述性统计与分析

综合以上各部分,我们在研究中所使用的各个变量的名称与基本描述性信息如表5.1所示。我们所使用的数据有两个维度,一是省份,二

是年份，总的样本量是省份×年份计算得到的。

表5.1　主要变量与描述性统计

变量	英文记号	单位	样本量	均值	样本标准差	最小值	最大值
新产生知识量	P_{it}	件	540	34643.470	70348.430	124	512000
基础研究经费支出	R_{1it}	万元	540	90778.690	203239.600	67	2111730
非基础研究经费支出	R_{2it}	万元	540	163990.500	314266.700	101.700	1974914
知识存量	A_{it}	件	540	127000	278000	147.729	2470000
外商直接投资	FDI_{it}	万元	540	39731.92	52787.5	38.051	296000
R&D人员数量	L_{it}	人	540	70806.2	89007.49	848	543000

资料来源：《中国科技统计年鉴》、《中国贸易外经统计年鉴》和《中国统计年鉴》。

三　实证分析

1. 省级面板数据回归结果分析

1) 基础结果回归

在模型设定部分，我们最终采用的知识积累过程的模型形式为

$$\ln P_{it} = a + k_1 \ln R_{1it} + k_2 \ln R_{2it} + \lambda \ln L_{it} + \varphi \ln A_{it} + \gamma \ln FDI_{it} + \varepsilon_{it} \quad (5.15)$$

我们实证分析的第一步就是利用省级面板数据进行基础回归，分析各种要素对新知识生产的影响系数大小及其显著性。

利用面板数据进行OLS回归分析时，我们会担心误差项中的遗漏变量与个体i或者时间t有关，从而影响估计结果的无偏性和一致性。实际上，估计系数的无偏性和一致性是首先要满足的要求，有效性则是第二层次的要求。假设存在遗漏变量u_{it}。从计量经济学的角度，如果u_{it}随着个体i的变化而变化，而不随时间改变，我们称之为个体固定效应；如果u_{it}随着时间改变而不随个体的变化而变化，我们称之为时间固定效应。一般而言，处理两种固定效应时，我们会采用双向固定效应模型，尽可能地抵消遗漏变量引起的系数偏误。如果u_{it}与时间和个体都无关，虽然不会影响估计系数的无偏性和一致性，但是误差项方差的增大会使OLS回归得到的系数有效性受到影响。为了避免此类偏误，我们通常采用随机效应模型进行估计。

在实际操作过程中，我们无法拥有足够强的经济直觉一眼看出所使

用的面板数据对应哪种模型,需要用两种方法分别进行估计,随后用 Hausman 检验来判定最适合的估计模型设定。其中,Hausman 检验的思想是通过比较固定效应模型和随机效应模型的估计结果,来判定是否能够否定原假设"$H_0:u_{it}$ 与时间、个体不相关"。传统的 Hausman 检验是比较固定效应和随机效应的 OLS 估计结果,考虑到模型中存在的异方差可能会影响检验结果,在这里我们比较固定效应 OLS 和随机效应 GLS 估计结果,如表 5.2 所示。

表 5.2 我国省级面板数据知识积累量模型回归结果

变量	固定效应 OLS 估计	随机效应 GLS 估计
基础研究经费支出($\ln R_1$)	0.035 * (0.018)	0.023 (0.018)
非基础研究经费支出($\ln R_2$)	0.153 *** (0.017)	0.106 *** (0.017)
知识存量($\ln A$)	0.615 *** (0.018)	0.524 *** (0.017)
外商直接投资($\ln FDI$)	0.008 (0.019)	0.060 (0.018)
R&D 人员数量($\ln L$)	-0.159 *** (0.05)	0.223 *** (0.036)

注:表格中 ***、**、* 分别代表在 1%、5%、10% 的统计水平上显著,圆括号中为系数的标准误。
资料来源:《中国科技统计年鉴》、《中国贸易外经统计年鉴》和《中国统计年鉴》。

根据 Hausman 检验结果(见表 5.3),我们可以看到 p 值为 0.000,说明在 5% 的显著性水平下可以拒绝原假设。因此,对于我们使用的省级面板数据来说,固定效应 OLS 估计能够给出较优的结果。

表 5.3 Hausman 检验结果

面板数据的 Hausman 检验			
Test Summary	Chi - Sq. Statistic	Chi - Sq. d.f	p 值
Cross - Section Random	122.25	29	0.000

以专利申请受理量作为新产生的知识量,根据固定效应模型 OLS 的估计结果,可以得出以下三点结论。

(1) 表5.4为采用逐步回归的方法得到的回归结果。第1列为加入基础研究经费支出后的回归结果，之后在2~5列为逐步加入非基础研究经费支出、R&D人员数量、外商直接投资及知识存量的回归结果，研究发现无论采用哪种模型设定形式，基础研究经费支出对知识生产的影响均显著为正，就第5列知识生产模型而言，基础研究经费支出、非基础研究经费支出、知识存量都对知识的产生过程有显著正向影响。其中，非基础研究经费支出和知识存量的系数通过了1%的显著性水平检验。而基础研究经费支出在10%的显著性水平下对新知识的产生有影响。R&D人员数量对新知识的产生过程有显著的负向影响。这反映出我国从事科研的人员规模存在冗余，创新生产过程效率低下。外商直接投资对新知识的产生没有显著影响，意味着技术引进对新知识的形成既没有显著的正向影响，也没有明显的挤出效应，说明随着我国近几年科技不断发展，以及外资引进技术、知识匹配度的不断提高，过度依赖外来技术在一定程度上造成我国企业生产创新的惰性，不利于提升我国的自主创新能力。

(2) 根据所设定的对数模型形式，解释变量的系数表示其与被解释变量之间的弹性大小。固定效应OLS结果呈现如下结论：基础研究经费支出每增加1%，新产生知识量提高0.035%。非基础研究经费支出，即应用研究和试验发展经费支出，每增加1%，新产生知识量提高0.153%。虽然同属于研究经费投入，非基础研究支出对知识生产的影响大于基础研究支出对知识生产的影响。基础研究经费支出的弹性系数小这一结果，并不意味着其对新知识产生的影响小。基础研究一般是从某个专业领域的基础的现象出发，需要R&D人员付出极大的耐心和精力实现理论性突破，常常由各省高校和从事基础研究的独立机构开展。因此，基础研究具有以下特点：长期性、时滞性、一定的非排他性和非竞争性。基础研究涉及的学科领域较广，其成果可能同时对多个科研领域都具有启发作用，从而对真正投入精力、人力、财力的研发领域而言，研究成果具有正外部性。

(3) 知识存量对新知识生产的正向显著作用最大。平均而言，知识存量每提高1%，新产生知识量提高0.615%。这正好印证了Jones(1995a)提出的"$\varphi < 1$"的观点，即知识存量在我国新知识的生产过程中不存

在递增的回报。

采用固定效应 OLS 模型，在知识生产模型中逐步加入解释变量进行回归的结果如表 5.4 所示。

表 5.4　以专利申请受理量为新产生知识量的逐步回归结果

变量	模型 1	模型 2	模型 3	模型 4	模型 5
基础研究经费支出（$\ln R_1$）	0.551 *** (0.018)	0.230 *** (0.046)	0.173 *** (0.034)	0.099 *** (0.033)	0.035 * (0.018)
非基础研究经费支出（$\ln R_2$）		0.294 *** (0.039)	0.022 (0.032)	0.060 ** (0.030)	0.153 *** (0.017)
R&D 人员数量（$\ln L$）			1.281 *** (0.063)	0.989 *** (0.068)	-0.159 *** (0.050)
外商直接投资（$\ln FDI$）				0.273 *** (0.031)	0.008 (0.019)
知识存量（$\ln A$）					0.615 *** (0.018)
N	540	540	540	540	540
R^2	0.633	0.669	0.817	0.840	0.952

注：表格中 ***、**、* 分别代表在 1%、5%、10% 的统计水平上显著，圆括号中为系数的标准误。

资料来源：《中国科技统计年鉴》《中国贸易外经统计年鉴》和《中国统计年鉴》。

2）加入课题总数后知识生产的实证结果

在数据描述中，专利申请受理量并不是新产生的知识量的完美代理变量，参考相关文献发现，除专利技术使用实现的产品创新之外，高等院校及主要科研机构通过增加投入实现的产出成果的转化也能有效带来新产生知识的快速增长。因此我们以专利申请受理量与课题总数之和作为新产生的知识量，新产生知识量 P_{it} 描述性统计结果如表 5.5 所示。

表 5.5　以专利申请受理量与课题总数为新产生知识量的描述性统计

变量	英文记号	单位	样本量	均值	样本标准差	最小值	最大值
新产生知识量	P_{it}	件	540	51795.050	83615.940	475	587000

由表 5.5 可知，相较于之前简单地将专利申请受理量作为新产生知识量的代理变量而言，我国知识产出成果有很大提升。1999~2006 年在

全国范围内,新产生知识量平均量为51795.050件,波动误差为83615.940件,新产生知识量的最大值为587000件,各省份的科技创新存在较大差距,区域发展不平衡。

表5.6为我们在专利申请受理量的基础上加入高校和企业课题总数作为新产生知识量的面板回归结果,因不确定面板回归模型中是否存在一些不随时间变化的遗漏变量,我们对模型分别进行了固定效应和随机效应回归分析,研究发现无论是固定效应回归模型还是随机效应回归模型,基础研究经费支出、非基础研究经费支出、知识存量、外商直接投资对知识生产的影响显著为正,而R&D人员数量对知识生产的影响在固定效应模型中显著为负,在随机效应模型中显著为正。其中基础研究经费支出每增加1%,新产生知识量增加0.029%,非基础研究经费支出每增加1%,新产生知识量增加0.090%,相比较来说,非基础研究经费支出对知识生产的影响大于基础研究经费支出,可能是因为基础研究经费支出属于经济发展的基础领域,影响范围较广,对知识生产的影响存在一定的时滞性。而对于非基础研究经费支出而言,无论是高校还是企业单位,投入的非基础研究经费时效性都较强,对知识生产的影响较为直接。知识存量对知识生产正的显著性表明,知识存量能够为知识生产提供动力支撑,促进知识产出水平的提高。外商直接投资正的显著性表明,过去几十年我国经济增长严重依赖进出口贸易,外商直接投资尤其是技术的引进,缩短了我国与外国之间的技术差距,能够间接促进我国科技水平的提高。R&D人员数量在固定效应模型中负的显著性表明,我国R&D人数虽然多,但是由于其生产效率低下,并不能带来知识生产的显著提高。

表5.6　以专利申请受理量与课题总数为新产生知识量的面板数据回归结果

变量	固定效应 OLS 估计	随机效应 GLS 估计
基础研究经费支出（$\ln R_1$）	0.029 ** (0.012)	0.028 ** (0.012)
非基础研究经费支出（$\ln R_2$）	0.090 *** (0.011)	0.072 *** (0.011)
知识存量（$\ln A$）	0.661 *** (0.021)	0.586 *** (0.020)

续表

变量	固定效应 OLS 估计	随机效应 GLS 估计
外商直接投资（$\ln FDI$）	0.036*** (0.012)	0.055*** (0.012)
R&D 人员数量（$\ln L$）	-0.076** (0.037)	0.118*** (0.032)

注：表格中***、**、*分别代表在1%、5%、10%的统计水平上显著，圆括号中为系数的标准误。

资料来源：《中国科技统计年鉴》、《中国贸易外经统计年鉴》和《中国统计年鉴》。

为了检验模型中是否存在不随时间变化的遗漏变量，我们使用 Hausman 检验，结果如表 5.7 所示。

表 5.7 Hausman 检验结果

面板数据的 Hausman 检验			
Test Summary	Chi - Sq. Statistic	Chi - Sq. d. f	p 值
Cross - Section Random	96.350	29	0.000

根据 Hausman 检验的结果，我们可以看到 p 值为 0.000，说明在 5% 的显著性水平下可以拒绝原假设。因此，对于我们使用的省级面板数据来说，固定效应 OLS 估计能够给出较优的结果。

固定效应模型的回归结果显示，用专利申请受理量与课题总数作为被解释变量，除去外商直接投资的正向影响变为显著以外，其他解释变量的影响方向与显著性没有明显变化。回归结果表明基础研究经费支出、非基础研究经费支出对知识生产存在显著正向的影响，是促进知识生产的重要因素。

2. 知识生产贡献度分析

上文中的省级面板数据回归结果显示，知识存量对新产生知识量的弹性 φ 小于 1，说明知识存量对新产生知识量的边际贡献不存在递增的情况。我们在这里参考 Solow（1957）在增长核算中提出的方法，对新知识的生产进行增长核算，具体操作过程如下。

首先，从我们设定的知识生产模型出发：

$$P_{it} = \delta R_{1it}^{k_1} R_{2it}^{k_2} L_{it}^{\lambda} A_{it}^{\varphi} FDI_{it}^{\gamma} \tag{5.16}$$

对方程两边取对数，得到以下方程：

$$\ln P_{it} = k_1 \ln R_{1it} + k_2 \ln R_{2it} + \lambda \ln L_{it} + \varphi \ln A_{it} + \gamma \ln FDI_{it} \quad (5.17)$$

利用数学知识，我们得到式（5.18）：

$$\frac{\partial \ln P_{it}}{\partial \ln R_{1it}} = \frac{\partial P_{it}}{\partial R_{1it}} \times \frac{R_{1it}}{P_{it}} = k_1 \quad (5.18)$$

方程两边对时间求导，得到式（5.19）：

$$\dot{P}_{it} = \frac{\partial P_{it}}{\partial R_{1it}} \dot{R}_{1it} + \frac{\partial P_{it}}{\partial R_{2it}} \dot{R}_{2it} + \frac{\partial P_{it}}{\partial L_{it}} \dot{L}_{it} + \frac{\partial P_{it}}{\partial A_{it}} \dot{A}_{it} + \frac{\partial P_{it}}{\partial FDI_{it}} \dot{FDI}_{it} \quad (5.19)$$

将方程两边同时除以 P_{it} 得到式（5.20）：

$$\frac{\dot{P}}{P} = k_1 \frac{\dot{R}_1}{R_1} + k_2 \frac{\dot{R}_2}{R_2} + \gamma \frac{\dot{FDI}}{FDI} + \varphi \frac{\dot{A}}{A} + \lambda \frac{\dot{L}}{L} \quad (5.20)$$

新产生知识量的增长率可以分解为来自基础研究经费支出的增长率、来自非基础研究经费支出的增长率、来自R&D人员数量的增长率、来自知识存量的增长率和来自外商直接投资的增长率。我们将五种要素的平均贡献度定义为

$$E_1 = k_1 \frac{\dot{R}_1}{R_1} \Big/ \frac{\dot{P}}{P}$$

$$E_2 = k_2 \frac{\dot{R}_2}{R_2} \Big/ \frac{\dot{P}}{P}$$

$$E_L = \lambda \frac{\dot{L}}{L} \Big/ \frac{\dot{P}}{P}$$

$$E_A = \varphi \frac{\dot{A}}{A} \Big/ \frac{\dot{P}}{P}$$

$$E_{FDI} = \gamma \frac{\dot{FDI}}{FDI} \Big/ \frac{\dot{P}}{P} \quad (5.21)$$

考虑到R&D经费支出按科研活动类型分为基础研究经费支出和非基础研究经费支出，我们把R&D经费支出的贡献度定义为

$$E_{iR} = E_{i1} + E_{i2} \quad (5.22)$$

其中，i 表示省份。在上文中，采用省级面板数据，利用固定效应模型回

归系数结果，可以分别得到每种要素对新产生知识量的弹性系数大小。利用整理得到的 1999~2016 年面板数据，可以分别得到五种要素在每一年的增长率。利用式（5.22），可以计算得到五种要素在每个省份在这段时间的平均贡献度，整理结果如表 5.8 所示。

表 5.8 知识生产贡献度分析

省份	基础研究经费支出	非基础研究经费支出	知识存量	外商直接投资	R&D 经费支出
北京	0.021	0.030	0.714	0.034	0.051
天津	0.030	0.086	0.692	0.032	0.116
河北	0.026	0.089	0.702	0.035	0.115
山西	0.034	0.092	0.723	0.035	0.126
内蒙古	0.031	0.102	0.714	0.042	0.133
辽宁	0.029	0.083	0.728	0.029	0.113
吉林	0.023	0.080	0.719	0.038	0.103
黑龙江	0.027	0.088	0.731	0.041	0.115
上海	0.023	0.086	0.716	0.035	0.109
江苏	0.027	0.088	0.687	0.028	0.115
浙江	0.029	0.091	0.683	0.035	0.120
安徽	0.026	0.088	0.680	0.037	0.113
福建	0.024	0.092	0.685	0.019	0.116
江西	0.029	0.086	0.688	0.037	0.114
山东	0.024	0.094	0.696	0.033	0.118
河南	0.017	0.084	0.696	0.038	0.101
湖北	0.023	0.074	0.706	0.036	0.097
湖南	0.027	0.090	0.705	0.038	0.117
广东	0.028	0.091	0.687	0.019	0.119
广西	0.030	0.090	0.689	0.011	0.120
海南	0.029	0.082	0.710	0.032	0.111
重庆	0.030	0.091	0.694	0.035	0.121
四川	0.016	0.061	0.696	0.037	0.077
贵州	0.027	0.092	0.693	0.037	0.118
云南	0.028	0.077	0.704	0.033	0.106

续表

省份	基础研究经费支出	非基础研究经费支出	知识存量	外商直接投资	R&D经费支出
陕西	0.026	0.057	0.708	0.038	0.083
甘肃	0.000	0.068	0.706	0.027	0.068
青海	0.025	0.090	0.697	0.029	0.115
宁夏	0.030	0.097	0.701	0.032	0.126
新疆	0.027	0.091	0.705	0.040	0.117

资料来源：《中国科技统计年鉴》、《中国贸易外经统计年鉴》和《中国统计年鉴》。

从表5.8可以看出，知识存量的贡献度显著高于其他要素，因此不在图5.3中展示。比较其余四种要素的增长率贡献度，可以看出除北京外，非基础研究经费支出在各个省份的贡献度都显著高于基础研究经费支出和外商直接投资两种要素的贡献度。因此，各个省份的要素贡献度大小顺序基本与上文中省级面板数据得到的结果一致。对五种生产要素的贡献度进行逐一分析，可以得到以下结论。

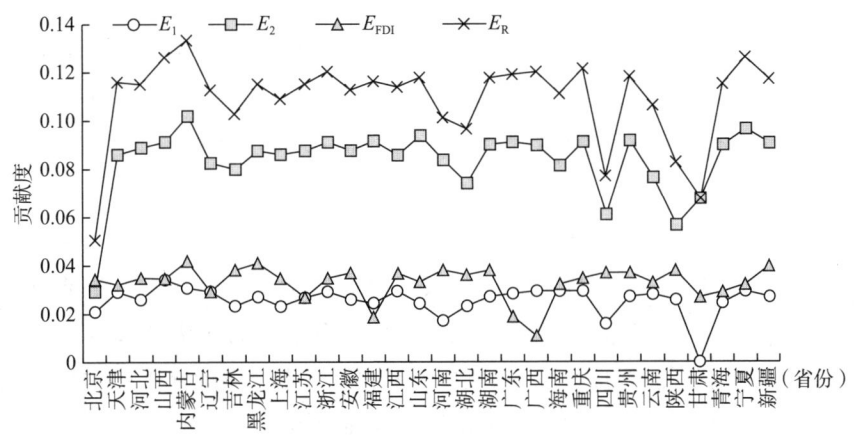

图5.3　基础研究经费支出、非基础研究经费支出、外商直接投资与R&D经费支出贡献度

资料来源：《中国科技统计年鉴》、《中国贸易外经统计年鉴》和《中国统计年鉴》。

（1）各省份非基础研究经费支出的贡献度普遍高于基础研究经费支出的贡献度。要素的贡献度数值大小，取决于两个因素：一是要素对新知识生产的弹性大小；二是该要素本身的增长率。因此，E_2比E_1数值大，一方面是由于非基础研究在促进新知识生产方面的作用更大，另一方面也是恰恰因为作用明显，在非基础研究的科研活动上花费的经费增长率会更高。利用1999~2016年省级面板数据计算的结果，基础研究经费支出与非基础研究经费支出贡献度相差最大的省份是内蒙古，相差最小的省份是北京。

（2）知识存量对新知识生产的贡献度最高，均值在0.69~0.70。这说明各省份知识存量的跨期溢出效应较大。外商直接投资的贡献度均值在0.03左右，说明外资技术也存在一定的空间溢出效应。

（3）从研究经费支出的整体来考察贡献度，各省份平均的R&D经费支出对新知识生产的贡献度为0.1091。与其他要素的贡献度大小相比，R&D经费支出不是我国新知识生产的主要动力，说明R&D经费的使用结构还有可以优化的地方。盲目地下拨科研经费，并不能够有效地促进高新技术的进步、促进新知识的产生以及提高我国自主创新能力。尽管外商直接投资的贡献度有所下降，但我国自主创新的动力仍然有待提高。

3. 研究经费支出回报率分析

在上文的分析中，我们已经得到了每种要素对新知识生产量的弹性大小、对新知识生产增长率的贡献度。那么，每投入一单位要素究竟能够得到多少新产生知识呢？这里，需要引入要素投入回报率的概念。

研究经费支出、知识存量、外商直接投资和R&D人员全时当量四种要素中，直接可以控制投入量的要素是研究经费支出。知识存量涉及历史因素，即使对新知识生产的贡献度最大，我们一时也无法改变已有的知识存量。而外商直接投资和R&D人员全时当量也是同样无法直接操控的要素。因此，研究要素的回报率时，基础和非基础研究经费支出的回报率更有经济意义，也能够依此指导政府部门提出政策建议。

从知识积累过程模型出发，可以分别求出基础研究和非基础研究经费支出的回报率表达式：

$$MPR_{i1} = r_{i1} = k_{i1}\frac{P}{R_{i1}}$$

$$MPR_{i2} = r_{i2} = k_{i2}\frac{P}{R_{i2}}$$

(5.23)

其中，r_{i1}、r_{i2}分别表示i省份基础研究和非基础研究经费支出R_{i1}、R_{i2}的回报率。其含义是每投入一单位的研究经费，新知识生产量增加的数额。一般而言，生产要素的边际生产率在生产期会不断提高，随着投资规模接近饱和，边际生产率会先保持不变后呈现下降的趋势。利用1999～2016年的省级面板数据，我们可以计算得到每个省份在这段时间平均的r_{i1}、r_{i2}，结果如表5.9所示。

表5.9 各省份两种研究经费支出的回报率

省份	r_{i1}	r_{i2}	省份	r_{i1}	r_{i2}
北京	0.004829	0.002110	河南	0.035278	0.002359
天津	0.016375	0.002273	湖北	0.017795	0.002606
河北	0.023718	0.002074	湖南	0.024852	0.002737
山西	0.018124	0.002359	广东	0.029208	0.002835
内蒙古	0.020902	0.001621	广西	0.022036	0.005348
辽宁	0.016012	0.002362	海南	0.009504	0.005504
吉林	0.010181	0.003464	重庆	0.025997	0.003997
黑龙江	0.011418	0.004094	四川	0.013783	0.003136
上海	0.009123	0.002441	贵州	0.01668	0.006464
江苏	0.038853	0.003377	云南	0.010194	0.004074
浙江	0.054406	0.004270	陕西	0.015928	0.002482
安徽	0.016740	0.003778	甘肃	0.005944	0.004057
福建	0.038116	0.003089	青海	0.005944	0.002859
江西	0.039238	0.003312	宁夏	0.015148	0.004170
山东	0.025208	0.001870	新疆	0.017468	0.004529

资料来源：《中国科技统计年鉴》、《中国贸易外经统计年鉴》和《中国统计年鉴》。

分析可以得到以下结论。

（1）从研究经费支出结构解读，r_{i1}、r_{i2}在各省份的相对大小基本一致：基础研究经费支出回报率r_{i1}大于非基础研究经费支出回报率r_{i2}。在前面的分析中，我们看到，由于非基础研究对新知识的产生贡献度更大，各省份在这种类型的科研活动上的经费支出比例更大。而这也会导致非基础研究经费支出的回报率到达瓶颈期，对新知识生产的正向作用已经接近饱和。而基础研究经费支出仍然在各省份表现出较高的回报率，因此这将是一个需要进一步优化、开发带动新知识增长潜力的投资领域。

（2）分析各个地区的回报率的异质性，可以看出东部地区研究经费支出的回报率明显低于中西部地区的整体回报率。这说明对于经济结构需要转型的中西部地区而言，在R&D方面，还有许多要优化的方面，科研潜力有待进一步开发。对于政府来说，加大基础研究经费支出的同时，也要注意到各个地区之间存在的异质性，对中西部地区整体的R&D经费都要给予更大的补贴力度，进一步提高我国整体的创新能力。

4. 研究经费支出回报率差异程度分析

新古典经济学派认为，要素的投入量与要素的回报率之间存在因果关系。具体到我们所研究的问题，政府前期倾向于将研究经费首先拨给本身经费支出回报率高的地区。随着这部分地区研究工作的开展，研究经费的投入会趋于饱和状态，回报率下降。因此，为了激发更多地区的创新能力，政府会将研究经费拨给前期没有获得足够资金的地区。按照新古典经济理论的设想，最终各个地区之间的研究经费支出回报率应当趋同，即经费支出结构趋向最优配置。我们将利用1999~2016年的省级面板数据来验证这一观点。

参考龚六堂和谢丹阳（2004）提出构建差异程度的思路，我们将遵循以下步骤构建研究经费支出的回报率差异程度。

首先，计算出各省份研究经费支出回报率，如所有地区的基础研究经费支出的平均回报率为r_{11}，r_{21}，…，r_{n1}，按照从小到大重新排序为$\bar{r}_1$，$\bar{r}_2$，…，$\bar{r}_n$，总体平均值为$\bar{r}$。

其次，构建离差指标，某年的基础研究经费支出的离差为

$$D = \frac{2}{n^2 \bar{r}} \sum_{i=1}^{n} i(\bar{r}_i - \bar{r}) \qquad (5.24)$$

根据定义，离差介于0和1之间。越接近0，意味着该年份的省份间基础研究经费支出的回报率越趋同，投资结构趋向优化。

利用1999~2016年的省级面板数据进行分析，结果如表5.10所示。

第五章　科技创新与经济增长的实证分析

表 5.10　1999～2016 年基础研究与非基础研究经费支出回报率差异系数

年份	基础研究经费支出	非基础研究经费支出	年份	基础研究经费支出	非基础研究经费支出
1999	0.6169	0.3979	2008	0.6200	0.4669
2000	0.5566	0.3898	2009	0.3479	0.1924
2001	0.6880	0.4104	2010	0.2934	0.1989
2002	0.6627	0.4632	2011	0.3312	0.1965
2003	0.7206	0.4463	2012	0.3275	0.2045
2004	0.6461	0.4602	2013	0.3143	0.2105
2005	0.5502	0.4429	2014	0.2934	0.2179
2006	0.5987	0.4484	2015	0.3040	0.2119
2007	0.5551	0.4352	2016	0.3367	0.2097

资料来源：《中国科技统计年鉴》、《中国贸易外经统计年鉴》和《中国统计年鉴》。

用图形则表示为图 5.4。

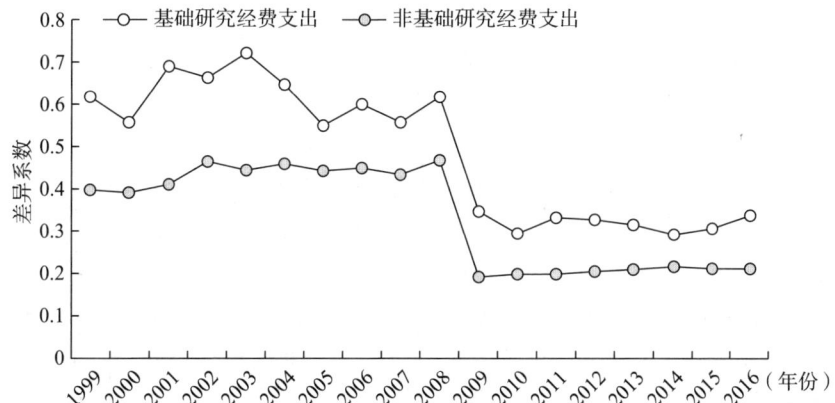

图 5.4　1999～2016 年基础研究和非基础研究经费支出的回报率差异系数

资料来源：《中国科技统计年鉴》、《中国贸易外经统计年鉴》和《中国统计年鉴》。

首先，在 2008 年以前，基础研究和非基础研究经费支出回报率差异程度的波动都比较平稳。对于基础研究而言，经费的流向以高校、独立的研究机构为主。这些研发部门的科研能力在短时间内不会有较大幅度的改变。

其次，在 2008 年以后，两种研究经费的支出回报率差异系数出现了大幅下降。这说明科研经费在各个地区之间逐渐优化，差异程度逐年降低。2008年在美国爆发的金融危机很快波及整个金融界，我国虽然凭借自身的经济韧性受到了相对较小的影响，但是当时不乐观的国际环境给自主创新的进程增加了许多阻碍。中央启动一揽子计划，试图冲抵全球金融风暴对各产业各领域经济的影响。在科研活动方面，为了适应经济结构调整，各个地区针对自己的优势寻求突破。对于东部地区来说，经济较为发达，与互联网、信息科技等产业有更加紧密的联系，创新有更加积极的环境；中西部地区的自然资源也为新方向的创新提供了丰富的资源。

最后，我们计算出1999~2016年各省份两种研究经费支出的增长率，并按降序排列，与回报率一同展示在表5.11、表5.12中。

表5.11　各省份基础研究经费支出增长率和回报率对比

排序	省份	增长率	回报率	排序	省份	增长率	回报率
1	山西	114.04	0.0181	16	辽宁	4.37	0.0160
2	天津	53.14	0.0164	17	陕西	4.16	0.0159
3	重庆	43.50	0.0260	18	福建	3.88	0.0381
4	浙江	40.24	0.0544	19	河北	3.79	0.0237
5	广西	24.41	0.0220	20	新疆	3.58	0.0175
6	江西	14.41	0.0392	21	黑龙江	3.26	0.0114
7	宁夏	13.15	0.0151	22	山东	3.22	0.0252
8	广东	11.51	0.0292	23	青海	2.81	0.0059
9	内蒙古	11.45	0.0209	24	湖北	2.64	0.0178
10	江苏	7.83	0.0389	25	上海	2.34	0.0091
11	云南	6.65	0.0102	26	吉林	2.00	0.0102
12	海南	6.51	0.0095	27	北京	1.64	0.0048
13	贵州	6.10	0.0167	28	河南	1.17	0.0353
14	湖南	5.71	0.0249	29	四川	1.08	0.0138
15	安徽	5.70	0.0167	30	甘肃	-0.01	0.0059

资料来源：《中国科技统计年鉴》、《中国贸易外经统计年鉴》和《中国统计年鉴》。

可以看到，随着基础研究经费支出在各省份之间的配置趋于优化，增长率靠前的省份，比如山西省、天津市和重庆市，也有着较高的要素回报率。非基础研究经费支出也有着类似的优化趋势。

表 5.12　各省份非基础研究经费支出增长率和回报率对比

排序	省份	增长率	回报率	排序	省份	增长率	回报率
1	福建	37.28	0.00309	16	青海	6.76	0.002859
2	山东	35.84	0.00187	17	山西	6.70	0.002359
3	宁夏	34.02	0.00417	18	河南	6.28	0.002359
4	浙江	31.79	0.00427	19	新疆	6.08	0.004529
5	内蒙古	23.39	0.00162	20	上海	5.34	0.002441
6	广东	22.51	0.00284	21	海南	4.16	0.005504
7	贵州	20.90	0.00646	22	黑龙江	4.15	0.004094
8	重庆	17.46	0.00400	23	云南	3.16	0.004074
9	安徽	16.76	0.00378	24	辽宁	2.91	0.002362
10	广西	15.78	0.00535	25	吉林	2.85	0.003464
11	江苏	13.36	0.00338	26	湖北	2.78	0.002606
12	湖南	9.04	0.00274	27	甘肃	1.96	0.004057
13	天津	8.16	0.00227	28	四川	1.70	0.003136
14	江西	8.14	0.00331	29	陕西	1.33	0.002482
15	河北	6.97	0.00207	30	北京	0.40	0.002110

资料来源:《中国科技统计年鉴》、《中国贸易外经统计年鉴》和《中国统计年鉴》。

因此,我国从 2008 年以后,各省份研究经费支出的结构都在不断优化,两种研发活动的经费支出离差系数都在降低之后趋于稳定。

四　小结

我们对 R&D 经费投入和知识生产的关系进行分析后有如下发现。

首先,将专利申请受理量作为知识生产的代理变量,进行面板回归的结果显示,基础研究经费支出、应用研究和试验发展经费支出、知识存量对知识生产的影响都通过了显著性检验,从系数的正负性来看,这些因素都对知识生产有正向影响。而外商直接投资对知识生产的影响不显著,表明外商投资引进的技术虽然提高了我国的技术水平,缩短了产品的生产周期,但可能造成我国企业创新的惰性,不利于技术水平和生产效率的显著提高。而 R&D 人员数量对知识生产的影响显著为负,说明并不是人越多知识生产水平越高,冗杂的人员结构、生产效率低下不利于创造良好的创新环境，从而R&D人员的增长并没有带来技术的显著进步。基础研究经费支出、应用研究和试验发展经费支出对知识生产都有正向促进作用。其中应用研究和试验发展经费支出对知识生产的弹性更大。知识存量对知识生产的系数弹性最大，我国知识生产过程存在明显的溢出效应。此外，在专利申请受理量的基础上加入高校和企业课题总数作为新产生知识量的统计结果表明，基础研究经费支出、应用研究和试验发展经费支出、知识存量、外商直接投资对知识生产的影响都通过了显著性检验，从系数的正负性来看，这些因素都对知识生产有正向影响。而R&D人员数量对知识生产的影响显著为负，说明并不是人越多知识生产水平越高。对上述回归结果进行Hausman检验后发现，知识生产采用固定效应模型的形式进行回归。

其次，由知识生产贡献度的分析可知：基础研究经费支出对知识生产的贡献率普遍低于应用研究和试验发展经费支出对知识生产的贡献率；知识存量对知识生产的要素贡献率最高。这一结论与以上省级面板回归的结论一致。将R&D经费支出对知识生产的贡献度定义为基础研究经费支出贡献度与非基础研究经费支出贡献度之和，将溢出效应对知识生产贡献度定义为知识存量贡献度与外商直接投资贡献度之和，R&D经费支出的贡献度远远低于溢出效应的贡献度，说明我国研发投资效率和创新能力较低。

再次，R&D经费支出回报率估算结果显示：从结构来看，基础研究经费对知识生产增长促进作用的潜力更大；从地区分布来看，部分中西部省份及东部地区的江苏、浙江、广东R&D经费支出回报率水平较高，应增加对这些省份的R&D经费支出。浙江R&D经费支出回报率水平最高，说明浙江在知识生产、创新发展方面仍有较大的发展空间，应继续增加对浙江省的R&D经费投资。北京和上海的R&D经费支出回报率水平非常低，说明这两个地方或是衡量创新程度的指标不能完全反映创新成果，或是R&D经费支出相对于创新活动已经达到饱和状态。东部地区的回报率明显低于中西部地区的整体回报率。这说明对经济结构需要转型的中西部地区而言，在R&D方面，还有许多要优化的方面，科研潜力有待进一步开发。

最后，我们设定了一个边际要素生产率的离差指标，计算出1999～

2016年各省份的研究经费支出回报率的差异程度。在2008年以前，基础研究和非基础研究经费支出回报率差异程度的波动都比较平稳。对于基础研究而言，经费的流向以高校、独立的研究机构为主。这些研发部门的科研能力在短时间内不会有较大幅度的改变。2008年以后，两种研究经费的支出回报率差异系数出现了大幅下降，这与我国近几年不断实施调整产业结构和地区发展结构的政策相关，说明科研经费在各个地区之间逐渐优化，差异程度逐年降低。

第二节 科技创新与经济增长的实证分析

过去40多年间我国实施的从东部到中西部、从城市到农村的渐进式改革方式，使我国经济一直保持着较高的增长速度。政府的各种优惠政策为经济增长提供了充足的资金支持，低廉的劳动力成本和丰富的自然资源实现了中国经济增长的奇迹，进出口贸易为中国带来了先进的技术。我国经济增长率到2016年已下滑至6.7%。这一持续下降的趋势表明中国经济已经进入发展瓶颈，要想走出经济发展的困境，促进经济发展方式的转变，必须使创新成为经济增长的驱动力，必须加大高等教育研发投资力度，提升劳动力整体素质，依靠科技进步，加快建设创新型国家，以知识生产和应用来带动经济的发展。

经济增长的动力分为要素驱动、投资驱动和创新驱动。建设创新型国家主要依靠研发支出生产出更多的知识产出成果；建立比较完善的创新成果评价体系，促进知识成果向产品成果转化；鼓励企业增加创新投入；支持企业参与重大科技项目实施；建设创新科研平台；结合市场需求建立完善的产学研产业结构。当前我国R&D总投资额位于世界第二位，科研经费投资规模进一步加大。中国地理区域广阔，各地区经济发展极为不平衡，我国东部地区作为对外开放的窗口，无论是在人员还是资本方面都有天然的优势，其发展程度和发展水平远高于中西部地区，中国经济增长速度放缓的趋势表明人力资本、物质资本等传统的资源对经济增长的动力渐弱。随着中国经济转型升级，知识生产作为新的增长动力是否会促进我国的经济发展？知识生产与经济增长受到冲击后的反应如何？是否会加大东中西部的地区差距？基于以上几个问题，我们通过构建知识生产函数进行实证分析,并且针对研究结果提出一些对策建议。

一 模型设定

内生增长模型相较于索洛增长模型的进步之处在于突破了技术外生的假定,本节选取了柯布-道格拉斯生产函数,并引入内生技术进步变量,设立如下生产函数模型:

$$Y_t = K_t^\alpha [A_t L_t]^{1-\alpha} \tag{5.25}$$

其中,Y 表示产出,K 为实物资本,L 为劳动人口,A 为技术水平,α 为实物资本 K 的产出份额,$1-\alpha$ 为有效劳动 AL 的产出份额。从生产函数设定可以看出,技术进步是通过提高劳动力质量从而影响经济增长,表现为劳动拉动型经济增长。20 世纪 80 年代中期,Romer(1986)和 Lucas(1988)提出了人力资本的概念,并将其引入新经济增长理论中,人力资本不仅限于劳动力的数量,更包含了劳动力质量,如劳动力熟练程度、专业技术能力等素质。进一步,我们将模型扩展为如下形式:

$$Y_t = K_t^\alpha H_t^\beta [A_t L_t]^{1-\alpha-\beta} \tag{5.26}$$

其中,H 为人力资本,β 为人力资本 H 的产出份额,$1-\alpha-\beta$ 为有效劳动的产出份额。Romer(1990)认为技术进步通过知识生产影响经济增长,进一步,我们将模型改写为:

$$Y = A^\alpha K^\beta H^\gamma L^{1-\alpha-\beta} \tag{5.27}$$

其中,A 为知识水平,α 为知识水平对经济增长的贡献。假设劳动力人口以 n 的速度增长,技术进步以 g 的速度增长,则可以推断有效劳动 AL 的增长率为 $n+g$,假定在经济中,资本用于实物投资及人力资本投资,s 为实物资本投资占比,h 为人力资本投资占比,在 BGP(均衡增长路径)上,经济处于稳定状态,即人均资本与人均产出增长率为 0。Mankiw、Romer、Weil(1992)给出了基于稳态的人均收入水平实证模型:

$$\ln y_t = \ln A_0 + gt + \frac{\alpha}{1-\alpha}s - \frac{\alpha}{1-\alpha}\ln(n+g+\delta) + \frac{\beta}{1-\alpha}\ln h \tag{5.28}$$

需要注意的是,该模型是基于稳态的前提条件下各主要变量和经济增长的关系，但是在实证分析中，所考虑的经济体不一定处于均衡增长路径。在均衡增长路径附近，经济增长趋于收敛，从而将模型进一步调整为：

$$\ln y_t = \alpha \ln y_{t-1} + \beta \ln s + \gamma \ln(n + g + \delta) + \lambda \ln h + \xi$$

$$\beta = (1 - e^{-\lambda}) \frac{\beta}{1-\alpha}, \gamma = -(1 - e^{-\lambda}) \frac{\alpha}{1-\alpha}$$

$$\lambda = (1 - e^{-\lambda}) \frac{\beta}{1-\alpha}, \alpha = e^{-\lambda}$$

$$\alpha, \beta, \gamma > 0$$

(5.29)

国内外文献在实证分析中采用固定的折旧率水平，如5%、10%，各省级层面的折旧率水平也统一设定为固定值，因此在模型中，我们不考虑折旧率的影响，即令 $\delta = 0$。模型中，技术进步表现为劳动增长型，为了进一步考虑技术对经济增长的影响，我们将 $\ln(n + g)$ 分成 $\ln n$ 和 $\ln g$ 加以研究。Romer（1990）在内生增长模型中提出用知识生产表示技术进步，因此在模型中我们用变量 p 来代替变量 g。考虑到我国经济增长的地域异质性特征，将经济增长模型简单设定为时间序列模型或横截面模型都是不适当的，为了研究知识生产对经济增长的影响，选用了下列动态面板模型：

$$\ln y_{it} = \theta + \alpha \ln y_{it-1} + \beta \ln p_{it} + \gamma \ln s_{it} + \delta \ln h_{it} + \varphi \ln n_{it} + \xi \quad (5.30)$$

其中，y 为实际人均收入增长率，p 为知识生产增长率，s 为实物资本增长率，h 为人力资本增长率，n 为劳动力增长率，$\theta, \alpha, \beta, \gamma, \delta, \varphi > 0$ 均成立。

二 数据描述

实证模型中的知识生产变量用专利申请受理量及课题总数指标衡量，数据来源于《中国科技统计年鉴》，人力资本存量和物质资本存量的数据来源于《中国人力资本报告》，该报告由中央财经大学中国人力资本与劳动经济研究中心编制，人均收入与人口增长率的数据来源于《中国统计年鉴》。基于数据的可获得性，本节使用省级层面数据，因2015年起我国经济下行趋势明显，中小企业融资困难，严重影响着企业内部技术创新的热情，为更好地研究科技创新对经济增长的影响，本节中的数据截至2014年。此外，受到人口出生率数据的限制，本节使用的是

2001~2014 年的面板数据。由于解释变量为省级人均收入增长率，因此还需要对经济指标进行价格调整，以消除物价变动带来的影响，具体的方法如下：

$$\xi = \frac{e}{P} \tag{5.31}$$

其中，e 表示名义价格，ξ 为实际价格，P 为价格指数。所有价格指数均已调整为以 2001 年价格为基期，即 $P_{2001} = 100$。

1. 实际人均收入增长率

在被解释变量经济增长变量[①]的选取方面，本节主要从两方面考虑其表现形式：增长率或当期值；人均量或总量。尹宗成、江激宇、李冬嵬（2009）认为一国经济增长是通过相应的经济增长指数来衡量的。而王聪（2011）、张磊和王亮（2013）通过实际 GDP 来表示经济增长。Barro（1999）发现通过人均收入来研究经济增长要比使用实际收入总量精确很多。经济总量一般会随着时间的推移而不断增加，但人均收入则未必，因为总量在增长的同时，人口也在相应增长。Solow 在研究经济增长的过程中也将总生产函数写成人均生产函数的形式。在整个高级宏观经济学中，我们发现分析经济增长最简单的办法不是直接去观察生产函数中的 K 和 Y，而是通过观察 k 和 y 等人均变量研究经济增长的其他变量。在稳态条件下，人均收入增长率体现了整体经济增长的持续性，因此实际人均收入增长率不仅能够体现经济增长的数量和质量，而且能够分析各个影响因素对经济增长的贡献大小，本节主要使用各省份实际人均收入增长率来解释经济的长期增长以及东中西部地区差异问题。实际人均收入增长率的构造如下：

$$y_{it} = \frac{Y_{it} - Y_{it-1}}{Y_{it-1}} \tag{5.32}$$

根据式（5.32）可以计算出我国各省份的实际人均收入增长率，图 5.5 为 2002 年与 2014 年我国 30 个省份的实际人均收入增长率的对比图，从纵向时间对比上来看，在 2002 年时，我国实际人均收入增长水平较低，并且有大约 1/3 的省份处于负增长阶段。相比于 2002 年的水平，

[①] 目前国内外很多文献用 GDP、GNP、人均 GDP、GDP 增长率作为经济增长的代理变量。

大多数地区（除黑龙江）2014年时在经济增长水平上有所提升，并保持了正向增速，其中山西增长率变化幅度最大，由2002年的-7.8%上升到2014年的7.5%。从增长幅度的地区差异来看，中西部地区增长幅度更大，这一现象的背后离不开政策的扶持：为了保障人民基本生活水平，我国各地陆续出台最低生活保障标准，推动了人均收入的上涨。而东部地区受益于地理优势与技术优势，在2002年时就已经表现出较高的经济增长水平，因此在2002~2014年实际人均收入增长率变化幅度不如中西部地区。2014年贵州、云南、陕西、青海等地实际人均收入增长率大都保持在10%以上，东部沿海地区的上海、广东等省市的实际人均收入增长率变化幅度虽然没有中西部地区大，但其整体收入增速已经处于较高水平。从总体变动情况来看，受益于国家"十三五"规划的实施，劳动密集型、资本密集型产业逐渐从东部向中西部地区转移，改善了中西部地区人均收入状况。

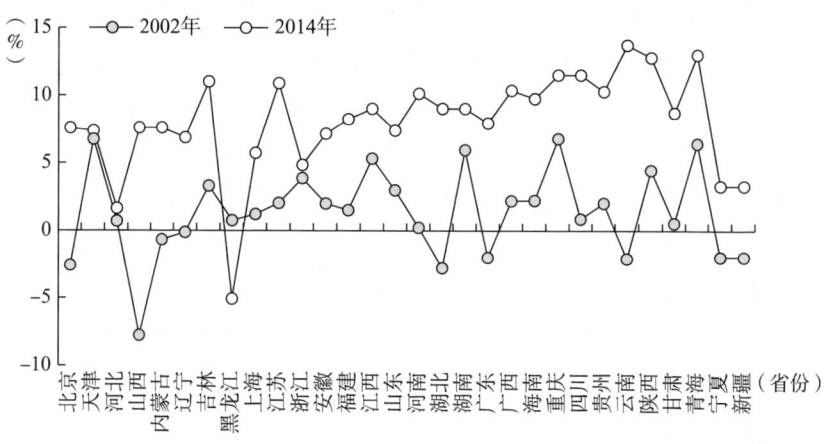

图5.5　2002年和2014年各省份实际人均收入增长率

资料来源：《中国统计年鉴》。

2. 知识生产

对于知识生产变量的指标选取，以往文献没有一个公认的经济变量指标。基于以研发为基础的内生增长模型，国外众多学者认为能够作为企业研发活动产出的经济指标是专利技术，通过专利技术企业可以进行生产并获得垄断利润。但是Jones（1995b）却提出了不同见解，他指出在现实情况下，由于各种约束，许多创新活动成果并没有申请专利，同时许多专利成果并不是企业研发的结果，如日常生活中的小发明等，基于此，他认为专利并不是衡量知识产出的可靠指标。在国内的文献中，朱有为和徐康宁（2007）采用新产品销售收入、吴延兵（2008）采用新产品开发项目数作为衡量知识生产的经济指标，但他们都提出这些指标并不完美，新产品销售收入虽为创新经济成果，但我国缺少对这一指标的省级统计描述，新产品开发项目数不完全代表创新成果，因为存在一定的失败率。专利数量由于数据的可获得性，相较于其他指标而言更具优势，同时是研发活动投入成果的可靠度量指标。

严成樑（2013）、蒋殿春和王晓娆（2015）认为高等院校和科研机构的研发投入会促进我国的知识生产与经济增长，因为国家的重大科研课题项目主要由高等院校主持，并且取得了许多创新成果。徐盈之和金乃丽（2010）认为高等院校不仅创造科研成果，并且将其进一步转化为应用成果，是科研活动中的中坚力量，在我国科技创新中发挥了重要的作用。尹宗成、江激宇、李冬嵬（2009）综合了R&D经费投入、科技论文数量、国家发明奖成果等指标，对技术进步指标进行了构造，进而研究技术进步对经济增长的动态影响。由于省级层面数据的可获得性，我们将从基础研究、应用研究和试验发展的专利申请受理量以及高等院校、研究和开发机构的课题总数5个指标综合衡量知识生产情况。

3. 知识生产增长率

构造知识生产增长率指标所用基础研究、应用研究和试验发展的专利申请受理量以及高等院校、研究和开发机构的课题总数的数据来源于《中国科技统计年鉴》。在实证模型中，变量形式选取增长率形式，因此构造变量公式见式（5.33）。

$$p_{it} = \frac{P_{it} - P_{it-1}}{P_{it-1}} \tag{5.33}$$

我国各省份知识生产增长率可根据式（5.33）计算得出，图5.6为2002年与2014年各省份知识生产增长率情况。从整体时间变化来看，与2002年相比，大多数地区2014年知识生产增长率水平出现了下降，甚至有部分地区表现出负增长。从地区分布来看，在中部地区，山西和内蒙古在2002~2014年知识生产增长率经历了较大幅度的下降，最终呈现负增长，究其原因，可能是受经济发展限制，地区内企业单位创新力度不高，同时受科研能力的限制，国家课题转化成果较少；在东部地区，江苏与浙江在2002~2014年知识生产增长率变化幅度最明显，特别是浙江，由2002年约30%的知识生产增长率下降为2014年的约-10%，造成这一现状的原因可能是江苏和浙江地区早已拥有较多的高等院校及科研机构，本身资源较为丰富，专利申请、知识生产成果基数大，科技发展距离前沿较近，因此增速缓慢。北京、上海、广东等地知识生产增长速度放缓，青海不同于其他省份的增长特点，2002~2014年的知识生产增长率保持了正向的强劲增长，由2002年的-11%一跃成为2014年增速最高的地区，并实现了32%的知识生产增长率。东部地区作为改革开放的前沿，其经济发展极大受益于创新知识生产，也拥有了丰富的高等院校、科研机构资源，每年的研发经费产出均位于全国前列，知识生产总量较高。2015年开始实施的"一带一路"政策，将加速创新发展中心向江浙、广东和广大中西部地区的转移。

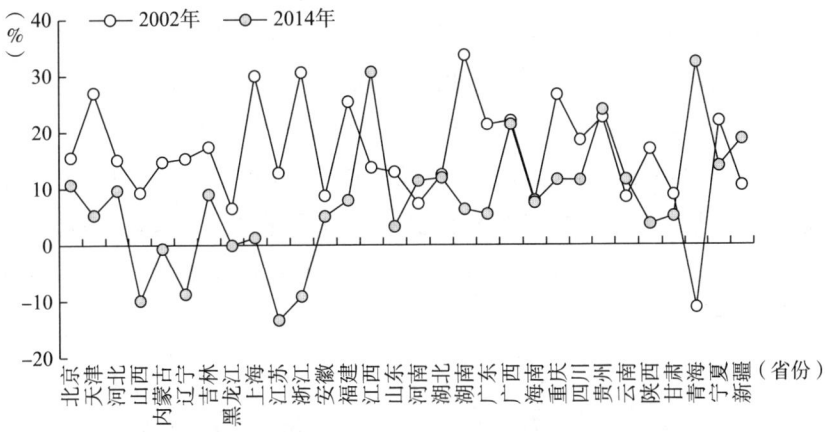

图 5.6　2002年和2014年各省份知识生产增长率

资料来源：《中国科技统计年鉴》。

4. 物质资本增长率

在经济增长核算的相关文献中，对资本要素经济指标的选取，国内外学者存在不同观点，在经济增长理论中，资本分为物质资本与人力资本，而物质资本由投资与储蓄决定。Barro（1999）使用投资率作为物质资本要素的经济指标，研究各国经济的长期收敛性。杜修立（2015）使用物质资本增长率作为经济指标，研究中国经济收敛性质。Zeng和

Zhang(2007)在实证分析中将当期固定资产投资额作为当年新增投资额,从而使用永续盘存法计算物质资本存量,但在计算过程中存在的难点是,各地区统计的异质性导致其固定资产折旧率难以度量,目前没有出现公认且权威的计算方法。在《中国人力资本报告》(中央财经大学编制)中,我们发现了可靠的物质资本存量数据,这一数据是以1978年价格为基期,并使用永续盘存法计算得出的。在实证模型中,我们采取增长率的形式进行分析,计算公式如下:

$$s_{it} = \frac{S_{it} - S_{it-1}}{S_{it-1}} \tag{5.34}$$

图 5.7 为 2002 年与 2014 年我国各省份物质资本增长,从整体来看,相比于 2002 年,大多数地区 2014 年物质资本增长率有了正向的提高,变动幅度较小。从地区分布来看,安徽、河南、湖北等地维持了一定幅度的提升,这主要由于中西部地区在 2002 年时其基础设施建设如铁路、城市管网等还处于较为薄弱的水平,随着我国政策的放开,中西部地区逐渐加大基础设施建设的投资力度以推动经济的发展,同时也说明中西部地区的物质资本投资对经济增长的推动潜力较大。北京、上海、江苏、浙江等地区物质资本增长速度呈现放缓趋势,2014 年增长水平低于 2002 年水平,这是由于这些地区有较为富裕的物质资本存量基础,相比于中西部地区,物质资本存量的提高对其经济发展的贡献率有限。横向对比

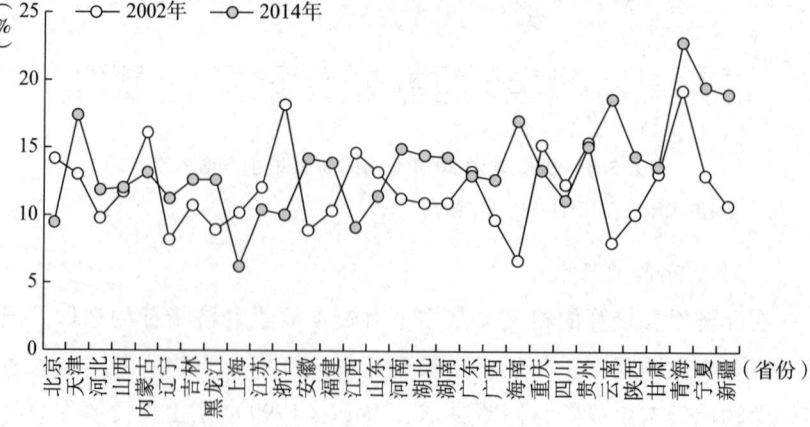

图 5.7 2002 年和 2014 年各省份物质资本增长率

资料来源:《中国人力资本报告》。

看，2014年，贵州、云南、青海、宁夏、新疆等地区的物质资本增长水平处于全国前列，可以看出目前这些地区的经济增长贡献主要来源于物质资本等资本要素的推动，而这有利于缩短我国地区间经济增长的差异。

5. 人力资本增长率

人力资本作为另一资本要素，对经济增长有着不可忽视的推动作用。影响人力资本的因素众多，如教育水平、专业技术培训水平、人口迁移、生育及抚养比，因此对人力资本的测度也较为复杂，目前这方面的研究较少。Laroche和Merette（2000）使用接受正式教育年限和工作经验两种指标来构造人力资本变量，Barro和Lee（1993，1996）使用教育的质量与数量来衡量人力资本。在国内学者的研究中，钱雪亚和刘杰（2004）从投资成本的角度计算人力资本，朱平芳和徐大丰（2007）从收入水平的角度计算人力资本，岳书敬（2008）则是用人力资本相关特征指标的加权平均来衡量。蔡昉和王德文（1999）、胡鞍钢（2002）等学者利用总体受教育水平或平均受教育年限等局部变量来衡量人力资本水平，Koman和Marin（1997）在Mulligan和Sala-I-Martin（1997）的研究之上，发现平均受教育年限是衡量人力资本的更好选择。经验研究的文献指出人们掌握的工作能力和技能受到诸多主观因素的影响，因此人力资本的估算方式存在较大的困难，不能进行可靠的计量。不同国家、不同地区甚至于不同时点，人力资本的衡量标准都会发生较大的改变。由中央财经大学编制的《中国人力资本报告》使用Jorgenson-Fraumeni终生收入法（简称J-F方法）对我国人力资本进行了可靠估算，在估算过程中，采用了微观调查数据与宏观数据结合的方法，并从国家层面延伸到省级层面，解决了现有估算方法的痛点。通过该报告，我们获得了我国省级层面2001~2014年人力资本存量、人均人力资本存量、劳动力人力资本存量及人均劳动力人力资本存量四个统计指标。报告从2000年开始将教育程度划分为6种：未上学、小学、初中、高中、大专、本科及以上。出于数据可比性目的，进一步将省级人力资本相应划分为6个阶段实际人力资本，并以1987年为基期。

图5.8为2002年与2014年我国省级人力资本增长情况，从整体水平来看，相比于2002年，除陕西与江苏，2014年我国各省份人力资本增长总体呈下降趋势，并且广东出现了较大幅度的下降，表现为负增长。

这说明我国正处于经济增长动力转变的关键节点,传统的经济增长动力已经不再适用于现在的经济现状。而广东从 2002 年约 15% 的人力资本增长率下跌为 2014 年的 -29%,其原因在于广东提出了"腾笼换鸟"的方针,受人力成本上升的影响,劳动密集型制造业逐渐开始向外部转移,因而人力资本增长率大幅下降。北京、上海、广东等东部地区城市深受对外开放政策的影响,普遍拥有较高的平均受教育程度,从而人力资本存量处于国家领先地位,据统计,京津冀、长三角、珠三角地区 2014 年人力资本存量总和占全国的 43%。

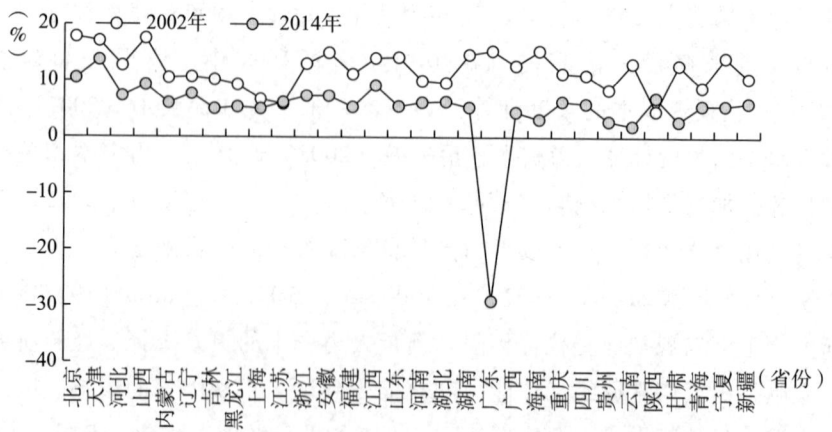

图 5.8 2002 年和 2014 年各省份人力资本增长率

资料来源:《中国人力资本报告》。

6. 人口增长率

在索洛的经济增长模型中,人均产出由人均资本决定,并且二者最终将趋于稳态,总产出以人口增长率的速度稳定增长。Kremer(1993)指出人口增长速度加快将推动知识积累。马尔萨斯的人口条件则认为,人口增长率的提升将导致人口数量爆炸式增长,为了维持人们的基本生存,产出水平将呈现下降趋势。结合宏观经济学中人口增长率的作用,我们将人口增长率 n 作为面板收敛函数的重要控制变量,数据来源于《中国统计年鉴》。

7. 主要变量的简单统计与描述

表 5.13 是模型中主要变量的名称和英文符号,并结合数据给出所有变量的统计描述,本节使用的是面板数据,这里的样本数是以"省-年

份"为单位进行计算的。

表 5.13 变量说明与数据统计

变量名称	变量符号	单位	均值	最小值	最大值
实际人均收入增长率	y_{it}	%	13	-7.8	51.2
实际人均收入增长率的滞后一期	y_{it-1}	%	13	-7.78	51.2
知识生产增长率	p_{it}	%	16.4	13.5	102
物质资本增长率	s_{it}	%	15.7	6.1	32.7
人力资本增长率	h_{it}	%	7.92	-29	25.5
人口增长率	n_{it}	%	533	135	12.62

资料来源：《中国科技统计年鉴》、《中国贸易外经统计年鉴》、《中国统计年鉴》和《中国人力资本报告》。

三 实证分析

1. 面板单位根检验

由于使用面板数据进行回归，为了检验模型的正确性，从而确保回归结果的有效性，首先对变量进行了费雪面板单位根检验，表5.14是对实际人均收入增长率、人力资本增长率、物质资本增长率、人口增长率、知识生产增长率的检验结果。

表 5.14 费雪面板单位根检验结果

变量名称	P 统计量	Z 统计量	L 统计量	Pm 统计量
实际人均收入增长率（y_{it}）	167.773 (0.000)	-7.9208 (0.000)	-8.0129 (0.000)	9.8383 (0.000)
人力资本增长率（h_{it}）	163.7227 (0.000)	-7.2399 (0.000)	-7.5441 (0.000)	9.4685 (0.000)
物质资本增长率（s_{it}）	156.4902 (0.000)	-6.5508 (0.000)	-6.9325 (0.000)	8.8083 (0.000)
人口增长率（n_{it}）	196.88 (0.000)	-8.96 (0.000)	-9.48 (0.000)	12.50 (0.000)
知识生产增长率（p_{it}）	135.19 (0.000)	-6.2994 (0.000)	-6.229 (0.000)	7.1669 (0.000)

注：括号中为p值。

资料来源：《中国科技统计年鉴》、《中国贸易外经统计年鉴》、《中国统计年鉴》和《中国人力资本报告》。

表 5.14 分别汇报了 P 统计量、Z 统计量、L 统计量和 Pm 统计量的检验结果,可以看出实际人均收入增长率、人力资本增长率、物质资本增长率、人口增长率及知识生产增长率的 p 值均小于 0.05 的显著性水平,表示拒绝各变量存在单位根的原假设,从而可以得出:被解释变量实际人均收入增长率、解释变量知识生产增长率,以及控制变量人力资本增长率、物质资本增长率、人口增长率均为平稳面板数据。对于被解释变量实际人均收入增长率,在剔除了价格变动影响的情况下,随着时间变动,各省份呈现增长趋势。对于解释变量知识生产增长率,在国家不断推进科研力度的政策扶持下,我国各地的知识生产增长水平处于稳定状态。

在我国 GDP 已经跃居世界第二的背景之下,我国经济发展却进入了瓶颈期,面对的现实是经济增长速度的持续放缓。短期而言,推动我国经济增长的传统动力仍将发挥作用,但其贡献率将不断减少。随着"大众创业、万众创新"的口号不断喊出、"一带一路"政策的实施、京津冀一体化和长江经济带战略的打响,以及铁路、水利、棚改等系列重大公共设施项目的落地,中西部地区的增长潜力得到释放,经济增速开始提升,并逐渐缩小与东部地区的增长差距,我国实际人均收入增速稳定增长。同时在经济增长动力转型的关键期,各省份在党中央的号召下开始加大高等院校及科研机构的研发经费投入,加码创新成果产出,布局高新技术领地,激发经济增长新动力。

2. 基于省际数据的面板回归分析及结果

根据国内外文献的研究成果,在本节中我们构建了如下的动态面板生产函数:

$$\ln y_{it} = \theta + \alpha \ln y_{it-1} + \beta \ln p_{it} + \gamma \ln s_{it} + \delta \ln h_{it} + \varphi \ln n_{it} + \xi \qquad (5.35)$$

考虑到经济增长的非均衡性,模型将从动态的角度分析经济运行方式,研究省际经济增长差异,更加准确地反映知识生产增长率对经济增长的影响。模型中加入了实际人均收入增长率的滞后一期变量,并将其作为解释变量,目的是控制省级层面的不可观测因素对经济增长的影响,因为滞后一期的实际人均收入增长率取决于前一期的生产要素与省际固定效应,与当前期的生产要素无关。在对动态面板数据进行回归时,Che、Lu、Tao 等(2013)指出使用差分 GMM 的方法对模型进行估计无法消除弱工具变量问题，相较而言，使用系统 GMM 将得到更有效的参数估计值。为解决模型可能出现的内生性问题，并提高数据的有效性，本节采取系统 GMM 的方法进行估计。使用系统 GMM 方法进行估计时，还可以进一步通过 Hansen 统计指标对模型工具变量数量的合理性进行检验，若 p 值 > 0.05，则表示工具变量的数据整体上是合理的，通过了显著性检验。系统 GMM 估计结果如表 5.15 所示。

表 5.15　系统 GMM 估计结果

变量	系统 GMM 估计结果
实际人均收入增长率的滞后一期（$\ln y_{it-1}$）	0.116 ** (0.017)
知识生产增长率（$\ln p_{it}$）	0.134 * (0.077)
物质资本增长率（$\ln s_{it}$）	0.656 * (0.067)
人力资本增长率（$\ln h_{it}$）	-0.344 *** (0.000)
人口增长率（$\ln n_{it}$）	-0.048 (0.506)

注：表格中 ***、**、* 分别代表在 1%、5%、10% 的统计水平上显著，圆括号中为变量相应的 p 值。

资料来源：《中国科技统计年鉴》、《中国贸易外经统计年鉴》、《中国统计年鉴》和《中国人力资本报告》。

系统 GMM 估计出来相关变量的显著性虽然没有差分 GMM 的结果好，但与差分 GMM 相比，系统 GMM 可以估计变量的水平效率，也可以提高整体模型估计的效率。使用 Arellano – Bond 对模型进行二阶自相关检验时发现 p = 0.429 > 0.05 的显著性水平，所以模型不存在两阶自相关。对工具变量进行统计性检验的 Sargan 估计结果为 166.03，其 p = 0.000 < 0.05 的显著性水平，通过 Sargan 检验，即工具变量选取得不太合适。后来用 Hansen 检验工具变量的合理性，其统计值为 26.59，其 p = 1 > 0.05 的显著性水平，选取的工具变量及其相应个数均通过了显著性检验。另外，使用系统 GMM 对各个工具变量进行检验，在模型中发现 y、p、h 都是内生变量，人口增长率 n 和物质资本增长率 s 为外生的，并且分别选取 y 的 2～3 阶滞后，p 的 3～4 阶滞后，h 的 1～2 阶滞后作为 y、

p、h 的工具变量。检验结果发现工具变量的 $p > 0.05$ 的显著性水平,则接受原假设,各个变量对工具变量的选择都较为合适。

根据上述回归结果,我们有如下结论。

从显著性水平来看,我们使用系统 GMM 对实际人均收入增长率的滞后一期取 2~3 阶滞后、知识生产增长率取 3~4 阶滞后,这两个解释变量的系数为正值并且均通过了显著性检验,物质资本增长率为外生变量且对实际人均收入增长率的影响为正,人力资本增长率的回归系数为负且结果较为显著。以上结果说明滞后一期实际人均收入增长率与当期实际人均收入增长率存在显著正相关性,即经济增长越发达的地区,经济增长速度越快;知识生产增长率与实际人均收入增长率存在显著正相关关系,说明技术进步推动了经济增长;物质资本增长率与实际人均收入增长率存在显著正相关关系,并从作用效果来看是知识生产增长率作用的 5 倍左右,这说明目前经济增长的主要贡献来源于物质资本的增长。而人力资本增长率与实际人均收入增长率存在显著负相关关系,从经济理论分析中可知,人力资本对经济增长应该是正向促进作用,而我国的实证数据却显示出负向抑制作用,从另一角度反映我国人力资本可能存在资源错配的情况。由于资本存在边际报酬递减的特点,过多的人力资本聚焦于发达地区,而欠发达的中西部地区却没有充足的人力资本来推动经济的发展,由此展现出人力资本对经济增长的抑制作用。人口增长率与实际人均收入增长率存在负相关关系,但并不显著。

实际人均收入增长率的滞后一期的回归系数为正,并且其 $p = 0.017 < 0.05$ 的显著性水平,说明滞后一期的人均收入增长率对当期实际人均收入增长率存在显著正向影响,每增长一个百分点,当前经济增长速度会增加 0.116 个百分点,长期来看,经济增长是一个相互影响的过程。当期经济增长不仅取决于生产要素,还受到已有禀赋的影响,前期的积累为后期的增长提供了大量的支持,系数小于 1 表明中国经济增长可能具有收敛的特征。

知识生产增长率的回归系数为 0.134, $p = 0.077$, 说明系数在 10% 的水平上显著,知识生产增长率对实际人均收入增长水平存在显著正向影响。知识生产增长率每增长一个百分点,经济增长速度将增加 0.134 个百分点,相比于滞后一期的实际人均收入增长率,知识生产增长率对经济增长的促进作用更加明显。从理论分析不难看出，知识生产对经济增长的作用是通过技术创新及技术引进等方式实现的。技术创新是企业使用基础研究的成果并应用于内部研发，进而生产出新产品，在市场中获得垄断利润，加速经济增长。这一过程存在较长的周期，而技术引进则是企业直接从国外获取最新技术成果，通过模仿式创新等方式减少生产成本，从而获得市场中的竞争地位，赚取利润并推动经济增长，这一过程周期较短，但越接近技术前沿，技术引进的增长速度越慢。在目前来看，我国知识生产对经济增长的正向效应主要来自技术引进。

物质资本增长率的回归系数为 0.656，$p = 0.067$，在 10% 的显著性水平上显著，物质资本增长率对实际人均收入增长存在正向促进作用，物质资本对经济增长的贡献要显著高于其余变量对经济增长的贡献，表明我国目前的经济增长方式主要是依靠对物质资本的投资，即加大基础设施建设等方式。短期来看，物质资本投资对经济增长的推动作用将持续，但从长期来看，由于资本边际报酬递减，物质资本这一传统经济增长动力需要被替换。

人力资本增长率的回归系数为 -0.344，$p = 0.000$，在 1% 的显著性水平上显著，人力资本增长率对实际人均收入增长率存在负向显著影响，人力资本增长速度每增加 1 个百分点，将使实际人均收入增长率下降 0.344 个百分点，主要反映了两个事实。首先，人口红利的丧失。自改革开放以来我国经济经历了飞速增长的过程，制造业对经济的贡献十分重要。在改革开放初期，由于我国人力成本较低，各地制造业兴起，但随着经济地位的攀升，制造业出现产能过剩的状况，面临产业转型升级，急需科技扶持、产业创新，因此人口红利逐渐消失。其次，地区资源的错配。我国人力资本存在显著地区分布特征，主要聚集在东部发达地区，中西部地区人力资本相对欠缺，由此造成了人力资本过剩与匮乏的极端分布，从而导致人力资本对经济增长产生抑制作用。

人口增长率在模型中的回归系数为负，但是结果并不显著。可以从两个方面来解释这一现象：首先，由于被解释变量为实际人均收入增长率，在变量构造中已经去掉了总人口的影响，因此人口增长率对被解释变量的影响较小；其次，由于我国实行计划生育政策，近年来我国人口增长率得到了极大的控制，并且开始出现老龄化现象，我国人口结构开始发生重大变化,人口的增长不再是推动经济增长的主要动力。在2011年,我国65岁以上老年人口在总人口中的比重就已经高达9.12%。截至2016年,我国60岁以上人口占全国人口比重高达16.15%,在人口不断增加的同时,我国社会的老年抚养比和少儿抚养比在不断提高,我国社会面临着严重的养老问题,从而制约经济发展。

3. 基于PVAR模型的脉冲响应函数及方差分解

上节内容表明知识生产对经济增长有正的显著性影响,但是知识生产增长率对经济增长的驱动作用到底如何,本节基于PVAR模型的脉冲响应函数和方差分解进行分析。

1)PVAR模型的建立

本节建立的PVAR模型如下:

$$\ln y_{it} = \alpha_0 + \sum_{i=1}^{m} \alpha_i \ln y_{it-1} + \sum_{j=1}^{m} \beta_j \ln p_{it-1} + \xi_{it} \quad t = 1, 2, \cdots, T \quad (5.36)$$

其中,t 为滞后期数,一般来说,PVAR模型选择的滞后阶数越大,对知识生产和经济增长之间的动态关系表现得越充分,但从另一方面来说,选择的滞后阶数越大,对模型所需要估计的参数就越多。为了提高估计的效率,我们需要在模型的滞后期和估计参数之间选择一种平衡,确定合适的滞后阶数。

我们分别采用了AIC、BIC和HQIC三种标准来检验滞后阶数的合理性,表5.16为检验结果,在滞后二期时,三个检验标准都提示了显著性,因此对于PVAR模型,我们选取滞后二期进行回归分析。PVAR模型估计结果如表5.17所示。

表5.16 AIC、BIC和HQIC标准

滞后期	AIC	BIC	HQIC
一期	4.82415	5.61816	5.14199
二期	5.44901*	6.72464*	5.96550*
三期	6.79994	7.72607	7.17217
四期	5.76807	5.85440	5.20642

注:*代表在10%的统计水平上显著。
资料来源:《中国科技统计年鉴》、《中国贸易外经统计年鉴》、《中国统计年鉴》和《中国人力资本报告》。

表 5.17　PVAR 模型估计结果

变量	$\ln y_{it}$	$\ln p_{it}$
$\ln y_{it-1}$	0.189 (0.000)	0.292 (0.045)
$\ln y_{it-2}$	0.120 (0.022)	-0.271 (0.249)
$\ln p_{it-1}$	0.370 (0.000)	0.296 (0.000)
$\ln p_{it-2}$	0.300 (0.138)	0.151 (0.045)

注：圆括号里的数字为 p 值。
资料来源：《中国科技统计年鉴》、《中国贸易外经统计年鉴》、《中国统计年鉴》和《中国人力资本报告》。

我们分别对实际人均收入增长率与知识生产增长率取滞后一期项与滞后二期项并进行回归，结果如表 5.17 所示。第一列结果为人均收入增长率的滞后项与知识生产增长率的滞后项对当期人均收入增长率的影响。人均收入增长率的滞后一期与滞后二期变量对当期人均收入增长率均存在正向影响，p 值分别为 0.000 与 0.022，小于 5% 的显著性水平。具体而言，$t-1$ 期实际人均收入增长率每增长 1 个百分点，当期人均收入增长率提升 0.189 个百分点，$t-2$ 期实际人均收入增长率每增长 1 个百分点，当期人均收入增长率提升 0.120 个百分点，这说明经济体的固有禀赋对经济增长的作用显著。知识生产增长率的滞后一期变量与滞后二期变量对实际人均收入增长率存在正向影响，但滞后一期变量 p = 0.000，说明效应显著，滞后二期变量 p = 0.138，说明效应不显著，即 $t-1$ 期知识生产增长率每提升 1 个百分点，会促进当期人均收入增长率提升 0.370 个百分点，作用效果大于人均收入增长率的滞后项，说明知识生产增长对我国经济增长的推动潜力较大。知识生产增长率的滞后二期效应不显著表明知识生产对经济增长的长期效应影响较小，这正是对我国技术特点的事实反映。我国主要通过技术引进方式促进技术进步，相比于技术创新而言，技术引进的周期较短，能够在短期内推动经济增长，但存在技术前沿瓶颈。技术创新的周期较长，需要企业自主利用资金进行研发并应用于生产，企业花费巨大人力与时间，但优点是自主创新能够突破当前技术前沿瓶颈，并且对经济增长有长期作用。第二列结果是人均收入增长率的滞后项与知识生产增长率的滞后项对当期知识生产增长率的影响。$t-1$ 期人均收入增长率对当期知识生产增长水平存在显著正向影响，$p=0.045$，小于5%的显著性水平，滞后一期人均收入增长率每提高1个百分点，当期知识生产增长率提高0.292个百分点，说明经济体的固有禀赋对知识生产存在重要作用，经济越发达的地区，其知识生产能力越强。而 $t-2$ 期人均收入增长率对当期知识生产增长水平存在负向影响，$p=0.249$，说明效应不显著，这一现象不难理解，因为企业家具有逐利特点，当他们意识到技术进步可以增强其市场竞争力，获得更多利润时，将加大研发投资，促进知识生产，而这一决策是迅速的。$t-1$ 期知识生产增长率与 $t-2$ 期知识生产增长率对当期知识生产增长率均存在正向影响，p 值分别为0.000与0.045，小于5%的显著性水平，$t-1$ 期知识生产增长率每增加1个百分点，当期知识生产率增加0.296个百分点，$t-2$ 期知识生产增长率每增加1个百分点，当期知识生产率增加0.151个百分点，这说明知识生产存在累积效应。不难看出，由于知识生产对经济增长存在促进作用，因此进行研发投资的企业能够通过增强市场竞争力获得更多利润，同时知识生产具有正外部性，将使技术扩散到市场中，其他追赶企业将学习到新技术并降低创新企业的竞争力量，而创新企业为保持自身领先优势，又将继续加码技术研发，促进知识生产。这一过程是循环往复的，提高了整体经济的技术水平。

为了进一步了解经济变量间的动态关系，我们采用脉冲响应函数对模型进行了模拟分析，主要考虑实际人均收入增长率与知识生产增长率受到一单位冲击后对经济变量产生的影响，图5.9为结果。图5.9（a）为实际人均收入增长率受到一单位冲击后自身的变动反应，可以看到冲击发生后实际人均收入增长率在1~6期都存在显著正向影响，且影响随时间增加而逐渐减弱，但显著大于0，说明经济增长本身具有长期影响效应。

图5.9（b）为实际人均收入增长率受到一单位冲击后知识生产增长率的变动情况。当冲击发生后，知识生产增长率的1期反应并不显著异于0，而3期反应显著大于0，随后效应减小趋于0，这说明实际人均收入的突然提高对知识生产的影响存在滞后反应，且为短期效应，说明我国对知识生产方面的投资意识不够强烈。

图5.9（c）为知识生产增长率受到一单位冲击后，实际人均收入增

长率的变动反应。从反应结果来看，发生冲击后 1 期实际人均收入增长率显著提高，但随后效应下降并在 2 期之后表现为负向效应。这说明短期来看，知识生产对实际人均收入增长存在促进作用，而长期表现为抑制作用。这一现象是因为我国主要依靠技术引进而不是技术创新，越接近技术前沿越难以突破技术瓶颈，所以知识生产对经济增长的驱动力在长期显著减弱，因此我国应该加大技术创新力度，号召自主创新，构造创新经济引擎。

图 5.9（d）为知识生产增长率发生一单位冲击后自身的变动反应，冲击发生后，1~5 期的知识生产增长率都存在正向显著效应，并随时间的增加而减少，到第 6 期后逐渐趋近于 0，反映了知识生产存在长期的正向累积效应。经济体中的知识存量越多，技术创新、技术研发的成果转化率越高，又进一步促进了新知识的产生与积累。

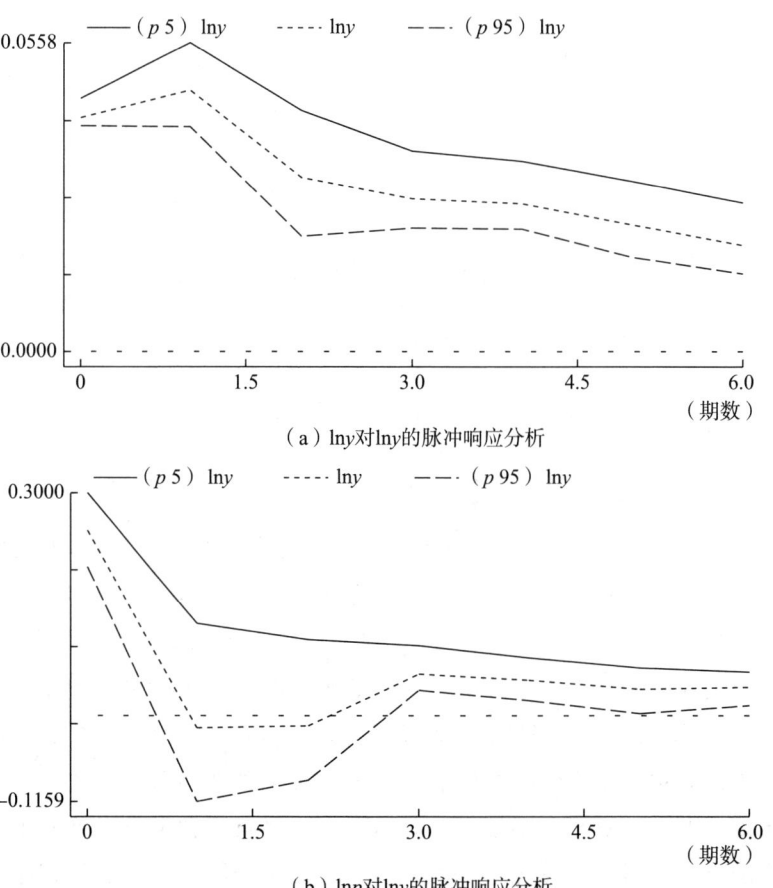

（a）ln$y$对ln$y$的脉冲响应分析

（b）ln$p$对ln$y$的脉冲响应分析

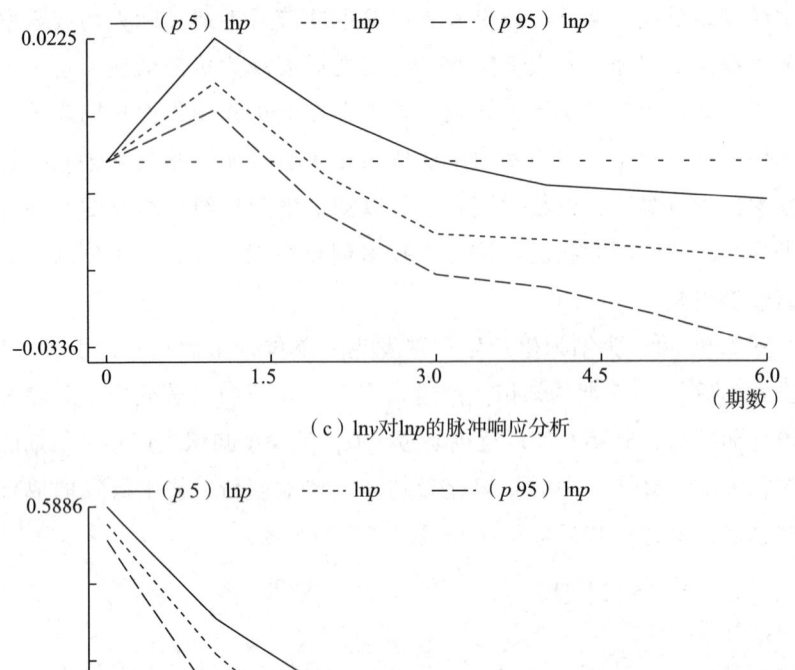

图 5.9 脉冲响应分析结果

资料来源:《中国科技统计年鉴》、《中国贸易外经统计年鉴》、《中国统计年鉴》和《中国人力资本报告》。

2) 方差分解

进一步,我们对 $t+1 \sim t+5$ 期实际人均收入增长率与知识生产增长率进行了方差分解,可以更加清楚地发现知识生产增长率与实际人均收入增长率之间的长期变动情况。表 5.18 为方差分解的结果。在 1~5 期,实际人均收入增长率对自身预期方差变动的解释力度在 95% 以上,对知识生产增长率预期方差的变动解释力度由最初的 42.6% 逐渐增加到 95.9%,而对于知识生产增长率来说,它对自身及实际人均收入增长率的预期方差变动解释力度较小,具体而言,对自身预期方差变动的解释力度随时间的增加而逐渐削弱,从 57.4% 下降到 4.1%,但知识生产增长率对实际人均收入增长率预期方差的变动呈倒"U"形,最初解释力度为0,在第二期中达到最大值3.5%,此后随时间增加而减小到2%。

表 5.18 方差分解的结果

期数	变量	lny	lnp
1	lny	1.000	0.000
	lnp	0.426	0.574
2	lny	0.965	0.035
	lnp	0.748	0.252
3	lny	0.969	0.031
	lnp	0.893	0.107
4	lny	0.976	0.024
	lnp	0.939	0.061
5	lny	0.980	0.020
	lnp	0.959	0.041

资料来源:《中国科技统计年鉴》、《中国贸易外经统计年鉴》、《中国统计年鉴》和《中国人力资本报告》。

方差分解的结果表明实际人均收入增长对自身及知识生产增长率的解释力度大体上随时间的增加而增强,而知识生产增长对自身及实际人均收入增长率的解释力度大体上随时间增加而减小,并且解释力度较小。知识生产解释力度较低的原因可能是本章所选取指标的局部性。在本章中,主要是用专利申请受理量和课题总数作为知识生产的衡量指标,而这些指标存在局限性,因为模型中研究的知识生产主要用于企业生产过程,而选取的指标为学术研究型,学术成果转化为应用成果时存在转化成功率,从而所选指标只能作为局部变量。

我国总体经济水平已经处于世界前列,因此在经济发展的目标上更加需要保质保量,不仅要保持世界第二位的水平,还需要进一步打造新经济增长引擎,因此我国面临着经济转型的重要任务。通过一系列分析可知,目前我国经济增长主要还是靠物质资本拉动,技术是经济增长新引擎的意识已经在国内初步形成,知识生产对我国经济增长已经有了显著促进作用,但是我国技术创新的主要来源是技术引进而不是自主创新,因此我国应该继续加大对自主创新的政策扶持力度,推动高新技术企业的落地与发展,加快创新成果的转化,实现经济发展方式的转变。

4. 基于东中西部地区的面板回归分析

在研究我国经济增长问题的文献中,"地区分布"也是诸多学者关注的重点。我国国土广阔且地形复杂,主要划分为三大地区:东部地区、中部地区与西部地区。受地理条件及自身禀赋的影响,三大地区呈现差异化的经济发展状况,东部地区大多数省份沿海,地理条件优越,在改革开放初期,经济就已经开始快速发展,拥有较多的物质资本与人力资本;中部地区深陷内陆,在地理条件上不如东部地区,主要通过陆路运输等方式发展经济,经济发展水平低于东部地区;西部地区不仅在地理位置上优势不足,并且地理条件较差,多为高山、荒漠,交通运输不便,从我国开始实施"西部大开发"战略以后,随着人才引进与资金流入,经济开始逐渐发展,但与中部、东部地区存在较大的差距。

在本节,基于已有数据,我们进一步将各省份划分为东中西部地区,进一步分析我国地区分布的差异化经济增长方式,以及知识生产在地区分布中对经济增长的不同影响。为了将各省份分解为东中西部地区,引入地区分布的虚拟变量 D_1、D_2,$D_1=1$,表示东部地区,$D_2=1$,表示中部地区,同时还加入了虚拟变量与知识生产增长率的交互项 $D_1 \times p$、$D_2 \times p$,$D_1 \times p$ 表示东部地区知识生产增长率,$D_2 \times p$ 表示中部地区知识生产增长率。根据国家统计局的地区分布划分标准,东部地区共有 11 个省份,中部地区共有 8 个省份,西部地区共有 11 个省份(不包括西藏)。动态面板回归结果如表 5.19 所示。

表 5.19 基于东中西部地区的动态面板回归结果

变量	系统 GMM 估计结果
实际人均收入增长率的滞后一期($\ln y_{it-1}$)	0.070**
	(0.033)
知识生产增长率($\ln p_{it}$)	0.166*
	(0.085)
物质资本增长率($\ln s_{it}$)	0.884*
	(0.073)
人力资本增长率($\ln h_{it}$)	-0.431***
	(0.000)

续表

变量	系统 GMM 估计结果
人口增长率（$\ln n_{it}$）	-0.053 (0.688)
D_1	0.044* (0.090)
D_2	-0.656* (0.070)
$D_1 \times p$	-0.012** (0.048)
$D_2 \times p$	-0.285* (0.060)
常数项	-1.009 (0.490)

注：表格中 ***、**、* 分别代表在 1%、5%、10% 的统计水平上显著，圆括号中为变量相应的 p 值。

资料来源：《中国科技统计年鉴》、《中国贸易外经统计年鉴》、《中国统计年鉴》和《中国人力资本报告》。

第一，表 5.19 为加入虚拟变量后使用系统 GMM 方法对动态面板模型进行估计的结果。与表 5.15 动态面板模型的估计结果相比，系数的正负性与显著性水平相一致，实际人均收入增长率的滞后一期、知识生产增长率和物质资本增长率对当期实际人均收入增长率有显著正向效应，人力资本增长率对实际人均收入增长率存在显著负向影响，人口增长率对实际人均收入增长率存在负向影响但并不显著。虚拟变量 D_1、D_2 的系数可解释为，与其他地方相比，实际人均收入增长率的变化。D_1 系数为 0.044，表示当 $D_1 = 1$ 时，东部地区的实际人均收入增长率相比于中、西部地区要高出 0.044；D_2 系数为 -0.656，表示当 $D_2 = 1$ 时，中部地区的实际人均收入增长率相比于东、西部地区要低 0.656。虚拟变量的交互项 $D_1 \times p$、$D_2 \times p$ 的系数可解释为，在其他变量保持不变的情况下，知识生产增长率对实际人均收入增长率的作用效果。$D_1 \times p$ 的系数为 -0.012，知识生产增长率的系数为 0.166，表示当 $D_1 = 1$ 时，东部地区的知识生产增长率每增加 1 个百分点，会促进实际人均收入增长率提高 0.154（0.166 - 0.012）个百分点。$D_2 \times p$ 的系数为 -0.285，表示当 $D_2 = 1$ 时，中部地区的知识生产增长率每增加 1 个百分点，会使实际人均收入增长率下降0.119（0.166 – 0.285）个百分点。当$D_1=0$、$D_2=0$时，表示西部地区的知识生产增长率每增加1个百分点，会使实际人均收入增长率上升0.166个百分点。

第二，对各地区知识生产增长率对实际人均收入增长率的作用效果分析后，发现知识生产增长率在我国地区分布存在显著性差异，其中东部、西部地区的知识生产增长率表现出正向促进作用，且西部地区的增长效应更加强烈，而中部地区的知识生产增长率呈现抑制作用。东部、西部地区在经济水平上处于两个极端，东部地区是我国最发达的地区，而西部地区是我国较为落后的地区，但两地的实证数据都证明了知识生产对经济增长存在正向显著效应。东部地区经济水平较高，因此无论在资金或是技术水平上都处于领先地位，同时也是国家政策率先试点地区。在这一背景下，东部地区拥有较强的技术创新推动经济的发展意识，政府对科学研究的经费投入较大，高新技术产业园区集中，知识存量较高。同时，我国大部分初创企业主要聚集在北京、上海、广东、江苏、浙江等东部地区，因此东部地区的技术创新特点表现为自主创新力度不断加强。

第三，中部地区的知识生产增长率对实际人均收入增长率表现为显著的负向抑制效应，这一现状产生的原因主要是在中部地区，国家政策的落实存在一定时滞性，一般需要在试点省份实施并取得有效成果后才会在全国范围内进行推广，因此中部地区创新意识并不强烈。加之资本及国家政策补贴的差异，中部地区的人力、物质资本相对不足，不能与前沿科技创新所需人力、物质资本相匹配，因此中部地区的技术创新特点表现为技术引进，即从国外引进技术，再进行模仿式创新，俗称"山寨技术"。随着我国经济地位的不断提升，引进技术越来越接近科技前沿，仅靠模仿并不足以推动经济持续发展，因此出现了知识生产对经济增长的负向抑制作用。中部地区需要政府加大对自主创新的政策扶持及资金补贴力度，大力培育高新技术产业，增强自主创新能力。

第四，西部地区知识生产增长率对实际人均收入增长率存在显著正向影响，且是东中西部地区中效应最强的地区。这是由于我国西部大开发战略的实施，将部分东部地区的产业转移到西部地区，将优质人才引入西部，为西部地区打造经济增长极，同时国家还出台了一系列政策并加大补贴力度,扶持西部地区高新技术产业的发展。由于西部地区本身经济增长水平不高,因此在一系列政策及资金的刺激下,具有后发优势,表现出了强劲的经济增长速度,逐渐缩小与东、中部地区的经济增长差距。

四 小结

基于面板单位根的检验结果,实际人均收入增长率、知识生产增长率、人力资本增长率、物质资本增长率和人口增长率都是平稳的面板数据。对省际数据的面板回归结果进行分析发现,从显著性水平来看,我们使用系统 GMM 对实际人均收入增长率的滞后一期取 2~3 阶滞后作为工具变量,知识生产增长率取 3~4 阶滞后作为工具变量,这两个解释变量的系数为正值并且均通过了显著性检验。物质资本增长率为外生变量,回归系数为正。人力资本增长率的回归系数为负且显著,并不意味着经济总量的下降,只是表明人力资本增长率对经济增长率增长的影响速度在下降。人口增长率的回归系数为负但并不显著,这说明中国的"一孩政策"使中国的人口结构发生了重要变化,人口老龄化现象正在成为影响我国经济增长的重要障碍。我们使用系统 GMM 对知识生产增长率取 3~4 阶滞后作为工具变量,得出回归结果依然显著。知识从投入到生产出具体成果并最终创造价值所经历的周期相对较长,但知识生产成果会对经济增长产生巨大的推动作用。

基于 PVAR 模型回归的结果来看,实际人均收入增长率的滞后一期对当前实际人均收入增长率和知识生产增长率的影响是正向显著的,滞后二期对经济增长的影响为正且显著,但对知识生产的影响并不显著。知识生产增长率的滞后一期和滞后二期对当前知识生产增长率的影响为正且显著,仅知识生产增长率的滞后一期对当期实际人均收入增长率的影响为正且显著。我们使用脉冲响应函数研究知识生产和经济增长受到冲击后的反应。当知识生产增长率受到一单位的冲击,其对当前实际人均收入增长率产生正的显著影响,在随后的 2~6 期,影响逐渐变小并转为负。实际人均收入增长率受到冲击后,其对知识生产的影响并不长久。此外,对回归结果进行方差分解,进一步分析实际人均收入增长率以及知识生产增长率的预期方差变动中由其自身以及另一变量解释的程度。

在这 5 期，实际人均收入增长率由其自身解释的能力大体上不断增强，知识生产增长率的预期方差由其自身解释的部分有所降低，知识生产对经济增长方差变动的解释能力逐渐减弱，经济增长对知识生产方差变动的解释能力不断增强。

  基于东中西部的面板回归结果表明，知识生产增长率、物质资本增长率和人力资本增长率对实际人均收入增长率的影响依然是显著的，这与本章第二节中的结果保持一致，接着加入虚拟变量对东中西部的具体影响进行分析时，发现重要的解释变量知识生产增长率及实际人均收入增长率的滞后一期对当前实际人均收入增长率的影响为正的显著的结果，通过引入虚拟变量 D_1、D_2、$D_1 \times p$、$D_2 \times p$ 对东中西部的经济增长的差异进行比较，回归结果表明当知识生产增长率提高时，东、西部地区的经济增长率提高，中部地区的经济增长率下降，且西部地区知识生产的增长率对经济增长率的影响最大，中部地区知识生产对经济增长的促进动力不足，经济增长率的增长有下降的趋势。

第六章 制度创新与经济增长的实证分析

改革开放以来，制度变迁对中国经济增长的影响是学者们最为关注的研究方向之一。四十多年来，中国的经济制度、政治制度和法律制度等都发生了很大变革，其中以经济制度的变革即产权制度、经济市场化制度和对外贸易制度的变迁最为明显，成果也最为显著，所以本章主要研究经济制度变迁对中国经济增长的作用。

第一节 经济制度变迁对经济增长影响的总体分析

一 经济制度的作用

由经济制度的概念可以看出，经济制度的建立旨在规范交易秩序、保证公平竞争、增加确定性、加强要素的自由流动、提高资源的配置效率。由此可以看出，经济制度大致有以下作用。

1. 经济制度的激励作用

有效的经济制度明晰了产权、保证了公平竞争、促进了要素流动，尤其是使产权得到保护，经济行为得到规范。因此，有效的经济制度有利于调动人们的生产积极性，激励人们参与各种各样的交易活动和创新活动，激发人们的自主参与性和积极创造性，使整个社会充满活力，经济规模不断扩大，经济效率不断提高，社会财富明显增多，最终促进经济增长。改革开放以来的国有企业改革，使产权更加明晰，激励作用更为有效，因此企业生产更有效率，这就是有力的证明。

2. 经济制度的配置作用

在现实的市场经济中，完全竞争的市场是基本不存在的，道德风险、逆向选择等信息不对称以及外部性等情况特别常见，并且会引起市场失灵，导致资源的配置效率很低。而有效的经济制度可以增强信息的透明度，打破垄断，有利于竞争，使市场的交易更加活跃，要素流动限制更少，从而促进资源由生产效率较低的地方向生产效率较高的地方流动，资源以更加有效的方式配置，提高了生产率，有利于经济增长。

3. 经济制度的规范作用

从经济学的角度看，人的行为一般都是为了自己的利益最大化，在没有行为规范的条件下，在使自己利益最大化时往往会损害他人和社会的利益。而有效的经济制度可以规范人们的交易行为，通过对人们为了实现自己的利益而损害他人利益的行为做出惩罚，对有益于他人的行为给予奖励，最终能够带来整个社会利益的最大化。同时，经济制度通过规范和完善信息传播平台，保护产权，减少不确定性，规范了市场交易秩序，提高了经济效率，有利于经济增长。

4. 经济制度的降低交易成本作用

随着经济的发展，最终产品和中间产品的种类和数量将越来越多，交易的规模也会越来越大，次数也会增多，此时交易的成本也将相应增加。有效的经济制度有利于信息的传递、要素的流动，有助于工具的创新、组织效率的提高以及市场的规范，增加交易的确定性，从而使人们的交易更有效率，使交易成本趋于最小化。

二 经济制度变迁对经济增长影响的分析

通过对经济制度作用的分析可以看出，经济制度变迁对经济增长具有重要影响。这种影响的产生一方面是因为经济制度对经济增长的直接作用，另一方面是由于经济制度对经济增长的间接作用。就经济制度的直接作用来看，经济制度具有制度特征，从而有知识属性，尤其是创新性的经济制度提高了资源配置效率，激励作用较大，更能提高全要素生产率，从而直接作用于经济增长。就经济制度的间接作用来看，经济制度保护产权、保证公平竞争，减少不确定性，从而促进人们的储蓄、投资行为，同时，也使人们的创新活动增多，知识、技术积累不断增加。一般经济增长理论认为投资、技术进步、人力资本是经济增长的决定因素，由此可以看出，经济制度间接促进了经济增长。

第二节 经济制度变迁影响经济增长路径的具体分析

从上文的描述中可以看出，经济制度主要包括产权制度、经济市场化制度和对外贸易制度，经济制度对经济增长的影响也主要表现在这三个方面。下面从这三个方面入手，对经济制度变迁影响经济增长做具体分析。

1. 产权制度变迁对经济增长的影响

产权制度明晰了产权，并加强了对产权的保护，使产权更加多元化，使人们的生产性活动获得更大的激励，同时也对人们的经济行为形成了有效的约束。权利和义务更加对称，人们对将发生的经济活动有着可靠预期，不确定性减少，从而有利于交易活动顺利进行。可以看出，有效的产权制度形成的激励机制和规范作用对人们的经济行为有重要影响，从而进一步促进经济增长。

2. 经济市场化制度变迁对经济增长的影响

经济市场化是指市场对经济资源的配置起决定作用，而市场化制度是保证经济市场化运行的规则，通过经济市场化制度，经济市场化机制更加完善，经济自由化程度不断提高，这样就有利于生产要素和产品的自由流动。同时，市场能够真正反映产品的供给和需求以及价格，交易由市场需求状况决定，按照制定的市场规则进行，从而促进资源有效配置。由此也可以看出，经济市场化对经济增长的作用一方面表现为直接作用，另一方面表现为间接作用。直接作用体现在市场化程度的加深有利于资源的配置，从而提高要素生产效率；间接作用体现在市场化程度的提高，有利于人们更多地参与市场活动和创新活动，进行更多的人力和物质资本投资，促进资本进一步积累，技术不断进步，进而推动经济增长。所以，经济市场化制度变迁在经济增长中具有重要作用。

3. 对外贸易制度变迁对经济增长的影响

关于对外贸易对经济增长的影响，我们通常考察的是一国的进出口贸易总额和外商直接投资对该国经济增长的影响。对外贸易可以使国家充分发挥资源禀赋和比较成本优势，从而获得利益。利益的取得有利于国家积累资本，扩大生产规模，提高生产效率，并获得规模效应。同时，对外贸易可以促进技术、要素、人才的流动,尤其是较落后的国家可以通过这种流动,学习、模仿先进技术,引进高科技人才,吸引外资投资,加快物质和人力资本积累,使技术取得更快进步,经济不断增长,从而实现跨越式发展。发达国家也可以通过对外贸易获得利益。发达国家一方面通过产品、资本和技术的输出获得巨大利润,另一方面从发展中国家获得廉价的原材料,节省生产成本。此外,在对外贸易中,参与国面临着国际竞争,这种国际竞争机制的引入使得各参与国想方设法提高本国的竞争优势,这样一来,落后生产方式将被淘汰,每个国家都会采取经济、行政手段提高生产效率,调动生产积极性,增强社会活力,并且调整产业结构,鼓励创新,不断增强自身竞争力,从而拉动经济增长。

第三节 制度变迁的度量

一 中华人民共和国成立后的制度变迁特征

从中华人民共和国成立到改革开放之前,我国主要经历了社会主义改造、以公有制为基础的计划经济、"文化大革命"三个制度变革时期。从经济角度考虑,社会主义改造是一个使私有制经济转化为公有制经济的过程,伴随的是私有制经济比重下降。从社会主义改造结束到"文化大革命",私有制经济成分占比基本稳定。"文化大革命"时期,虽然国家的经济体系较为混乱,但非国有经济成分在逐步增加。

较改革开放前,自1978年开始的改革开放才真正使得我国的经济进入与世界经济接轨的阶段。改革开放至今,我国的经济体制经历了"计划经济—有计划的商品经济—市场经济"的转变过程。具体来说,这一变迁路径表现在三个主要方面:一是产权多元化,国家控股逐渐从许多产业中退出,私有经济、外资经济等非国有经济所占比重越来越大;二是对外开放程度不断加深,开放区域与开放行业逐步扩大;三是国家对经济控制在一定程度上减弱,这主要表现为地方政府财政权力的增加与国家(包括中央与地方政府)控制资金比例的下降。

二 总量生产函数的确定

自从Tinbergen(1942)、Solow(1957)提出增长核算问题以来,经

济增长核算方法至今是沿着两条研究路径演进的。第一种方法是延续 Solow（1957）提出的基于对总量生产函数的分解而得到的增长核算方法，后来经过 Denison（1962，1967，1974）、Jorgenson（1967）、经济合作与发展组织的扩展，而日趋完善。这种方法基于严格的逻辑分析，但是其前提条件过于苛刻，在实际操作中很难实现。第二种方法基于计量的参数估计方法，其优点在于无须过多的前提条件约束，其缺陷也就是计量方法本身的缺陷。

这两种方法的一个共同的也是最基本的分析前提是总量生产函数的设定。经济学家对生产函数的研究经历了从最简单的 C－D 生产函数，到 CES 生产函数、VES 生产函数、边界生产函数、超越对数生产函数。生产函数的演进思路越来越复杂，对经济现实的解释力越来越强。如何设定一个既具有经济含义又具有可估性的总量生产函数，是经济增长核算的关键问题。

对于中国经济增长核算的研究也大体经历了生产函数设定从简单到复杂的过程。金菊平、王宏昌、顾杰（1990）使用 C－D 生产函数对中国工业企业的生产率进行了估算。支道隆（1992）使用 C－D 生产函数对中国改革开放前的 TEP 进行了估算。胡永泰、海闻、金毅彪等（1994）使用特殊假定的超越对数生产函数和 C－D 生产函数分别对国有企业、乡镇企业进行了增长核算。刘小玄和郑京海（1998）利用附加因素的超越对数生产函数，分析了除资本、劳动之外的其他因素对经济增长的贡献。刘小玄和郑京海（1998）指出附加因素是一个综合因素，由企业留利、浮动工资、企业管理者工资、企业年龄、受教育程度等组成。沈坤荣（1999）使用技术进步随时间演进的两要素 C－D 生产函数（并规定规模报酬不变）和两要素的超越对数生产函数对中国 1953 年的经济增长做了核算。张军（2005）同时使用 C－D 生产函数和超越对数生产函数对中国的全要素生产率进行了估算。

总之，对于增长因素进行核算的前提是总量生产函数确定，由于 Solow 的增长核算方法对经济的运行特征限定过于严格，基于可行性的考虑，我们使用参数估计的计量方法估算制度变迁因素对中国经济增长的贡献。

三　制度变迁因素的确定

对中国的制度变迁因素进行衡量，并进行增长核算的文献主要包括王小鲁（2000）、傅晓霞和吴利学（2003）、张军（2005）。王小鲁（2000）从农业工业化、城市化、产业科技化三个维度衡量了制度变迁因素，并测度了农村工业化、城市化两个因素对经济增长的贡献率。但是，我们并不明了王小鲁（2000）的具体测算方法，而且以农村工业化和城市化来衡量制度变迁也并不全面。傅晓霞和吴利学（2003）使用的是 C-D 生产函数，但是其对 C-D 生产函数的设定有一个明显的不足，那就是将技术设为定量，没有加入技术的时间趋势。张军（2005）同时使用了 C-D 生产函数和超越对数生产函数。其对于制度的处理是在 C-D 生产函数和超越对数生产函数中加入一个虚拟变量以区分不同的制度时期，这种做法显然不太精确。因为我国自改革开放以来，经济制度形式和结构一直都处于不断的演变过程之中，而且变迁速度很快，如果以大的时间段来区分不同的制度，就会使精确性大打折扣，而且不能反映制度变迁的逐年变动及其对经济增长的影响。

对中国制度因素进行估算的文献主要包括卢中原和胡鞍钢（1993）、李翀（1998）、金玉国（2001）。卢中原和胡鞍钢（1993）提出了市场化指数概念，以测度我国市场化改革的程度。李翀（1998）提出了对外开放比率的概念，衡量了我国的对外开放程度。金玉国（2001）、傅晓霞和吴利学（2003）则在以上指标的基础上，提出了一个衡量制度变迁因素的综合指标，该指标包括四个方面：（1）非国有化率；（2）市场化程度；（3）国家财政收入占 GDP 的比重；（4）对外开放程度。

金玉国（2001）、傅晓霞和吴利学（2003）构造的是一个综合指标，但是其子指标中存在重复，如其使用的"生产要素市场化指数"和"对外开放程度指数"中都包括了"利用外资"因素，而且在"经济参数市场化指数"中使用农产品收购中非国家定价比例来衡量，也有失全面性。更为严重的是，金玉国（2001）、傅晓霞和吴利学（2003）使用的财政收入比重指标恰恰不是表示促进经济增长的制度变迁因素，非财政收入比重（用100%减去财政收入比重）才是衡量促进经济增长的制度变迁因素的指标。所以我们重新定义制度变迁的衡量指标以避免重复、纠正错误，并且力求指标反映内容的全面性。

大多数经济增长理论主要把劳动、物质资本和技术看成决定经济增长的核心因素，而制度被看成已知的、稳定的因素，而从世界许多国家经济增长的历史进程中可以看出，制度对一国经济的增长有着举足轻重的作用。随着"交易成本""产权"概念的出现，以产权为主要内容的制度创新引起了经济学家的注意。尤其是随着新制度经济学的飞速发展，制度因素更加引起经济学者的重视，被加进各种增长模型中做经济增长研究。大多数研究表明，制度因素提高了资源的有效配置，有利于其他要素作用的发挥，从而促进了一国的经济增长。因此，为了保持中国经济持续、更高质量增长，有必要更进一步、更加深入地研究制度对经济增长的影响。

改革开放四十多年来，中国经济一直保持较快速度增长，成为世界经济增长史上的奇迹之一。这种增长引起了经济学者的兴趣，他们从不同的角度分析中国经济增长的根源，其中改革开放以来制度创新对中国经济增长的影响是学者们最为关注的研究方向之一。四十多年来，中国的经济制度、政治制度和法律制度等都发生了重大变革，其中以经济制度[①]的变革即产权制度、经济市场化制度和对外贸易制度的变迁最显而易见，成果也最为显著。中国的经济制度处于不断更新完善和变化之中，为了考虑制度对经济增长的影响，我们主要研究经济制度变迁对中国经济增长的影响。在实证分析时，将经济制度中的产权制度、经济市场化制度和对外贸易制度引入增长函数。考虑到2008年国际金融危机之后，中国经济发展形势出现了很大变化以及市场指数被重新计算和估计，我们将时间段分成1996~2007年和2008~2016年，以分别研究经济制度变迁对中国经济增长的影响，并根据计算结果，核算经济制度对经济增长的贡献度。

第四节　模型设定

通过上述分析可以得知，中国经济制度的变迁和中国的经济增长有显著的相关关系，影响的方式也十分明显，即经济制度尤其是产权制度、

---

① 从经济学的角度来看，经济制度是人们从事经济活动所需要遵守的一种正式或者非正式的行为规则，它规范人们的经济交易活动，减少交易中的不确定因素，提高经济活动和资源配置效率。由经济制度的概念可以看出，经济制度旨在建立一个完全竞争、产权明晰和政府不干预的高效率的经济市场。

经济市场化制度和对外贸易制度可以显著影响我国的经济增长,不同的经济制度之下人们的经济行为不同,所以会产生不同的经济绩效,表现为一国的经济增长。在阅读广大学者的相关研究并参考其研究方法的基础上,本节将经济制度变迁和经济增长关系实证研究的经济模型设定如下:

$$\ln GDP_{i,t} = \beta_0 + \beta_1 \ln L_{i,t} + \beta_2 \ln K_{i,t} + \beta_3 \ln PD_{i,t} + \beta_4 \ln MD_{i,t} + \beta_5 \ln OD_{i,t} + \beta_6 \ln n_{i,t} + u_{i,t}$$
(6.1)

下面将依次介绍模型中各个变量的含义和关系。首先,模型中的被解释变量为 GDP,GDP 的广义含义是国内生产总值,可以反映一国的经济实力和市场规模,但在此模型中是人均的经济总量,在这里用于表示经济增长。

其次,解释变量有 L、K、PD、MD、OD 和 n,L 表示一国的人力资本,用人力资本增长率来衡量其变动,即 lnh 表示人力资本增长率的对数;K 表示一国的物质资本,用物质资本增长率来衡量其变动,即 lns 表示物质资本增长率的对数,L 和 K 主要表现一国生产需要的要素变动;PD、MD 和 OD 分别表示产权制度、经济市场化制度和对外贸易制度,这三种制度的指标分别由一国第三产业生产总值占 GDP 的比重、市场化指数和进出口总额与外商直接投资之和占 GDP 的比重来表示。此外,由于人口增长也是经济增长的重要原因,人口增长率 n 应作为控制变量放入模型中,解释变量均采用取对数的形式,u 表示随机项。

最后,此模型实证分析中所用数据为面板数据,即存在不同的维度,这里 i 表示地区维度,即表示中国各个省、自治区和直辖市,而 t 表示时间,即年份。此外,各个系数和截距项分别由 β 族表示,分别是 β_1、β_2、β_3、β_4、β_5、β_6 和 β_0。

第五节 数据描述

根据前述章节的分析,我们主要考虑经济制度中的产权制度、经济市场化制度和对外贸易制度对经济增长的影响,这在模型中也得到相应的体现,即 PD、MD 和 OD 分别表示产权制度、经济市场化制度和对外贸易制度。在参考了许多学者相关研究的做法后,为了量化这三个制度随时间和地区的变化,用第三产业生产总值占 GDP 的比重来表示 PD,MD 表示经济市场化制度,采用樊纲、王小鲁、马光荣(2011)构建的市场化指数来表示,主要反映经济自由化程度。樊纲、王小鲁、马光荣的市场化指数以 5 个方面 25 个分指标为基础,通过主因素分析法计算得到,可以比较有效地用于分析各省份体制改革的进程。指数所需数据来源于《中国市场化进程对经济增长的贡献》(樊纲、王小鲁、马光荣,2011)、《中国分省份市场化指数报告(2016)》(王小鲁、樊纲、余静文,2017)。对外贸易制度 OD 采用进出口总额和外商直接投资之和占 GDP 的比重来表示,该指标较明显地体现了一国的开放程度。数据来源于《中国统计年鉴》和各省份统计年鉴中进出口总额和实际直接利用外商投资额。外商直接投资是用美元计价的,本章根据每年的平均汇率折算成人民币,将二者的总和与各省份名义 GDP 相比得到这一比重。L 代表人力资本,主要参考中央财经大学中国人力资本和劳动经济研究中心编写的《中国人力资本报告 2018》中的省份数据,其中使用的是人力资本增长率 h 数据;K 代表物质资本,用物质资本增长率 s 来表示;n 表示人口增长率,采用的是 1999~2016 年的人口增长率数据。GDP 采用的是人均国内生产总值,数据主要来自国家统计局官方网站和各省份统计年鉴,主要是 1999~2016 年的数据,本章以 1998 年为基期,通过折算得出其余年份的数据。为保证实证结果的可靠性,采用 1999~2016 年除西藏和港澳台地区外 30 个省份的数据。

  从表 6.1 可以发现,(1)各省份经济市场化制度改革不断推进。但是 2008 年前后,各省份 MD 指标出现明显下滑,原因在于该指标构造发生变化,而指标构造发生变化并不影响各省份体制改革不断推进、经济自由化程度不断提高的趋势,这也符合改革开放以来社会主义市场经济建设的进程。(2)各省份经济自由化程度差异较大。排名较为靠前的江苏、浙江、上海等省市的 MD 指标为新疆、青海等落后省区的 2~3 倍,东部沿海发达省份与西部内陆落后省份经济自由化程度差距明显。(3)各省份经济市场化制度改革进程推进速度差异明显。江苏、浙江、上海等省市的 MD 指标持续增长,2008~2016 年,浙江 MD 指标增长 28.15%,东部沿海省份经济市场化制度改革进程更为迅速;新疆、青海等落后省区的 MD 指标平缓波动,增长缓慢,西部内陆省份改革处于停滞状态。

由表 6.2 可得以下信息。(1) 各省份开放程度差异明显。北京、上海、广东开放程度位列前三;东部沿海省市紧随其后,开放程度一般;其他省份表现平平,OD 指标多低于 20。(2) 各省份波动程度差异较大。受国际经济形势影响,开放程度越高的省份波动越明显,2008 年国际金融危机后,一线城市该指标下滑明显,而落后省份受影响较小,下滑幅度较小。

由于地区分布不同,区域文化也不相同,经济制度的变迁对人经济行为的影响不同,从而产生的经济效益不同,对经济增长的影响也不同,所以我们将地区按照地理位置分类,分组进行回归分析。根据国家统计局的分类标准,把 30 个省份分为东部、西部和中部地区,以研究不同地区经济制度变迁对地区经济增长的影响,具体的地区分类如下。

东部地区:北京、天津、河北、辽宁、上海、江苏、浙江、福建、山东、广东、海南 11 个省份。

中部地区:山西、吉林、黑龙江、安徽、江西、河南、湖北、湖南 8 个省份。

西部地区:内蒙古、广西、重庆、四川、贵州、云南、西藏、陕西、甘肃、青海、宁夏、新疆 12 个省份。

由于西藏的数据可获得性较差,缺失部分较多,为了保证回归结果的可靠性,决定剔除西藏的数据,只将西部地区其余 11 个省份的数据加入回归。

第六节 回归结果与实证分析

基于以上经济模型的建立与数据的处理和分析,下面将正式进行实证回归并分析回归结果。从前述可知,在用 1999~2016 年经济增长和制度变迁的数据进行回归之前,要剔除 2008 年国际金融危机对我国经济的影响。故本节将 1999~2016 年分成两个时间段,第一个时间段为 1999~2007 年,第二个时间段为 2008~2016 年,在此基础上研究各时间段内不同地区经济制度变迁对经济增长的影响,同时进行对比。

表 6.1　1999～2016 年各省份 MD 指标

省份	1999年	2000年	2001年	2002年	2003年	2004年	2005年	2006年	2007年	2008年	2009年	2010年	2011年	2012年	2013年	2014年	2015年	2016年
北京	3.95	4.64	6.17	6.92	7.5	8.19	8.48	8.96	9.55	7.24	7.36	7.94	8.1	8.75	9.12	9.37	8.89	9.14
天津	4.71	5.36	6.59	6.73	7.03	7.86	8.41	9.18	9.76	6.59	6.64	7.06	7.43	9.02	9.42	9.29	9.44	9.78
河北	4.66	4.81	4.93	5.29	5.59	6.05	6.61	6.93	7.11	5.5	5.64	4.98	5.18	5.44	5.61	6.03	6.32	6.42
山西	3.32	3.39	3.4	3.93	4.63	5.13	5.28	5.84	6.23	4.29	4.12	4.51	4.59	4.79	4.97	5.15	5.48	5.66
内蒙古	3.41	3.59	3.53	4	4.39	5.12	5.74	6.28	6.4	4.66	4.74	4.46	4.53	5.19	5.19	4.96	4.84	4.8
辽宁	4.47	4.76	5.47	6.06	6.61	7.36	7.92	8.18	8.66	6.32	6.51	6.24	6.32	6.53	6.57	6.88	6.66	6.75
吉林	3.97	3.96	4	4.58	4.69	5.49	6.06	6.44	6.93	5.72	5.8	5.42	5.55	6.06	6.11	6.27	6.47	6.7
黑龙江	3.57	3.7	3.73	4.09	4.45	5.05	5.69	5.93	6.27	4.84	4.88	4.78	4.94	5.94	6.12	6.16	6	6.14
上海	4.7	5.75	7.62	8.34	9.35	9.81	10.25	10.79	11.71	8.14	8.41	8.79	8.89	8.7	8.94	9.77	9.73	9.93
江苏	5.73	6.08	6.83	7.4	7.97	8.63	9.35	9.8	10.55	7.84	8.21	8.59	9.18	9.94	9.86	9.64	9.3	9.26
浙江	5.87	6.57	7.64	8.37	9.1	9.77	10.22	10.8	11.39	7.78	8.03	8.18	8.31	9.28	9.37	9.73	10	9.97
安徽	4.67	4.7	4.75	4.95	5.37	5.99	6.84	7.29	7.73	5.92	6.04	6.12	6.42	6.25	6.5	7.4	6.98	7.09
福建	5.79	6.53	7.39	7.63	7.97	8.33	8.94	9.17	9.45	6.79	6.89	6.72	6.91	7.33	7.47	8.09	8.96	9.15
江西	3.9	4.04	4	4.63	5.06	5.76	6.45	6.77	7.29	5.45	5.48	5.61	5.8	5.68	5.83	6.74	6.82	7.04
山东	5.15	5.3	5.66	6.23	6.81	7.52	8.44	8.42	8.81	6.89	6.94	6.75	6.85	7.24	7.39	7.76	7.85	7.94
河南	4.05	4.24	4.14	4.3	4.89	5.64	6.73	7.07	7.42	5.89	5.99	6.08	6.19	6.34	6.51	6.85	7.05	7.1
湖北	4.01	3.99	4.25	4.65	5.47	6.11	6.86	7.12	7.4	5.4	5.57	5.5	5.7	6.21	6.58	7.16	7.35	7.47
湖南	3.98	3.86	3.94	4.41	5.03	6.11	6.75	6.98	7.19	5.35	5.33	5.47	5.68	5.7	5.84	6.78	7.09	7.07

续表

省份	1999年	2000年	2001年	2002年	2003年	2004年	2005年	2006年	2007年	2008年	2009年	2010年	2011年	2012年	2013年	2014年	2015年	2016年
广东	5.96	7.23	8.18	8.63	8.99	9.39	10.18	10.55	11.04	7.52	7.62	7.73	7.88	8.33	8.64	9.3	9.68	9.86
广西	4.39	4.29	3.93	4.75	5	5.42	6.04	6.12	6.37	5.68	5.69	5.13	5.31	6.19	6.31	6.48	6.26	6.43
海南	4.7	4.75	5.66	5.09	5.03	5.41	5.63	6.35	6.88	4.43	4.31	4.68	4.76	5.46	5.68	5.87	5.21	5.28
重庆	4.57	4.59	5.2	5.71	6.47	7.2	7.35	8.09	8.1	6.04	6.1	6.22	6.32	6.94	7.22	7.8	7.69	8.15
四川	4.07	4.41	5	5.35	5.85	6.38	7.04	7.26	7.66	5.78	5.79	5.75	5.81	6.03	6.18	6.52	7.01	7.08
贵州	3.29	3.31	2.95	3.04	3.67	4.17	4.8	5.22	5.57	4.44	4.35	3.53	3.59	4.33	4.49	4.81	4.52	4.85
云南	3.47	4.08	3.82	3.8	4.23	4.81	5.27	5.72	6.15	4.49	4.46	4.94	5.08	4.39	4.45	4.81	4.43	4.55
陕西	2.94	3.41	3.37	3.9	4.11	4.46	4.81	5.11	5.36	4.33	4.25	3.92	4.31	5.11	5.62	6.29	6.21	6.57
甘肃	3.61	3.31	3.04	3.05	3.32	3.95	4.62	4.95	5.31	3.72	3.67	3.28	3.37	3.26	3.49	3.86	4.5	4.54
青海	2.15	2.49	2.37	2.45	2.6	3.1	3.86	4.24	4.64	2.95	2.79	2.37	2.33	2.55	2.76	2.53	3.13	3.37
宁夏	2.86	2.82	2.7	3.24	4.24	4.56	5.01	5.24	5.85	4.14	4.29	3.83	3.91	4.28	4.38	5.15	4.95	5.14
新疆	1.72	2.67	3.18	3.41	4.26	4.76	5.23	5.19	5.36	3.51	3.47	2.81	2.88	2.87	2.92	3.45	4.15	4.1

表 6.2 1999~2016 年各省份 OD 指标

单位：%

省份	1999 年	2000 年	2001 年	2002 年	2003 年	2004 年	2005 年	2006 年	2007 年	2008 年	2009 年	2010 年	2011 年	2012 年	2013 年	2014 年	2015 年	2016 年
北京	112.34	133.79	118.82	103.65	116.47	132.66	153.50	164.88	161.02	183.95	124.14	147.74	157.62	146.93	136.85	122.26	89.95	76.43
天津	79.25	89.13	87.64	93.94	99.23	116.37	123.31	126.51	115.67	96.14	66.26	68.29	66.51	63.96	62.32	125.39	50.99	42.80
河北	10.31	9.71	9.61	10.24	11.89	13.89	14.59	14.47	15.51	17.95	13.16	15.41	15.35	13.39	13.36	13.83	12.05	11.57
山西	8.34	8.92	8.87	8.98	9.56	13.11	11.42	12.00	17.13	15.17	8.72	10.11	9.66	9.14	9.09	9.23	8.56	9.96
内蒙古	10.04	11.52	12.82	13.57	11.10	11.95	13.35	12.40	11.71	9.47	6.84	7.03	7.09	6.04	6.09	6.41	5.62	6.08
辽宁	29.35	37.35	36.88	38.14	40.52	49.43	45.62	46.86	47.30	43.57	35.19	37.20	34.96	33.25	32.66	30.35	21.97	26.96
吉林	12.39	12.26	13.55	13.95	19.78	18.52	16.27	16.18	16.09	15.50	14.37	16.41	14.39	13.86	13.13	12.63	9.30	9.57
黑龙江	7.24	8.64	9.11	10.71	11.53	12.42	16.43	17.15	19.20	19.88	14.91	18.46	21.44	19.13	18.63	17.97	60.82	10.28
上海	81.90	100.41	103.56	110.92	145.73	170.54	171.15	176.89	177.04	163.99	130.87	149.85	151.46	141.31	130.02	126.30	115.91	107.70
江苏	40.15	50.39	51.00	62.81	82.64	99.19	106.20	110.52	108.59	93.56	72.19	79.30	75.19	68.16	60.54	55.85	50.61	46.34
浙江	29.71	36.69	42.01	46.57	56.62	64.62	70.28	75.08	75.91	71.57	59.01	65.14	64.16	59.27	57.40	56.70	52.82	50.40
安徽	8.88	10.46	10.09	10.73	13.31	13.29	14.95	17.74	19.55	18.72	13.28	16.04	16.01	17.58	18.10	18.13	17.39	17.10
福建	52.48	54.22	53.94	59.73	62.99	71.02	71.26	69.25	64.55	58.07	50.08	54.71	55.07	51.99	49.84	47.12	42.31	38.51
江西	7.30	7.65	7.33	9.38	12.21	13.35	13.09	15.36	17.35	18.46	14.99	19.14	20.71	19.62	19.04	20.01	19.31	19.05
山东	22.68	27.76	29.24	31.15	34.73	38.26	38.89	38.02	39.13	37.18	29.64	34.28	35.18	32.55	31.46	30.20	25.39	24.93
河南	4.16	4.65	4.86	4.95	6.33	6.81	6.94	7.11	8.04	8.13	6.41	7.06	10.24	13.62	14.12	14.05	15.12	15.17
湖北	9.22	9.70	10.17	10.57	11.62	12.51	14.17	13.65	14.52	14.60	11.02	12.71	12.58	10.68	10.81	11.44	11.49	10.58
湖南	6.72	7.44	7.71	7.53	8.44	10.06	10.16	10.48	10.71	10.32	5.55	8.37	8.24	8.33	8.52	9.34	8.80	8.90

续表

省份	1999年	2000年	2001年	2002年	2003年	2004年	2005年	2006年	2007年	2008年	2009年	2010年	2011年	2012年	2013年	2014年	2015年	2016年
广东	136.05	139.80	129.54	142.48	152.19	161.08	161.28	165.08	159.29	136.71	109.24	118.57	113.52	111.45	110.68	99.96	89.75	80.87
广西	10.03	10.20	7.92	9.34	10.59	11.05	11.18	11.76	12.72	13.76	13.46	13.19	13.43	14.64	14.37	16.29	19.57	17.67
海南	29.58	27.01	31.86	30.63	31.30	35.55	29.65	36.48	52.70	56.20	24.22	78.30	36.56	35.29	32.74	31.15	26.86	22.96
重庆	8.04	10.48	9.80	8.28	10.40	12.63	12.83	14.24	15.63	16.32	12.30	16.05	22.60	31.39	35.29	42.93	30.97	24.72
四川	6.38	6.28	7.10	8.80	9.38	7.78	9.75	11.29	11.49	13.95	13.66	15.64	17.57	18.23	17.57	17.33	12.69	11.95
贵州	5.20	5.51	4.95	4.86	5.98	7.78	6.26	6.01	6.65	7.33	4.26	5.06	6.35	7.12	7.55	8.55	8.79	3.90
云南	7.90	7.99	7.95	8.37	8.91	10.45	11.62	13.00	14.71	12.64	9.92	13.83	12.90	14.21	14.56	15.49	12.57	9.43
陕西	11.70	11.14	9.95	9.50	9.97	9.86	11.31	11.08	11.25	9.83	8.29	9.31	8.78	7.75	9.10	10.95	12.14	12.40
甘肃	3.87	4.97	6.28	6.31	7.99	8.82	11.23	13.49	15.79	13.61	8.07	12.38	11.32	10.01	10.08	7.85	7.39	6.44
青海	3.89	5.01	6.66	5.93	7.73	14.22	10.24	11.55	8.95	6.56	5.07	5.05	4.23	4.54	4.37	4.72	5.13	4.00
宁夏	11.56	12.92	13.48	10.20	12.19	15.03	14.97	16.54	13.98	12.29	6.79	8.78	7.64	6.56	8.09	12.34	8.39	7.48
新疆	12.74	13.86	9.94	13.91	21.01	21.26	25.13	24.10	29.87	37.02	22.62	21.62	22.62	21.51	20.57	18.61	13.44	12.49

一 总体回归结果

首先进行总体回归,回归之前要对使用固定效应模型还是随机效应模型进行选择。采用 Hausman 检验来判断模型类型,检验的原假设为个体效应与解释变量不相关。Hausman 检验结果如表 6.3 所示。

表 6.3　Hausman 检验结果

面板数据的 Hausman 检验			
Test Summary	Chi – Sq. Statistic	Chi – Sq. d. f	p 值
Cross – Section Random	37.590	29.000	0.000

资料来源:《中国科技统计年鉴》、《中国贸易外经统计年鉴》、《中国统计年鉴》和《中国人力资本报告》。

p 值为 0.000,在拒绝域内,则拒绝原假设,采用固定效应模型,也就是说,存在个体效应的影响,不应该选用随机效应模型,而是选用固定效应模型。为进一步验证固定效应模型的可取性,下面将分别采用固定效应模型和随机效应模型代入数据进行回归分析,如表 6.4 所示。

表 6.4　固定效应和随机效应模型回归结果

变量	随机效应	固定效应
人力资本增长率（$\ln h$）	-1.047*** (0.255)	-0.925*** (0.253)
物质资本增长率（$\ln s$）	0.022 (0.286)	-0.010 (0.285)
经济市场化制度（$\ln MD$）	1.405*** (0.159)	2.077*** (0.205)
产权制度（$\ln PD$）	1.260*** (0.235)	1.183*** (0.324)
对外贸易制度（$\ln OD$）	-0.038 (0.058)	-0.205* (0.109)
人口增长率（$\ln n$）	-0.160 (0.610)	-0.582 (0.623)
常数项	4.212*** (0.344)	3.479*** (0.492)
N	478	478

续表

变量	随机效应	固定效应
R^2	0.383	0.341

注：表格中***、**和*分别表示在1%、5%和10%的统计水平上显著，圆括号中为稳健标准误。

资料来源：《中国科技统计年鉴》、《中国贸易外经统计年鉴》、《中国统计年鉴》和《中国人力资本报告》。

从回归结果可以得出，在两个模型中人力资本增长率、产权制度和经济市场化制度的系数均在1%的水平上显著异于0，而对外贸易制度对经济增长的影响在固定效应模型中会更加显著，所以总体来说，采用固定效应模型会更好。

其次根据上述模型，对解释变量进行逐步回归，即将一个或多个变量分步引入模型，每次引入一个或一组变量都要进行T检验，以保证引入变量的显著性、剔除不显著或者无关的变量，同时避免多重共线性。回归结果如表6.5所示。

表6.5 逐步回归结果

变量	模型1	模型2	模型3	模型4
经济市场化制度（lnMD）	1.897*** (0.134)	1.693*** (0.145)	1.684*** (0.148)	1.405*** (0.159)
产权制度（lnPD）	1.284*** (0.227)	1.190*** (0.228)	1.207*** (0.231)	1.260*** (0.235)
对外贸易制度（lnOD）	-0.094* (0.055)	-0.072 (0.057)	-0.070 (0.057)	-0.038 (0.058)
人力资本增长率（ln$h$）		-1.137*** (0.247)	-1.134*** (0.251)	-1.047*** (0.255)
物质资本增长率（ln$s$）			0.147 (0.282)	0.022 (0.286)
人口增长率（ln$n$）				-0.160 (0.610)
常数项	3.414*** (0.321)	3.716*** (0.329)	3.722*** (0.332)	4.212*** (0.344)
N	540	511	510	478

注：表格中***、**和*分别表示在1%、5%和10%的统计水平上显著，圆括号中为稳健标准误。

资料来源：《中国科技统计年鉴》、《中国贸易外经统计年鉴》、《中国统计年鉴》和《中国人力资本报告》。

表 6.5 的被解释变量均是人均国内生产总值，用 lnGDP 表示。模型 1 表示将 lnGDP 对经济市场化制度、产权制度和对外贸易制度进行回归，得到的系数都是显著的，分别是 1.897、1.284 和 -0.094，前两者在 1% 的统计水平上显著为正，而对外贸易制度在 10% 的统计水平上显著为负，到此检验了三个重要解释变量对被解释变量影响的显著性，并说明了这三者之间并无严重的共线性问题。模型 2 表示在前述模型的基础上继续引入变量人力资本增长率，得到的系数是 -1.137，在 1% 的统计水平上显著为负。模型 3 在模型 2 的基础上加入了物质资本增长率，而模型 4 又加入了人口增长率。模型 3 和模型 4 中新加入变量的系数并不显著，但是经济市场化制度和产权制度变量的系数显著性未受影响，也进一步说明这两种制度的变迁会给经济增长带来明显影响。

最后根据前文的设定，分别对 1999~2007 年和 2008~2016 年的数据进行回归。结果如表 6.6 所示。

表 6.6　1999~2016 年分时段回归结果

变量	模型 1	模型 2
人力资本增长率（ln$h$）	0.022 (0.296)	-0.107 (0.088)
物质资本增长率（ln$s$）	0.120 (0.078)	-1.063** (0.468)
经济市场化制度（lnMD）	1.387*** (0.098)	1.091*** (0.130)
产权制度（lnPD）	-0.241 (0.210)	0.657*** (0.167)
对外贸易制度（lnOD）	0.200*** (0.050)	0.029 (0.044)
人口增长率（ln$n$）	0.039 (0.274)	0.421 (0.261)
常数项	1.499*** (0.229)	4.600*** (0.307)
N	208	240
R^2	0.723	0.572

注：表格中 ***、** 和 * 分别表示在 1%、5% 和 10% 的统计水平上显著，圆括号中为稳健标准误。

资料来源：《中国科技统计年鉴》、《中国贸易外经统计年鉴》、《中国统计年鉴》和《中国人力资本报告》。

表6.6是分别对1999~2007年和2008~2016年的数据进行回归的结果，模型1用的是1999~2007年的数据，模型2用的是2008~2016年的数据，所采用的数据主要是30个省份的数据。下面具体分析每个模型回归结果及其意义。

第一，总体对比模型1、模型2可以看出，经济市场化制度这个变量的系数在两个模型中都是正的，并且十分显著，说明经济制度的变迁尤其是经济市场化制度的变迁对经济增长有着较为显著的正向影响，和上述理论分析相呼应。通过改革完善经济市场化制度，市场经济机制得到进一步健全，市场经济内部更加稳定，资源的配置和要素的流动更加高效和自由，从而改善国家和人民的经济行为，使经济运转更有效率，促使一国的经济增长。具体来说，由表6.6可知，在1999~2007年这个阶段，经济市场化制度这一变量的系数为1.387，对外贸易制度这一变量的系数为0.200，可以看出对外贸易制度和经济市场化制度对经济增长的作用是十分显著的。但是，经济市场化制度和产权制度的变迁对经济增长的影响程度差别较大，经济市场化制度的影响更加明显。

回顾我国经济发展状况可知，1992年社会主义市场经济体制得以建立，由于社会主义市场经济体制还不够全面和高效，所以市场化制度的微小完善就能促进国民经济的巨大发展，市场经济体制建立后的资源配置效率得到明显提高，带来的经济绩效巨大。而对外贸易制度的显著影响则可以归功于我国成功加入世界贸易组织，加入世界贸易组织扩大了对外开放程度，提升了对外开放的层次，所以对外贸易制度的不断完善使经济增长有显著提升。相比来说，产权制度对经济增长的影响不大显著，主要因为在1999年非国有经济还不如国有经济发展迅猛，在试行"拨改贷"后，国有企业中用贷款形式表现的债权是国家所有的，提升了国有企业的竞争力和发展的动力。虽然产权多元化在一定程度上会促进经济的发展，但由于时代的特殊性，多种所有制发展的时间并不长，所以非国有经济投资占比还比较小，导致产权制度的变迁对经济增长的影响并不显著。

第二，从模型2可以看出，在2008~2016年，产权制度和经济市场化制度两变量的系数都是显著为正的，也就是说，在这几年，经济制度尤其是产权制度和经济市场化制度的变迁对经济增长有着显著的正向推动作用。其中，产权制度变量的系数为0.657，经济市场化制度变量的系数为1.091，两者相差较大，经济市场化制度的促进作用更大。其实这也是时代特征所导致的结果，在2008年以后，我国的市场经济制度不断完善，相比1999年左右更加成熟。在我国市场经济体制日趋完善的背景下，非国有经济得到了飞速的发展，多种所有制经济共同发展，第三产业产值在GDP中的比重越来越大，其重要地位也愈加突出。与此同时，我国指出了市场在社会主义市场经济中的特殊性，在中国特色社会主义市场经济中，市场起决定性作用，而不是以往所说的基础性作用，所以经济市场化制度对经济增长也起到了显著推动作用。此外，产权制度的不断完善也进一步促进了经济的发展，在以往的国有体制中，政府是经济活动的主体，这就不利于企业和个人在市场中发挥自己的作用，也不利于非国有经济和第三产业的发展，而随着我国市场经济体制的不断完善，政府和市场的关系有了新的变化，产权制度的不断完善也使得企业和个人成为推动经济发展的主力，有利于资源配置的优化，进一步推动经济结构的调整与升级，而经济结构优化也使得经济效益不断提高，显著推动了经济增长。而在这个时候，对外贸易或多或少受到了2008年国际金融危机的影响，消费者的需求十分低迷，商品出口受到阻碍，所以对外贸易制度对经济增长的推动作用十分有限。

第三，再次总体对比模型1和模型2，经济市场化制度在1999~2007年这一阶段对经济的推动作用要略大于2008~2016年这一阶段，说明2008年的国际金融危机对经济市场化制度的完善和发展略有影响，但是影响不大。除了经济市场化制度变化的影响，在1999~2007年这一阶段对外贸易制度对经济增长的影响更显著，原因是这一阶段正是中国加入世界贸易组织的关键时期，对外贸易有明显的发展，而在2008~2016年这一阶段，产权制度变迁对经济增长有显著影响，说明在这一阶段非国有经济发展得更加成熟，产权明晰和权责明确使得企业和个人在市场经济中更加具有活力，所以具有良好的经济绩效。

二 分区域回归分析

前面已经说过，由于不同地区分布不同、文化不同、所依靠的地理优势不同，不同地区的制度变迁所带来的经济效益是不同的，所以经济增长情况也不同。因此，需要根据地理位置把不同省份分成东部、中部和西部几个区域，对比不同地区经济制度变迁对经济增长影响的区别。首先不划分时间进行总体的分区域回归分析，结果如表6.7所示。

表6.7　1999~2016年分区域回归结果

变量	模型1（东部）	模型2（中部）	模型3（西部）
人力资本增长率（$\ln h$）	-0.347* (0.192)	-5.564*** (1.469)	-10.070*** (1.459)
物质资本增长率（$\ln s$）	3.712*** (0.980)	0.292 (1.326)	-0.600* (0.324)
经济市场化制度（$\ln MD$）	1.717*** (0.259)	1.537*** (0.322)	0.712*** (0.237)
产权制度（$\ln PD$）	2.831*** (0.282)	0.617 (0.427)	0.097 (0.552)
对外贸易制度（$\ln OD$）	-0.514*** (0.092)	0.055 (0.148)	-0.092 (0.134)
人口增长率（$\ln n$）	-0.215 (0.554)	2.427** (1.156)	-4.094** (1.639)
常数项	6.260*** (0.608)	3.195*** (0.737)	5.192*** (0.661)
N	176	127	175
R^2	0.550	0.418	0.255

注：表格中***、**和*分别表示在1%、5%和10%的统计水平上显著，圆括号中为稳健标准误。

资料来源：《中国科技统计年鉴》、《中国贸易外经统计年鉴》、《中国统计年鉴》和《中国人力资本报告》。

其中，模型1表示东部省份的回归模型，模型2表示中部省份的回归模型，而模型3表示西部省份的回归模型。由表6.7可以看出，在对东部省份进行回归的模型1中，除人口增长率外，主要解释变量系数都是显著的，其中经济市场化制度变量系数为1.717，产权制度变量系数为2.831，对外贸易制度变量系数为-0.514，产权制度的推动作用相对最大。这说明在东部省份，经济制度的变迁尤其是产权制度和经济市场化制度的变迁对经济增长的推动作用十分显著。其实这也符合经济学直觉，东部省份大多沿海，经济比较发达，对外交流程度较高，自然条件优越，经济发展更加快速，所以制度变迁可以带来更多的经济效益。这也进一步说明，东部省份的市场化改革更加深入，资源配置的效率更高，产权的多元化使很多第三产业企业发展更加迅速，这也是区域优势的表现。值得注意的是，在模型 1 中对外贸易制度变量的系数为负，即对外贸易制度的变迁在一定程度上遏制了经济的增长。这是因为在 1997 年，东部地区成为我国对外开放的实验区域，也是第一批实施对外开放政策的地区，东部城市的发展成绩遥遥领先，但经过几年的发展，到了 1999~2016 年这一时期，对外开放的经济效益相对下降，东部地区出口产业大多是纺织和服务业，在国际市场上的竞争力不如机电等产业，东部地区的对外贸易制度也难以推动国内经济的发展。

而在对中部省份进行回归的模型 2 中可以看出，经济市场化制度变量系数仍在 1% 的水平上显著异于 0，系数为 1.537，但是产权制度和对外贸易制度两变量的系数并不显著，原因是在 1999~2016 年，作为人口分布密集的中部地区，具有劳动力的优势，土地面积辽阔，资源非常丰富，市场经济改革的力度也较大，尤其在近年的供给侧结构性改革上有较为突出的成绩，所以这些因素促进了商品和劳动力的自由流动和资源的合理配置。但相比东部城市来说，中部城市的发展仍然相对滞后，产权改革进展相对缓慢，资源依赖问题比较严重，经济增长动力也比较单一，国有企业尤其是工业企业仍比非国有企业发展迅速，所以产权制度对经济增长的促进作用相对小一些。同样，中部地区与国外地区距离较远，对外贸易发展相对较弱，对外交流的机会也相对较少，所以对外贸易制度对经济增长的推动作用也非常小。

最后从模型 3 对西部地区的回归结果可以看出，在西部地区，产权制度对经济增长并无显著的促进作用，而经济市场化制度对经济增长具有显著的促进作用，系数为 0.712，明显弱于东部和中部地区。和中部地区的情况较为相似，但是不同的是，在 1999~2016 年，市场化改革在西部推行的力度较大，但是产权改革的进程更为缓慢，产权制度对经济增长的促进作用更小。

下面将分时间段来进行分区域的回归分析，结果如表 6.8、表 6.9 所示。

表 6.8 1999~2007 年分区域回归结果

变量	模型 1（东部）	模型 2（中部）	模型 3（西部）
人力资本增长率（$\ln h$）	-0.029 (0.405)	-2.737*** (0.898)	-0.348 (0.614)
物质资本增长率（$\ln s$）	0.779 (0.826)	2.498*** (0.853)	0.035 (0.081)
经济市场化制度（$\ln MD$）	2.141*** (0.244)	0.085 (0.228)	1.143*** (0.137)
产权制度（$\ln PD$）	0.779** (0.323)	-0.595** (0.288)	-1.378*** (0.364)
对外贸易制度（$\ln OD$）	0.032 (0.101)	0.327*** (0.101)	0.100 (0.106)
人口增长率（$\ln n$）	0.009 (0.349)	-0.070 (1.058)	-1.435** (0.616)
常数项	1.401*** (0.495)	2.907*** (0.495)	1.249*** (0.340)
N	77	55	76
R^2	0.749	0.698	0.381

注：表格中 ***、** 和 * 分别表示在 1%、5% 和 10% 的统计水平上显著，圆括号中为稳健标准误。

资料来源：《中国科技统计年鉴》、《中国贸易外经统计年鉴》、《中国统计年鉴》和《中国人力资本报告》。

如表 6.8、表 6.9 所示，模型 1、2、3 分别表示 1999~2007 年的东中西部地区的回归结果，而模型 4、5、6 分别表示 2008~2016 年的东中西部地区的回归结果。下面将依次进行结果的分析。

表 6.9 2008~2016 年分区域回归结果

变量	模型 4（东部）	模型 5（中部）	模型 6（西部）
人力资本增长率（$\ln h$）	-0.039 (0.056)	-2.081** (0.886)	-4.598*** (1.222)
物质资本增长率（$\ln s$）	0.753 (0.561)	-2.514*** (0.948)	-1.217 (0.915)
经济市场化制度（$\ln MD$）	1.551*** (0.147)	0.876*** (0.188)	0.667*** (0.209)
产权制度（$\ln PD$）	0.789*** (0.200)	0.277 (0.228)	0.542 (0.363)

续表

变量	模型 4（东部）	模型 5（中部）	模型 6（西部）
对外贸易制度（$\ln OD$）	-0.116** (0.058)	-0.135* (0.075)	-0.060 (0.102)
人口增长率（$\ln n$）	0.291 (0.199)	1.775*** (0.483)	0.403 (1.032)
常数项	4.104*** (0.448)	5.192*** (0.395)	5.730*** (0.478)
N	88	64	88
R^2	0.840	0.676	0.166

注：表格中***、**和*分别表示在1%、5%和10%的统计水平上显著，圆括号中为稳健标准误。

资料来源：《中国科技统计年鉴》、《中国贸易外经统计年鉴》、《中国统计年鉴》和《中国人力资本报告》。

第一，1999~2007年，东部地区的经济市场化制度、产权制度系数都是显著为正的，经济市场化制度系数为2.141，而产权制度系数为0.779，相比之下，经济市场化制度变迁对东部地区经济增长的推动作用要大于产权制度变迁对东部地区经济增长的促进作用。通过这个结果可以看出，在1999~2007年，东部地区的市场化改革和产权制度完善是比较积极的，成绩也比较突出。沿海地区的第三产业相对活跃一些，进一步推动产权放开及多元化改革，对东部经济增长起到重要的助推作用。对比来看，中部和西部地区的经济市场化制度并没有起到明显作用，而且产权制度变量系数显著为负，中部地区的产权制度变量系数为-0.595，而西部地区的产权制度变量系数为-1.378，这同理论和经验分析不太相符，有可能是在中部地区和西部地区，产权制度改革进展十分缓慢，中部地区和西部地区相对东部地区更加闭塞，改革更加难以推行，导致经济变量呈现相对下降的增长趋势。同时，中部地区的对外贸易制度作用明显，对外贸易制度变量系数为0.327，显著推动中部地区经济增长，说明我国在对外开放的进程中，中部地区作为人口密集地区，提供了很多的劳动力来支持外贸企业投资建厂，进一步推动了地区经济的发展。最后，模型3表明，西部地区在1999~2007年这一阶段，经济市场化制度和产权制度的系数显著，分别为1.143和-1.378，说明在这一时期，市场经济改革在西部推行力度较大，但是产权制度改革十分缓慢，整体上经济发展仍很滞后。

第二，2008~2016年，东部地区的经济市场化制度、产权制度和对外贸易制度系数都是显著的。经济市场化制度每增加0.1%、产权制度每增加0.1个百分点，实际人均收入分别增加15.51%、7.89%，对外贸易制度每增加0.1个百分点，实均人均收入减少1.16%。前两个系数显著为正，说明东部地区市场化改革程度逐渐加深，产权制度更加完善，对经济的推动作用更加明显。对外贸易制度系数的符号不大符合前述理论分析，说明2008年国际金融危机对我国东部地区的冲击较大。由于我国东部地区是较早进行对外开放的地区，受全球性经济危机的影响会更大、更直接，所以对外贸易的开放反而造成了东部地区经济的增长减缓。对于中部地区和西部地区，经济市场化制度显著推动经济增长，变量系数分别为0.876和0.667，产权制度变量系数均不显著，说明在中部和西部地区，市场化改革较为成功，但是非国有企业发展不如东部地区，国有企业和工业企业的发展仍是中西部地区经济进步的重头戏。此外，观察对外贸易制度这一变量发现，中部地区的系数显著为负，而西部地区系数不显著，原因是2008年国际金融危机导致国内外需求降低，外资企业投资建厂的数量变少，中部地区的劳动力相对过剩，遏制中部地区经济的发展。而西部地区变量不显著说明了西部地区的对外贸易程度较低，不受此次危机影响。

第三，通过两表的对比得出以下结论。首先，在1999~2007年这一阶段，市场化改革和产权改革在东部和西部地区的效果明显，但由于地区经济的特殊性、改革难度及中部和西部地区的文化交流相对闭塞，产权改革并没有带来正向效果，说明在中部和西部地区第三产业发展明显较弱，制造业尤其是重工业的发展相对蓬勃。此外，在这一阶段，由于中部地区的人口特点，对外贸易制度的变迁也对中部地区经济发展有着显著的推动作用。其次，随着经济制度的不断发展和完善，以及受2008年国际金融危机的影响，经济制度对经济增长的影响有了新的表现。在2008~2016年这一阶段，市场化改革在东中西部地区不断推进，获得了良好的经济绩效；同时，产权制度改革在东部地区比较活跃，在中部和西部地区的实施仍相对缓慢，改革效果相对一般；此外，2008年国际金融危机的发生使我国东部和中部地区都受到了冲击，东部和中部地区的对外贸易制度使经济增长有下行的趋势。

三 经济制度变迁对经济增长贡献度核算分析

通过上述的分析可以得到经济制度变迁对经济增长影响的大致趋势，为了细化和完善分析，并考虑不同区域影响程度的差别，下面将分区域进行经济制度变迁对经济增长贡献度的核算分析。

1. 核算方程

由前所述，本节设定的模型方程为

$$\ln GDP_{i,t} = \beta_0 + \beta_1 \ln L_{i,t} + \beta_2 \ln K_{i,t} + \beta_3 \ln PD_{i,t} + \beta_4 \ln MD_{i,t} + \beta_5 \ln OD_{i,t} + \beta_6 \ln gn_{i,t} + u_{i,t} \tag{6.2}$$

根据此模型设定，对方程两边求全微分可得

$$\frac{\dot{GDP}}{GDP} = \beta_1 \frac{\dot{L}}{L} + \beta_2 \frac{\dot{K}}{K} + \beta_3 \frac{\dot{PD}}{PD} + \beta_4 \frac{\dot{MD}}{MD} + \beta_5 \frac{\dot{OD}}{OD} + \beta_6 \frac{\dot{gn}}{gn} \tag{6.3}$$

这个方程式的含义可以表示如下：经济增长 = 人力资本的贡献 + 物质资本的贡献 + 产权制度的贡献 + 经济市场化制度的贡献 + 对外贸易制度的贡献 + 人口的贡献。所以可以直观地把经济增长归功于人力资本的增长、物质资本的增长、产权制度的变迁、经济市场化制度的变迁、对外贸易制度的完善和人口增长。本节主要研究的是经济制度变迁，尤其是对外贸易制度和经济市场化制度的变迁对经济增长的影响，所以重点研究这三个要素对经济增长的贡献度。我们将以上三种要素对经济增长的贡献度作如下定义。

产权制度对经济增长的贡献度 $E_{PD} = \beta_3 \dfrac{\dot{PD}}{PD} \Big/ \dfrac{\dot{GDP}}{GDP}$

经济市场化制度对经济增长的贡献度 $E_{MD} = \beta_4 \dfrac{\dot{MD}}{MD} \Big/ \dfrac{\dot{GDP}}{GDP}$

同理，对外贸易制度对经济增长的贡献度 $E_{OD} = \beta_5 \dfrac{\dot{OD}}{OD} \Big/ \dfrac{\dot{GDP}}{GDP}$

同时，定义产权制度、经济市场化制度和对外贸易制度对经济增长的贡献度之和为经济制度对经济增长的贡献度，表示为 $E_D = E_{PD} + E_{MD} + E_{OD}$。

2. 核算结果及分析

利用 1999~2016 年省份数据，主要进行三种制度贡献程度的对比分析，详细的结果如表 6.10 所示。

表 6.10 经济制度对经济增长的贡献度

省份	经济市场化制度	产权制度	对外贸易制度	总贡献
北京	0.460	0.077	0.004	0.541
天津	0.228	0.054	0.003	0.285
河北	0.083	0.059	-0.001	0.140
山西	0.168	0.063	-0.001	0.230
内蒙古	0.076	0.017	0.001	0.094
辽宁	0.255	0.100	0.001	0.356
吉林	0.129	0.035	0.001	0.165
黑龙江	0.315	0.207	-0.004	0.518
上海	0.513	0.146	-0.003	0.655
江苏	0.124	0.067	-0.001	0.190
浙江	0.195	0.109	-0.005	0.299
安徽	0.114	0.021	-0.006	0.130
福建	0.099	0.018	0.002	0.118
江西	0.131	0.008	-0.008	0.131
山东	0.116	0.061	-0.001	0.177
河南	0.150	0.058	-0.014	0.194
湖北	0.145	0.018	-0.002	0.162
湖南	0.120	0.031	-0.002	0.149
广东	0.170	0.059	0.003	0.232
广西	0.105	0.014	-0.004	0.115
海南	0.096	0.054	0.002	0.152
重庆	0.111	0.023	-0.008	0.126
四川	0.121	0.043	-0.005	0.160
贵州	0.050	0.034	0.001	0.085
云南	0.103	0.068	-0.001	0.170
陕西	0.178	0.003	0.000	0.182
甘肃	0.089	0.082	-0.004	0.167
青海	0.066	-0.001	0.000	0.064

续表

省份	经济市场化制度	产权制度	对外贸易制度	总贡献
宁夏	0.130	0.010	0.002	0.142
新疆	0.200	0.027	0.000	0.227

资料来源：《中国科技统计年鉴》、《中国贸易外经统计年鉴》、《中国统计年鉴》和《中国人力资本报告》。

根据表6.10的结果，可以得出以下结论。

总体来说，各个省份中经济市场化制度变量的贡献度 E_{MD} 大于产权制度变量的贡献度 E_{PD} 和对外贸易制度的贡献度 E_{OD}，这一结论和前面的面板数据回归分析相类似，这三种制度中，经济市场化制度对经济增长的推动作用最明显，产权制度次之，对外贸易制度最弱。首先来看经济市场化制度变量的贡献度 E_{MD}。一方面，无论是在东部、中部还是西部地区，我国的市场经济改革力度较强，推行较广，随时间发展较为成熟，而且不易为外部问题所干扰，所以经济市场化制度对经济增长的贡献较为明显；另一方面，东部地区的经济市场化制度贡献度会明显偏高一些，比较突出的有上海的0.513、北京的0.460等，说明在东部地区，市场化改革的推行更加彻底。

其次，产权制度变量的贡献度 E_{PD} 总体上比对外贸易制度的贡献度 E_{OD} 大一些，并且产权制度变量的高贡献度也集中在东部地区，这和前面的分析结果相同，东部地区的非国有经济发展较其他地区活跃。此外，东部地区集中大量纺织、服务产业，可以较好地推行产权制度的改革，以明显推动地区经济的发展，所以产权制度表现出更高的贡献度。以上海、浙江等沿海地区为例，产权的多元化改革有赖于地区经济发展和地区性等因素，各个地区的发展不同，第三产业的竞争活力不同，则产权制度对经济增长的推动作用也不同，总体来说，东部地区比中西部地区的产权制度发展更全面和活跃一些，所以对经济增长的贡献度稍大一些。

最后，一些地区对外贸易制度的贡献度 E_{OD} 是负值，而且这些地区大多集中在东部和中部，应该是由于受到2008年国际金融危机的影响。2008年国际金融危机使全球需求低迷，我国产品出口受到极大阻碍，直接影响到东部地区以出口贸易为发展重点的省市。与此同时，中部地区作为劳动力供给的集中地，供给出现过剩，也导致地区对外贸易制度对经济增长出现负向贡献。

总体来说，上海、北京和黑龙江经济制度对经济增长的贡献度较高，分别为0.655、0.541和0.518，其次，浙江、天津和辽宁经济制度的贡献度也比较突出。总体来看，东部地区经济制度对经济增长的贡献度较高，中部地区经济制度对经济增长的贡献度次之，西部地区最弱，说明在东部地区推行经济制度的改革和完善是最有效果的，西部地区推行制度改革的效果相对较弱，这也进一步表明了制度、经济发展和地区分布的关系，经济活跃、产业多元化且经济增长方式多元的地区往往会有更加有效和明显的制度效应，易产生更高的经济绩效。

第七节 小结

对制度创新和经济增长之间的关系进行实证研究，得到以下结论。首先，面板数据在回归中可能存在一些不随时间变化的遗漏变量，为了更好地表明制度创新对经济增长的影响，我们采用固定效应回归模型，随着控制变量的加入，经济市场化制度和产权制度变量对实际人均收入的影响显著为正，经济市场化制度和产权制度变量是促进经济增长的重要力量。对外贸易制度对经济增长的影响不显著，但并不能说对外贸易制度对经济增长没有影响，可能是因为在对外贸易拉动经济增长的过程中需要花费大量的资源，从而对外贸易制度对经济增长的影响在短期内难以被看到。

其次，制度变量可能受经济形势的影响，不同时期的制度对经济增长的影响存在波动，即不同时期的制度对经济的影响存在很大的不同，故本章将整体数据分为2008年之前和2008年之后（含2008年）两个时间段，用以比较制度因素对经济增长的影响。经济市场化制度系数在两个模型中都是正并且十分显著。就1999~2007年的数据而言，对外贸易制度和经济市场化制度对经济增长的作用显著为正，经济市场化制度对经济增长的影响显著大于对外贸易制度对经济增长的影响，产权制度的作用对经济增长存在时滞。就2008~2016年的数据而言，产权制度和经济市场化制度的变迁对经济增长有着显著的正向推动作用，且经济市场化制度对经济增长的作用大于产权制度对经济增长的影响。受2008年国际金融危机的影响,我国对外贸易发展缓慢,外需低迷,商品出口受到阻碍,对外贸易制度对经济增长的推动作用十分有限。

再次,为了更好地研究制度创新对经济增长的影响,将面板数据根据地理位置的不同和时间的不同分成东部、中部和西部三个区域,以及2008年之前和2008年之后(含2008年)两个时间段进行比较,结果表明,2008年之前东部地区对市场化改革和产权制度完善是比较积极的,成绩也比较突出。沿海地区的第三产业相对活跃一些,对东部地区经济增长起到很重要的助推作用。对比来看,中部和西部地区的市场化改革并没有起到明显作用,而产权制度指数变量系数显著为负,这与理论和经验分析不太相符,有可能是在中部地区和西部地区,产权制度改革进展十分缓慢,中部和西部地区相对东部地区更加闭塞,改革更加难以推行,导致经济变量呈现相对下降的增长趋势。2008年之后(含2008年),东部地区的经济市场化制度、产权制度和对外贸易制度系数都是显著的,前两个回归系数显著为正,说明东部地区市场化改革程度逐渐加深,产权制度更加完善,对经济的推动作用更加明显。对外贸易制度系数的符号不大符合前述理论分析,说明经济危机对我国东部地区的冲击较大。对于中部地区和西部地区,经济市场化制度显著推动经济增长,产权制度变量系数均不显著,说明在中部和西部地区,市场化改革推行较为成功,但是第三产业发展不如东部地区,对经济增长的影响有限。

最后,对制度创新对经济增长的贡献进行分析发现,总体来说,各个省份经济市场化制度的贡献度大于产权制度的贡献度和对外贸易制度的贡献度,这一结论和前面的面板数据回归分析相类似。这三种制度中,经济市场化制度对经济增长的推动作用最明显,产权制度次之,对外贸易制度最弱。

第七章 科技、制度双擎驱动与经济增长的实证分析

前文研究发现，我国依靠资源消耗、资本投入带来经济增长的发展方式难以为继，技术创新作为经济增长的重要驱动力量，带来了中国经济的快速增长，成为改变经济发展方式的重要支撑力量。在当前阶段，建设创新型国家需要鼓励地方企事业单位积极搭建科研平台，支持企业参与重大项目实施，增加科研经费投入，实现知识成果向产出成果的快速转化。同样地，在面临中国经济步入新常态的背景下，制度创新对经济增长的贡献同样不容忽视，作为一种已知、稳定的因素，在财政政策和货币政策不能有效解决经济发展问题的时期，制度因素有助于挖掘经济发展的潜力。总之，无论是技术创新还是制度创新都能促进中国经济的快速发展，那么在经济增长过程中，若将技术创新和制度创新的作用同时考虑在内，它们对经济增长的作用是否依然显著？若存在影响，它们对经济增长的贡献有多大？在发展过程中各区域之间是否存在差距？技术创新和制度创新能否作为经济增长的双擎驱动因素？这一系列问题的提出将有助于更好地厘清技术创新和制度创新与经济增长的关系，同时我们将在本章做进一步讨论。

第一节 模型设定

我国区域经济发展差距较大，在本节中我们将继续使用面板模型。考虑到技术创新和制度创新对经济增长的双擎驱动作用，我们将采用如下模型设定形式：

$$\ln Y_{it} = a + k_1 \ln MD_{it} + k_2 \ln PD_{it} + k_3 \ln OD_{it} + \lambda \ln pl_{it} + \varphi \ln h_{it} + \gamma \ln s_{it} + \eta \ln n_{it} + \varepsilon_{it} \tag{7.1}$$

其中，由于选取的是面板数据，i 表示以省、自治区、直辖市为基础的横

截面，t 表示年份，Y 为实际人均收入，MD 为经济市场化制度，PD 为产权制度，OD 为对外贸易制度，pl 表示以专利申请受理量为基础的知识生产变量，h 为实际人力资本增长率，s 为实际物质资本增长率，n 为人口增长率，$k_1,k_2,k_3,\lambda,\varphi,\gamma,\eta > 0$ 均成立，主要变量的数据来源和选择标准与前面章节一致。

考虑到本节中的知识生产变量包括专利申请受理量和课题总数，我们将设置如下面板模型：

$$\ln Y_{it} = a + k_1 \ln MD_{it} + k_2 \ln PD_{it} + k_3 \ln OD_{it} + \lambda \ln p_{it} + \varphi \ln h_{it} + \gamma \ln s_{it} + \eta \ln n_{it} + \varepsilon_{it}$$
(7.2)

其中，p 为包含专利申请受理量和课题总数的知识生产变量。

为了更好地体现增长率和经济增长的关系，我们进一步对模型进行扩展，用实际人均收入增长率代替实际人均收入作为被解释变量放入模型，可以得到如下两个模型：

$$\ln y_{it} = a + k_1 \ln MD_{it} + k_2 \ln PD_{it} + k_3 \ln OD_{it} + \lambda \ln pl_{it} + \varphi \ln h_{it} + \gamma \ln s_{it} + \eta \ln n_{it} + \varepsilon_{it}$$
(7.3)

其中，y 为实际人均收入增长率，pl 表示以专利申请受理量为基础的知识生产变量。

$$\ln y_{it} = a + k_1 \ln MD_{it} + k_2 \ln PD_{it} + k_3 \ln OD_{it} + \lambda \ln p_{it} + \varphi \ln h_{it} + \gamma \ln s_{it} + \eta \ln n_{it} + \varepsilon_{it}$$
(7.4)

其中，p 为包含专利申请受理量和课题总数的知识生产变量。

第二节　总体回归分析

一　固定效应模型

我国各区域经济发展差距较大，每个省份的经济发展状况存在不同。就区域发展状况而言，东部地区经济较为发达，技术发展水平相对较高，制度优势明显，无论是在资源方面还是在物质资本和人力资本方面都优于中部和西部地区；就省份发展状况而言，北京、上海、广东经济较为发达,并且享受国家政策优惠,人均收入水平相对高于其他城市。另外,模型在设定过程中可能存在一些难以观测的变量,导致模型存在某些不随时间变化的重要变量,因此,需要使用固定效应回归模型,回归结果如表7.1所示。

表7.1 固定效应回归结果

变量	(1) 模型1	(2) 模型2	(3) 模型3	(4) 模型4	(5) 模型5	(6) 模型6
经济市场化制度 ($\ln MD_{it}$)	1.897*** (0.134)	1.693*** (0.145)	1.684*** (0.148)	1.405*** (0.159)	1.424*** (0.158)	1.375*** (0.158)
产权制度 ($\ln PD_{it}$)	1.284*** (0.227)	1.190*** (0.228)	1.207*** (0.231)	1.260*** (0.235)	1.397*** (0.234)	1.364*** (0.237)
对外贸易制度 ($\ln OD_{it}$)	-0.094* (0.055)	-0.072 (0.057)	-0.070 (0.057)	-0.038 (0.058)	-0.060 (0.058)	-0.046 (0.058)
实际人力资本增长率 ($\ln h_{it}$)		-1.137*** (0.247)	-1.134*** (0.251)	-1.047*** (0.255)	-0.982*** (0.249)	-1.005*** (0.255)
实际物质资本增长率 ($\ln s_{it}$)			0.147 (0.282)	0.022 (0.286)	0.020 (0.279)	-0.008 (0.285)
人口增长率 ($\ln n_{it}$)				-0.160 (0.610)	-0.043 (0.596)	-0.112 (0.607)
知识生产增长率 ($\ln pl_{it}$)					0.803*** (0.167)	
总的知识生产增长率 ($\ln p_{it}$)						0.735** (0.292)
常数项	3.414*** (0.321)	3.716*** (0.329)	3.722*** (0.332)	4.212*** (0.344)	4.203*** (0.343)	4.270*** (0.342)
N	540	511	510	478	478	478
R^2	0.423	0.418	0.416	0.383	0.400	0.386

注:表格中***、**和*分别表示在1%、5%和10%的统计水平上显著,圆括号中为稳健标准误。

资料来源:《中国科技统计年鉴》、《中国贸易外经统计年鉴》、《中国统计年鉴》和《中国人力资本报告》。

表7.1第(1)列为加入经济市场化制度、产权制度和对外贸易制度

的回归结果，研究发现经济市场化制度和产权制度每增加0.1%和0.1个百分点，实际人均收入分别增加18.97%和12.84%，经济市场化制度和产权制度对经济增长的影响显著为正，对外贸易制度对经济增长的影响为负且在10%的显著性水平上才显著。随着控制变量的加入，经济市场化制度和产权制度对经济增长的影响依然显著为正，对外贸易制度对经济增长的影响则不显著。此外，我们在表7.1第（5）列中加入以专利申请受理量为基础的知识生产变量后发现，经济市场化制度和产权制度每增加0.1%和0.1个百分点，实际人均收入分别增加14.24%和13.97%，知识生产增长率每增加0.1个百分点，实际人均收入增加8.03%。第（6）列用专利申请受理量和课题总数代替知识生产变量后，经济市场化制度的回归系数依然显著但变小，产权制度的回归系数依然显著，知识生产对经济增长的影响依然显著为正，即无论增加哪些控制变量，经济市场化制度、产权制度和知识生产变量对经济增长的影响依然显著为正，这些因素是影响经济增长的主要核心变量，但是对外贸易制度和实际物质资本增长率对实际人均收入的影响不显著。此外，实际人力资本增长率对实际人均收入的影响显著为负，这可能是因为对外贸易制度、实际人力资本增长率和实际物质资本增长率对经济增长的影响不能起到立竿见影的效果，将实际的要素投入转化为现实的产出成果所需要的周期相对较长。此外，人力资本增长率对实际人均收入的影响为负，这可能是因为实施多年的"一孩"政策改变了我国的劳动力供给结构，人口红利的优势逐渐丧失，社会面临较为严重的少儿抚养和老年抚养负担，对经济增长的制约作用凸显。总之，知识生产、经济市场化制度和产权制度对经济增长的回归结果表明，技术创新和制度创新作为双擎驱动力量促进了经济的快速发展。

二 随机效应模型

模型在设定过程中可能存在一些以随机效应形式存在的个体效应，即存在一些没有观测到的变量和相关解释变量，因此，需要使用随机效应回归模型，回归结果如表7.2所示。

表7.2 随机效应回归结果

变量	(1) 模型1	(2) 模型2	(3) 模型3	(4) 模型4	(5) 模型5	(6) 模型6
经济市场化制度 ($\ln MD_{it}$)	2.442*** (0.153)	2.289*** (0.171)	2.301*** (0.176)	2.077*** (0.205)	2.060*** (0.199)	2.041*** (0.203)
产权制度 ($\ln PD_{it}$)	1.203*** (0.290)	1.034*** (0.301)	1.046*** (0.307)	1.183*** (0.324)	1.399*** (0.316)	1.357*** (0.325)
对外贸易制度 ($\ln OD_{it}$)	-0.100 (0.095)	-0.164 (0.100)	-0.163 (0.100)	-0.205* (0.109)	-0.206* (0.106)	-0.219** (0.108)
实际人力资本增长率 ($\ln h_{it}$)		-0.981*** (0.243)	-0.961*** (0.247)	-0.925*** (0.253)	-0.841*** (0.246)	-0.859*** (0.251)
实际物质资本增长率 ($\ln s_{it}$)			0.089 (0.278)	-0.010 (0.285)	0.006 (0.277)	-0.039 (0.282)
人口增长率 ($\ln n_{it}$)				-0.582 (0.623)	-0.445 (0.604)	-0.585 (0.616)
知识生产增长率 ($\ln pl_{it}$)					0.878*** (0.163)	
总的知识生产增长率 ($\ln p_{it}$)						0.910*** (0.285)
常数项	2.423*** (0.400)	2.809*** (0.425)	2.782*** (0.434)	3.479*** (0.492)	3.521*** (0.477)	3.601*** (0.488)
N	540	511	510	478	478	478
R^2	0.414	0.369	0.367	0.283	0.327	0.299

注：表格中***、**和*分别表示在1%、5%和10%的统计水平上显著，圆括号内为稳健标准误。

资料来源：《中国科技统计年鉴》、《中国贸易外经统计年鉴》、《中国统计年鉴》和《中国人力资本报告》。

表7.2第（1）列为加入经济市场化制度、产权制度和对外贸易制度的回归结果，研究发现经济市场化制度和产权制度指数每增加0.1%和0.1个百分点，实际人均收入分别增加24.42%和12.03%，经济市场化制度和产权制度对经济增长的影响显著为正，对外贸易制度对经济增长的影响为负且不显著。随着控制变量的加入，经济市场化制度和产权制度对经济增长的影响依然显著为正，对外贸易制度对经济增长的负向影响由不显著逐渐变得显著。此外，在第（5）列中加入以专利申请受理量为基础的知识生产变量后发现，经济市场化制度和产权制度每增加

0.1%和0.1个百分点，实际人均收入分别增加20.60%和13.99%，知识生产增长率每增加0.1个百分点，实际人均收入增加8.78%，对外贸易制度对实际人均收入的影响在10%的显著性水平上显著为负。第（6）列用专利申请受理量和课题总数代替知识生产变量后发现，经济市场化制度和产权制度的回归系数依然显著但逐渐变小，知识生产增长率每增加0.1个百分点，实际人均收入增加9.10%，对外贸易制度对实际人均收入的影响在5%的显著性水平上显著为负，即无论增加哪些控制变量，经济市场化制度、产权制度和知识生产变量对经济增长的影响依然显著为正，这些因素是影响经济增长的主要核心变量。第（5）列和第（6）列中对外贸易制度和实际人力资本增长率对实际人均收入的影响显著为负表明，我国的对外贸易制度和人力资本投资无法在短期内转化为实际的生产成果，并且在当期要消耗大量的生产资源，对经济增长的影响存在时滞。实际物质资本增长率和人口增长率对经济增长的作用不显著且为负，这是因为，一方面，固定资产投资对经济增长产生影响的周期相对较长，在前些年固定资产投资确实拉动了我国经济的增长，但是在当前经济下行趋势明显的情况下，仅仅依靠基础设施投资促进经济增长是难以为继的；另一方面，近年我国人口增长率呈现下降的趋势，日益严重的老龄化使人口结构发生变化，人口红利的丧失严重制约着我国经济的增长。

在回归分析时，为了确定使用固定效应模型还是随机效应模型，我们进行了Hausman检验，假设$H_0：\varepsilon_i$和x_{it}不相关，表7.3中Hausman检验的结果表明$p=0.000$，拒绝原假设，即模型中可能存在一些不随时间变化的遗漏变量，在回归中应该使用固定效应模型。

表7.3 **Hausman 检验**

面板数据的 Hausman 检验			
Test Summary	Chi – Sq. Statistic	Chi – Sq. d. f	p 值
Cross – Section Random	42.890	29.000	0.000

资料来源：《中国科技统计年鉴》、《中国贸易外经统计年鉴》、《中国统计年鉴》和《中国人力资本报告》。

第三节 分区域回归结果

生产力的发展、科技水平的提高以及各项有利于经济发展的政策的出台，给经济的快速发展提供了土壤。固定效应的回归结果表明，无论是技术创新还是制度创新都在一定程度上带来了实际人均收入水平的显著提高，但是在经济繁荣的背后，我国各区域经济增长存在明显差距，这种经济增长的差异也引起了社会各界的广泛关注。为缩小区域发展差距，我国也相应出台多项措施，力图打破各区域间的贸易壁垒，促进生产要素在市场上的自由流动，实现优势资源互补。那么，技术创新和制度创新是否能缩小各区域的经济发展差距，促进经济的均衡发展？我们将按照东中西部进行分区域回归分析，回归结果如表7.4所示。

表7.4 分区域回归结果

变量	（1）模型1	（2）模型2	（3）模型3
经济市场化制度（$\ln MD_{it}$）	1.611*** (0.266)	1.540*** (0.325)	0.498** (0.199)
产权制度（$\ln PD_{it}$）	3.023*** (0.299)	0.609 (0.440)	-0.101 (0.554)
对外贸易制度（$\ln OD_{it}$）	-0.536*** (0.096)	0.057 (0.150)	0.034 (0.122)
实际人力资本增长率（$\ln h_{it}$）	-0.327* (0.190)	-5.568*** (1.476)	-9.587*** (1.538)
实际物质资本增长率（$\ln s_{it}$）	3.808*** (0.981)	0.290 (1.331)	-0.401 (0.338)
人口增长率（$\ln n_{it}$）	-0.261 (0.550)	2.411** (1.175)	-2.762 (1.691)
知识生产增长率（$\ln p_{it}$）	0.210 (0.365)	-0.043 (0.495)	0.835 (0.537)
常数项	6.674*** (0.644)	3.185*** (0.749)	4.802*** (0.607)

续表

变量	(1) 模型1	(2) 模型2	(3) 模型3
N	176	127	175
R^2	0.536	0.418	0.273

注：表格中 ***、** 和 * 分别表示在1％、5％和10％的统计水平上显著，圆括号中为稳健标准误。

资料来源：《中国科技统计年鉴》、《中国贸易外经统计年鉴》、《中国统计年鉴》和《中国人力资本报告》。

表7.4第（1）列为东部地区的回归结果，研究发现经济市场化制度和产权制度对经济增长的影响显著为正，经济市场化制度和产权制度每增加0.1％和0.1个百分点，实际人均收入分别增加16.11％和30.23％，但对外贸易制度对经济增长的影响显著为负，可能是因为对外贸易制度对经济增长的影响存在时滞，外商直接投资短时间内对经济增长的拉动作用有限，需要在较长的时间才能将投入要素转化为实际的产出成果，尤其自2008年国际金融危机以来，我国出口贸易增长缓慢，甚至出现短时间内的出口下跌，从而对外贸易制度对经济增长的影响较小。此外，通过比较发现，产权制度对实际人均收入的影响大于经济市场化制度对实际人均收入的影响，这可能是因为产权的合理化，尤其是第三产业的快速发展，为人们提供了更多的就业机会和类型，促进人们收入水平的提高和经济的发展。经济市场化制度对实际人均收入的正向影响虽然次于产权制度的影响，但结果依然较为显著，可能是因为完善的市场机制有利于发挥市场在资源配置中的作用，促进生产要素的自由流动，提高资源配置效率，促进经济增长。知识生产对经济增长的作用为正且不显著，这是因为相对于制度而言，技术创新的投入周期较长，尤其是在我国知识生产的过程中可能存在使用效率低的情况，所以知识生产增长率对经济增长的影响不显著。

表7.4第（2）列为中部地区的回归结果，研究发现经济市场化制度对实际人均收入的影响显著为正，经济市场化制度每增加0.1％，实际人均收入增加15.40％。产权制度和对外贸易制度对经济增长的影响为正且不显著。这可能是因为中部地区经济发展相对落后，经济市场化制度能够有效打破地方贸易壁垒，促进生产要素的自由流动，提高资源的

有效配置，改善经济发展状况。产权制度不显著可能是因为中部地区人口众多，制造业发达，服务业也能有效促进经济发展水平的提高，但是作用不如制造业影响显著。对外贸易制度不显著可能是因为中部地区作为主要的商品生产加工区域，近年进出口贸易的低迷导致对外贸易制度对经济增长的影响明显下降。此外，知识生产增长率对经济增长的影响为负且不显著，表明中部地区科研水平相对落后，无论是技术创新能力还是科研能力都相对落后，在知识生产过程中可能存在分工不明确、人员冗杂的状况，导致生产效率低下，对经济增长的影响相对较小。

表7.4第（3）列为西部地区的回归结果，研究发现经济市场化制度对实际人均收入的影响显著为正，经济市场化制度每增加0.1%，实际人均收入增加4.98%。产权制度对经济增长的影响为负且不显著，对外贸易制度对经济增长的影响为正且不显著。可能是因为西部地区相对闭塞，经济发展水平落后，经济市场化制度能够有效打破地方贸易壁垒，利用政府出台的一系列优惠政策，提高资源的有效配置，改善经济发展状况。西部地区产权制度不显著可能是因为西部地区虽然能够利用经济市场化带来的便利，但是经济参与率相对较低，对经济的增长作用较小，且地处内陆，外贸依存度相对较低，因此对外贸易制度对经济增长的影响也相对有限。西部地区知识生产增长率对经济增长的影响为正且不显著，这是因为西部地区科研投入水平相对较低，技能型劳动力缺乏，生产效率低下，从经费投入到生产出具体的知识产出成果所需周期相对较长，对经济增长的影响不是短时间内能够观察到的，因此对经济增长的影响相对有限。

总之，对东中西部的回归结果表明，经济市场化制度是促进区域增长的主要动力，但是这一变量在东部的回归系数明显大于中西部地区，这是因为东部地区区位优势明显，市场化程度较高，民营企业相对发达，人们收入水平明显改善；中部地区次之，这是因为中部地区人力资源优势明显，制造业发达，相对而言，中部地区为东部地区经济发展提供了生产制造产品的场所，从而也有利于中部地区经济水平的提高；西部地区相对落后，市场化也在一定程度上改变了区域发展落后的状况。第三产业在我国各区域经济发展中不均衡，对东中西部的影响也存在差异。东部地区产权制度对经济增长的作用最为显著，对中西部地的影响不显著。随着近年我国进出口状况恶化，对外贸易对实际人均收入的影响相对较低。此外，回归结果表明知识生产增长率对经济增长的作用有限，这可能是由我国各区域在知识生产的过程中存在人员冗杂、效率低下的状况引起的。就区域而言，以知识生产为基础的技术创新的生产周期相对较长，就当期而言，知识生产的作用不如制度创新的作用明显，并且研发投入需要企业大量的资金支出，只有当企业意识到投资有利可图时，才会去投入更多的经费。

第四节　技术创新与制度创新对经济增长率的影响

参考相关文献，用实际人均收入增长率替代实际人均收入作为经济增长的代理变量，实际上人均收入增长率不仅能够体现各个因素对人均收入水平的影响状况，还能够通过经济增长的变化情况，体现经济发展的持久性特征，回归结果如表7.5所示。

表7.5　增长率回归结果

变量	(1) 模型1	(2) 模型2
经济市场化制度（$\ln MD_{it}$）	-0.019* (0.011)	-0.016 (0.011)
产权制度（$\ln PD_{it}$）	-0.095*** (0.016)	-0.103*** (0.016)
对外贸易制度（$\ln OD_{it}$）	0.008** (0.004)	0.009** (0.004)
实际人力资本增长率（$\ln h_{it}$）	0.012 (0.022)	0.009 (0.022)
实际物质资本增长率（$\ln s_{it}$）	0.109*** (0.024)	0.113*** (0.024)
人口增长率（$\ln n_{it}$）	-0.059 (0.049)	-0.065 (0.050)
知识生产增长率（$\ln pl_{it}$）	0.098*** (0.025)	
总的知识生产增长率（$\ln p_{it}$）		0.031** (0.015)

续表

变量	(1)	(2)
	模型1	模型2
常数项	0.017 (0.022)	0.012 (0.022)
N	478	478
R^2	0.188	0.168

注：表格中***、**和*分别表示在1%、5%和10%的统计水平上显著，圆括中内为稳健标准误。

资料来源：《中国科技统计年鉴》、《中国贸易外经统计年鉴》、《中国统计年鉴》和《中国人力资本报告》。

表7.5第（1）列为将专利申请受理量作为知识生产代理变量后的回归结果，研究表明经济市场化制度和产权制度对经济增长的影响显著为负，经济市场化制度和产权制度每增加0.1%和0.1个百分点，实际人均收入增长率分别减少0.19个百分点和0.95个百分点，但对外贸易制度对经济增长的影响显著为正，对外贸易制度每增加0.1个百分点，实际人均收入增长率显著增加0.08个百分点。经济市场化制度和产权制度对我国经济增长率的影响呈现下降的趋势，这在一定程度上和我国经济增长率的增长趋势是一致的，长期利用资源优势发展经济的我国面临困境，经济增长动力不足，经济正在逐步步入新常态，陷入增长瓶颈，我国经济对外依存度相对较高，对外贸易的发展带来人们收入水平的明显改善。知识生产增长率变量对实际人均收入增长率的影响显著为正，表明技术创新、知识水平的提高有助于企业在生产过程中形成规模效应，促进生产力水平的提高，改善经济发展状况。实际人力资本增长率对实际人均收入增长率的影响为正且不显著，实际物质资本增长率对实际人均收入增长率的影响为正且显著。人口增长率对实际人均收入增长率的影响为负但不显著，因为当前我国人口老龄化现象严重，人口出生率在一定程度上改变着我国的人口结构模式，严重的养老负担以及人口红利的逐步丧失，使人口增长率对经济增长的制约作用日益凸显。

表7.5第（2）列为将专利申请受理量和课题总数之和作为知识生产代理变量后的回归结果，研究表明，经济市场化制度对经济增长的影响为负但不显著，这意味着当前我国制度改革进入深水期，如何发挥市场

的活力，促进经济社会的发展是当前阶段我国社会需要解决的问题，单纯依靠资源消耗、资本投入来促进经济发展的方式难以持续，寻找新的经济增长方式迫在眉睫，是依靠技术还是制度，抑或是两者兼有，值得我们思考。产权制度对实际人均收入增长率的影响显著为负，这是因为我国人口众多，人们更多的是从事劳动密集型产业，产业附加值相对较低。随着近年我国人口红利逐渐丧失，劳动力成本、土地成本迅速提高，第三产业增加值对经济增长的动力不足。对外贸易制度对经济增长的影响显著为正，对外贸易制度每增加 0.1%，实际人均收入增长率增加 0.09 个百分点，进出口贸易对我国经济增长的影响依然十分明显，从另一个方面来讲，我国对外依存度相对较高，外商直接投资为国内提供了大量就业机会，人民生活水平有所改善。知识生产增长率对经济增长率的影响显著为正，知识生产增长率每增加 0.1 个百分点，实际人均收入增长率增加 0.31 个百分点。这是因为技术创新水平的显著提高、各省份地方科研成果的涌现，以及创新性技术给我国经济发展带来的极大活力，成为带动经济增长的重要引擎。实际物质资本增长率对实际人均收入增长率的影响显著为正，表明基础设施投资对我国经济增长的影响依然显著。过去几十年，我国政府为保持 GDP 的快速增长，不断增加物质资本投资，不可否认的是，粗放型的经济发展方式为我国经济社会创造了巨大的财富，但是随着资源消耗加剧，这种经济发展方式的弊端日益凸显。

第五节 系统 GMM 回归结果

本节使用的是面板数据回归模型，考虑到经济社会是一个动态的发展过程，为了更加精确地研究技术创新和制度创新对经济增长的影响，我们对上面的模型进行了拓展，将实际人均收入增长率的滞后一期放入模型进行回归，控制省际生产函数中不可观测变量对回归结果的影响。为消除模型中存在的内生性问题，我们使用 GMM 方法对模型进行估计，相较于差分 GMM 来说，系统 GMM 可以克服模型中存在的弱工具变量问题，并且估计结果更为有效。因此，我们将使用系统 GMM 的方法进行估计。在系统 GMM 中，我们可以通过统计指标 Hansen 值来检验模型工具变量数目的合理性。若 Hansen 统计量的 $p > 0.05$，则表明工具变量通过了显著性检验，我们使用的工具变量的数目整体上是合理的，回归结果如表 7.6 所示。

表 7.6 系统 GMM 回归结果

变量	系统 GMM 结果
实际人均收入增长率的滞后一期（$\ln y_{it-1}$）	0.152 * (0.087)
知识生产增长率（$\ln p_{it}$）	0.096 *** (0.032)
经济市场化制度（$\ln MD_{it}$）	0.011 (0.047)
对外贸易制度（$\ln OD_{it}$）	0.005 (0.045)
产权制度（$\ln PD_{it}$）	−0.694 *** (0.140)
产权制度的滞后一期（$\ln PD_{it-1}$）	0.519 *** (0.122)
实际物质资本增长率（$\ln s_{it}$）	0.062 (0.073)
实际人力资本增长率（$\ln h_{it}$）	−0.028 (0.021)
人口增长率（n_{it}）	−0.078 (0.102)

注：表格中 ***、** 和 * 分别表示在 1%、5% 和 10% 的统计水平上显著，圆括号中为稳健标准误。

资料来源：《中国科技统计年鉴》、《中国贸易外经统计年鉴》、《中国统计年鉴》和《中国人力资本报告》。

系统 GMM 估计出来的相关变量的显著性虽然没有差分 GMM 的结果好，但与差分 GMM 相比，系统 GMM 既可以估计变量的水平效率也可以提高整体模型估计的效率。对工具变量进行统计性检验的 Sargan 估计结果为 354.100，其 p = 0.000 < 0.05 的显著性水平，通过 Sargan 检验，发现工具变量选取得不合适。后来用 Hansen 检验工具变量的合理性，其统计值为 29.20，其 p = 1 > 0.05 的显著性水平，选取的工具变量及其相应个数均通过了显著性检验。另外，使用系统 GMM 方法对各个工具变量进行检验，在模型中发现知识生产增长率、经济市场化制度、对外贸易制度

第七章 科技、制度双擎驱动与经济增长的实证分析

和产权制度都是内生变量,实际人力资本增长率、实际物质资本增长率和人口增长率为外生变量,并且分别选取实际人均收入增长率的 2~5 阶滞后,知识生产增长率、经济市场化制度、对外贸易制度和产权制度的 2~4 阶滞后作为它们相应的工具变量,检验结果发现模型不存在弱工具变量的问题。

根据上述回归结果,我们有如下结论。

第一,从显著性水平来看,实际人均收入增长率的滞后一期和知识生产增长率对实际人均收入增长率的影响显著为正,当期的产权制度对实际人均收入增长率的影响显著为负,但滞后一期的产权制度对实际人均收入增长率的影响显著为正,实际物质资本增长率、实际人力资本增长率和人口增长率对实际人均收入增长率的影响均不显著。此外,研究发现经济市场化制度、对外贸易制度对实际人均收入增长率的影响虽然为正,但不显著。

第二,实际人均收入增长率的滞后一期对被解释变量的回归系数显著为正,且在 10% 的显著性水平上通过了显著性检验,实际人均收入增长率的滞后一期每增加 0.1 个百分点,当期的实际人均收入增长率增加 1.52 个百分点。从长期来看,经济增长是一个相互影响的过程,前期产出成果的积累为后期经济的发展提供了重要的支撑,回归系数小于 1 表明,前期经济增长对后期经济发展的影响是有限的,而不是呈现爆炸式增长。

第三,知识生产增长率对实际人均收入增长率的影响显著为正的回归结果表明,知识生产增长率每增加 0.1 个百分点,实际人均收入增长率显著增加 0.96 个百分点。改革开放以来我国引进了大量的技术成果,通过模仿创造,大大缩短了产品的生产投资周期,降低了生产成本,但是技术的引进带来了企业创新的惰性,我国面临着核心竞争力不足的现状,并且核心竞争能力不足使我国在国际市场竞争中长期处于劣势的局面。一项技术从发明创造到生产出具体的成果所需要的时间周期较长,一旦成功,将对经济产生巨大的正外部效应,促进经济的快速发展,在我国经济遇到发展瓶颈的时期,技术创新将为经济发展提供新的动力支持。

第四,研究发现制度创新变量中,产权制度的滞后一期对经济增长

的影响较为显著，当期的产权制度对经济增长的影响显著为负，经济市场化制度、对外贸易制度对经济增长影响均不显著，可能是因为制度创新对经济增长的影响存在滞后的效应，当前为了促进经济的发展，需要投入大量的生产要素，但对经济增长的影响效果不明显。

第五，在模型回归中人口增长率对经济增长的影响为负且不显著。人口数量的变化影响着各地方区域劳动力供给甚至人力资本供给情况，多年前实施的"一孩"政策使我国的人口出生率大幅度降低，老年人口比例逐年攀升，老年抚养比加重，近年"二胎"政策放开，我国人口结构逐渐呈现两头大、中间小的状况，我国面临日益严重的人口问题，青壮年劳动力面临的社会负担日益加重，严重影响着他们参与劳动的决策，故人口增长率对实际人均收入增长率的影响并不显著。

第六节　小结

技术创新和制度创新是促进我国经济增长的重要驱动力量，除技术创新、制度创新、实际物质资本、实际人力资本、人口增长率之外，还可能存在一些其他不随时间变化的遗漏变量，因此回归采用固定效应回归模型研究技术创新、制度创新等因素对实际人均收入的影响，发现经济市场化制度、产权制度、知识生产增长率对实际人均收入有显著正向的影响，对外贸易制度对实际人均收入的影响不显著，表明对外贸易对经济增长的影响可能需要较长的时间才能转化为真正的产出成果。分东中西部的回归结果表明，经济市场化制度是促进东中西部经济增长的主要动力，除此之外，产业结构合理化能够带来东部地区经济的快速发展。中部地区人口众多，制造业发展较快，相比较而言，第三产业对经济的拉动作用有限。知识生产增长率的变化对东中西部的影响不显著，这可能是因为技术创新投资周期相对较长，难以在短期内看到知识产出带来的溢出效应，并且研发的过程需要大量的人力、物力、财力的支持，经济的增长是不断积累的结果，因此知识生产增长率的变化难以在短期内促进经济发展水平的提高。为了更好地体现经济增长的持久性变化，我们用实际人均收入增长率替代实际人均收入作为模型的被解释变量，将专利申请受理量作为知识生产代理变量进行回归发现，经济市场化制度、对外贸易制度和产权制度对经济增长的影响显著，其中经济市场化制度、产权制度对实际人均收入增长率的影响显著为负，这一结果表明它们对经济增长率的影响增速放缓，不能表示经济增长为负或者经济增长量没有发生变化。为了考察知识生产总量的变化对经济增长的影响，将专利申请受理量与课题总数之和作为知识生产的代理变量，回归结果发现总的知识生产增长率、产权制度和对外贸易制度对经济增长的影响显著，负的回归系数依然不能表示经济增长量没有发生变化。最后，为了更好地凸显技术创新和制度创新对经济增长的动态变化过程，将实际人均收入增长率的滞后一期放入模型，用系统 GMM 方法对模型进行回归分析，发现实际人均收入增长率的滞后一期、知识生产增长率以及产权制度的当期值和滞后一期值对经济增长的影响依然显著。总之，技术创新和知识生产是影响经济增长的重要指标，是驱动经济发展的重要力量。

第八章　中国实现双驱动创新增长的道路选择

我国 R&D 支出占 GDP 的比重已经超过了 2% 的临界点，表明我国已经进入创新驱动阶段的前期。但是，在产业、企业和政府层面，我国的创新增长都还存在一定的障碍。为了更好地实现创新驱动，需要深化改革，在科技和制度层面消除创新障碍。

具体来说，我国政府应进一步完善科研投入结构，推进市场化进程，消除地方保护主义，逐步放开部分行政垄断行业，消除行政垄断造成的创新抑制。对于部分产能过剩行业，提高市场集中度，形成有利于企业技术创新的市场结构，将企业塑造成创新的第一主体。推进金融改革，鼓励中小金融机构发展，为企业创新融资。政府应加大对基础研究的资助比重，同时通过促进效应，提高企业创新投入，最终促进经济增长。

党的十八大提出，要发挥市场在资源配置中的决定性作用，保护非公有产权。2017 年 10 月 18 日，习近平在十九大报告中指出要深化供给侧结构性改革，并重申"三去一降一补"的政策主线。这些政策主张符合我国深化改革、实现科技创新和制度创新双驱动的经济增长模式转变的思路。本章以前面章节的理论和实证分析为依据，具体分析我国创新驱动的现状和障碍，最后提出具体的政策建议。

第一节　中国创新驱动增长的现状

自 2012 年起我国经济增长率持续低于 8%，习近平总书记在 2015 年 5 月考察河南的行程中第一次提出"新常态"的概念，意味着中国经济已进入一个与过去三十多年高速增长期不同的新阶段。

研究创新问题的著名学者 M. 波特把经济增长动力分为要素驱动、投资驱动和创新驱动三种类型。过去我国经济发展主要依赖资本投入和资源消耗，这种经济发展方式所形成的隐患日渐突出，要素驱动经济发展的模式也已经走到尽头。随着经济发展水平阶段的演进，影响经济增长的生产要素在发生改变。前工业社会时期，农业、矿业、渔业、林业等以消耗自然资源为主的经济部门是主要的产业部门，土地（自然资源）和廉价劳动力是经济增长的主导要素。工业社会早期，资本、劳动与自然资源是经济增长的主导因素，工业社会则由加工制造业、建筑业等部门构成其经济结构，主要依靠机器大批量生产产品。工业社会中期，经济增长主导要素开始从一般要素转向技术要素。到了后工业社会时期，技术要素是经济增长的主导因素。而R&D是技术进步的基本渠道，是现代主要发达国家和新型工业化国家发展的重要因素。

我国历来重视创新和科技发展。2006年，我国出台了《国家中长期科学和技术发展规划纲要（2006—2020年）》；2012年，为加快推进创新型国家建设，全面落实该规划纲要，充分发挥科技对经济社会发展的引领作用，党中央、国务院印发了《关于深化科技体制改革加快国家创新体系建设的意见》，这是指导我国科技改革发展和创新型国家建设的又一个纲领性文件，标志着我国建设创新型国家的进程进入一个新的历史节点；十八届三中全会通过了重要决定，要加快转变经济发展方式，加快建设创新型国家。

现阶段我国只能走创新驱动经济增长的道路。第一，我国现有的资源容量，尤其是能源和土地难以支撑经济的持续增长，必须要寻求经济增长新的驱动力。第二，我国正在推进的工业化伴有严重的环境污染和生态平衡的破坏，必须依靠科技创新发展绿色经济，开发低碳技术、能源清洁化技术，发展循环经济、环保产业。第三，虽然我国的GDP规模很大，但产业结构不合理，转型升级的能力弱，未掌握核心技术和关键技术，许多中国制造的产品处于价值链的低端，缺乏国际竞争力。我们需要依靠科技和制度创新，发展处于世界前沿的新兴产业，占领世界科技的制高点，提高产业的国际竞争力。因而，粗放式经济增长方式已不能维持持续的经济增长，从封闭经济到开放经济的转变，也要求我们适应国际规则，知识经济的到来也要求发展中国家提前进入创新驱动的经济发展模式。

20世纪70年代末，我国粗放型经济增长固有的弊端与矛盾经过近三十年的积累，已超出了计划体制所能平衡的范畴，使政府不得不重新审视增长方式与发展战略，并着手调整。改革开放以后，我国的经济发展进入了新的历史时期，经济总体上处于快速增长时期。在产业结构上，逐步形成"三、二、一"的产业格局，劳动密集型产业比重下降，资金密集型和技术密集型产业比重上升，经济增长方式中集约型因素明显增加。总体而言，我国经济由"粗放型"向"集约型"转变，进入创新驱动发展的过渡阶段。建设创新型国家，促进知识生产，最重要的方式之一就是增加研发投入，提高科技研发效率。

创新产出的主要投入是R&D经费和R&D人员。一般认为，R&D活动的规模和投入的强度反映一国的科技实力和核心竞争力。随着经济实力的不断提高，我国研发支出水平也不断提高。2015年，我国R&D经费支出14220亿元，比上年增长9.2%，与GDP之比为2.10%，其中基础研究经费671亿元。全年国家安排了3574项科技支撑计划课题、2561项"863"计划课题。截至2015年底，累计建设国家工程研究中心132个、国家工程实验室158个、国家认定企业技术中心1187家。国家新兴产业创投计划累计支持设立206家创业投资企业，资金总规模557亿元，投资创业企业1233家。全年受理境内外专利申请279.9万件，授予专利权171.8万件。截至2015年底，有效专利547.8万件，其中境内有效发明专利87.2万件，每万人口发明专利拥有量6.3件。全年共签订技术合同30.7万项，技术合同成交金额9835亿元，比上年增长14.7%。

但中国R&D的现状仍不乐观。从支出的绝对水平来看，2013年，中国的R&D经费支出达到1912.1亿美元，首次在绝对数量上赶超日本，升至世界第二位。但R&D经费支出占GDP的比重仍明显落后于日本。2015年中国的R&D经费支出总量不足美国的1/3；从R&D经费支出结构来看，中国R&D经费支出偏重试验发展和应用研究，2015年基础研究的经费支出仅占全部R&D经费支出的4.72%，同期美国基础研究的经费支出占全部R&D经费支出的17.5%，韩国和日本的基础研究的经费支出在2010年就已经占全部R&D经费支出的12.7%和18.2%；从R&D人员数量来看，中国从事R&D活动人员的绝对数量远远超过英国、德国、日本、韩国，2015年，我国从事R&D人员数几乎是这四个国家的10倍，但是每万人劳动力拥有的R&D人员数量却不足这些国家的一半；从R&D产出来看，在三方专利数以及每千人R&D人员专利数两个指标上，我国都远远落后于日本。

以上数据事实表明，我国虽然已经成为创新大国，但是创新支出和创新产出与发达国家相比差距仍然较大。R&D 经费支出存在支出水平仍然偏低、支出结构不合理两个严重问题，导致我国创新质量不高，与创新强国还有很远的距离。在新常态下，经济发展要突破瓶颈、解决深层次矛盾和问题，根本出路在于创新，今后我国经济驱动模式应由要素驱动转变为主要依靠知识生产、传播和应用以及制度创新驱动。

从历史统计角度考察，从典型发达国家和新兴工业化国家的发展历程总结，一般认为，R&D 投入强度达到 1% 是一个国家科技起飞的技术性标志之一，达到 2% 是一个国家进入创新驱动阶段的标志。1995 年，我国 R&D 支出占 GDP 的比重为 0.57%，此后一直呈上升趋势，到 2012 年时达到 1.98%，2013 年为 2.01%，超过了 2% 的临界点，2014 年达到 2.05%，2015 年更是达到了 2.1%。随着我国要素驱动型经济发展方式出现明显障碍，我国经济发展已经走到了必须转换到创新驱动模式的"临界点"上。21 世纪以来，我国对创新的重视上升到了前所未有的高度。随着国家加大对研发和创新的投入力度，我国科研能力不断提升，企业自主创新力量不断成长，我国已经进入创新驱动阶段的前期。

第二节　中国创新驱动增长存在的障碍

一　产业层面的问题

产业结构在一定程度上反映了经济发展的阶段和创新的程度。我国的产业结构长期滞后于经济发展阶段，并不合理，具体表现在以下几点。一是三次产业结构比例不合理，第一、二产业比例仍然偏高，第三产业比例明显偏低，我国第三产业的就业比重不仅低于发达国家的平均水平，也大大低于世界中等收入国家的平均水平。二是第二产业中资本、能源、资源密集型的重化工的产业特征明显，高技术产业比重偏低，整体上仍未摆脱高投入、高消耗、高污染、低产出的粗放经营方式。三是装备制造业大而不强，创新能力差，产品竞争力弱，大量的先进装备和高附加值的关键材料仍主要依靠进口。整体上看，我国企业规模小，产业集中度低，竞争力不强，产品品种、质量和档次还不能完全适应市场需求。四是服务业内部结构不合理，现代服务业发展明显落后。商贸、餐饮、交通运输等传统服务业占比较高，信息服务业比重严重偏低。

二 企业层面的问题

我国实行的渐进性改革的路径从总体上是比较成功的，但并没有使企业完全走上促进技术创新之路，创新不足的状态依然存在，具体表现在以下几方面。

1. 企业制度改革并没有提供技术创新的足够激励

改革开放之后，在市场化进程中，政府放权让利，但是并没有形成促使企业进行技术创新的充分条件，市场化进程的不完善也使企业长期置身于不思创新的无效制度安排之中。原因在于以下两点。第一，企业的寻租机会很多。在改革过程中，政府依然保留了部分管理和制约企业的权力，企业可以争取通过政府补贴、税收减免等各种方式获取资金，而且可以利用转型期制度的漏洞进行投机，从而削弱了企业进行创新的动力。第二，知识产权保护的不力和制度的不完善增加了企业创新的成本，减少了收益。创新的外部性特征导致创新的成本由企业自身承担，而创新的收益则因被模仿、被假冒而被其他企业享有，从而导致企业的创新动力不强。

2. 大多数企业的创新动力或者创新渠道不足

国有企业，特别是中央企业，有足够的获利渠道，所以没有太强烈的意愿投入研发来获取竞争优势，而且国有企业的创新效率（我们可以使用许多指标来衡量创新效率，如新产品收入/主营业务收入指标）比较低。多数国有企业的主要利润借助于行政力量和垄断获得，而不是通过创新。行政垄断保护下的国有企业在获得了大量垄断利润的同时，却严重地阻碍了我国企业技术创新水平的提升。虽然有相当一部分国有企业重视技术创新，但在激烈竞争的行业，由于技术创新的效率不高，大部分国有企业还是缺乏足够的赢利能力。民营企业的创新效率最高，但是创新强度很小，说明民营企业创新受到的制约很大。企业创新还受到巨大的融资约束。我国企业的 R&D 投入主要来源于自身现金流、注册资本增加以及商业信用，银行贷款并没有成为我国企业 R&D 投入的主要融资渠道，并且在集体和私人所有性质的民营企业中，融资约束对企业 R&D 投入还可能呈现抑制作用。

三 政府层面的问题

1. 与典型的发达国家相比，我国政府的基础研究资助比例明显偏低

从经济理论看，我们应区分基础研究与专业研究。按照经济理论，在市场经济中，专业知识研究出资的主体应该是企业，而基础知识研究出资的主体是政府。自 2000 年至 2015 年，我国 R&D 支出占 GDP 的比重一直在提高，从 0.9% 增加到 2.1%，但是基础研究资助占 GDP 的比重却始终低于 0.1%，没有明显增长。这说明，我国政府的基础研究资助比例明显偏低。而且，与经济合作与发展组织的数据进行比较，发现我国政府的基础研究资助比例明显低于美国和其他典型的发达国家。基础研究瓶颈已经越来越突出，要提高我国高科技的发展水平，必须实质性增加政府对基础研究的资助，保障科研机构对资助资金的使用效率。

2. 科技体制的改革没有给企业创新注入足够的科技资源

改革开放以来，科技体制改革在一定程度上提高了科研机构和科技人员进行科研活动的动力，但是科研成果的产业化渠道并不畅通。高校和科研院所的研究成果转化比例过低，从而降低了创新的经济效率，导致了创新不足。

第三节 实现中国创新驱动增长的建议

根据上文的分析，我们分三个方面，即提高知识生产效率、发挥科技创新对经济增长的作用、发挥制度创新对经济增长的作用，提出具体的政策建议。

一 提高知识生产效率的政策建议

我国非常重视创新和知识生产，近几年来不断增加对 R&D 活动的经费投入，我国已经在许多领域获得重大突破，实现了跨越式发展，但总体上来讲，我国创新能力与发达国家相比仍然存在较大的差距，自主创新水平不高仍然是不争的事实。根据以上结论并结合我国创新活动现状，

从以下几个方面提出提高我国知识生产效率和创新能力的相关建议。

1. R&D 经费方面

1）重视应用研究和试验发展经费支出

由对省级数据面板回归的分析和对要素贡献度的分析可知，在知识生产函数中应用研究和试验发展经费支出的弹性系数比基础研究经费支出的弹性系数大，应用研究和试验发展经费支出的要素贡献率也高于基础研究经费支出的要素贡献率。这说明我国当前阶段应用研究和试验发展经费对知识生产的作用更大。因此，一方面政府要增加对高新技术企业研发机构的 R&D 经费的投入，另一方面应当适当增加企业对 R&D 经费的支出比重，使企业逐渐成为应用研究和试验发展活动的重要主体，使企业能根据市场需求并结合自身发展的阶段性需求，灵活自主地安排资金流向，对急需的突破性技术开展研发活动。

2）适当提高基础研究经费的比重

由研发经费支出回报率的分析结论可知，基础研究经费支出的回报率较高，而应用研究和试验发展经费支出的回报率极低，说明对应用研究和试验发展的经费的投资已经达到了饱和状态，应当把研发经费投向更有增长潜力的基础研究领域。因此，在提高 R&D 经费整体投入规模的同时，应当根据我国研发经费支出回报率的现状适当调整 R&D 经费内部支出结构，增加对基础研究经费的投资比重，实现有限资金的合理配置。目前国际上创新型国家的基础研究经费的比重在 15%~20%，而我国统计数据显示，自1991年以来基础研究经费支出的比重始终低于5%。当前我国科学技术迅猛发展，创新活动规模越来越大，我国基础研究经费投入数量已经逐渐不能适应知识生产的需求。特别是近几年我国科技发展虽然取得重大成绩，但是原始创新能力不强，对具有开创性的理论前沿研究不足，具有世界水平的顶尖人才不多，具有开拓性和国际影响力的重大原始创新成果较少。因此，政府应充分发挥主导作用，增加对高校和研究机构的 R&D 经费支出，加大对人才的培养和对 R&D 基础设施的建设。同时政府也要引导企业重视和发展"产－学－研"协同创新模式，把科学技术转化为实际生产力。引导和号召企业与高等院校和研究机构开展合作，从而平衡投资主体之间和两大 R&D 经费之间的关系，促进基础研究蓬勃发展。

3）提高 R&D 经费的利用效率

我国 R&D 经费投入规模逐年增加，但要素贡献度的分析结论表明，我国 R&D 经费支出的回报率水平较低，R&D 资金利用效率不高，创新知识生产实质性进步不大。

根据当前我国 R&D 活动的情况，要提高 R&D 经费的使用效率，可以从以下几个方面入手。第一，要加强对高水平研发人才的培养，提高对优秀科研团队和青年拔尖人才的待遇，继续贯彻实施人才引进战略，充分调动研发工作人员的科研积极性；第二，重视研发创新活动的基础设施建设，注重先进技术设备的引进和更新；第三，加强对 R&D 经费的预算监管，规范 R&D 经费的投资机制，转变当前 R&D 经费"高投资，低回报"的模式。从根本上提高科技质量，使我国的知识生产创新活动由要素驱动转变为创新驱动，实现可持续发展。

2. 提高 R&D 人员的数量和质量

R&D 人员作为研发活动的人力资本，其质量和数量直接关系到研发成果效益的高低，故应培养创新型人才，提高从事基础研究开发人才的素质。我国 R&D 人员的数量不断增加，但是存在着 R&D 人员专业程度不够以及冗员较多的状况。针对当前我国创新成果的现状，国家应继续加大在教育方面的投资，一方面应落实好九年义务教育的政策，提升国民整体素质，使 R&D 活动后继有人；另一方面应重视高等教育，高等院校是培养创新人才的直接场所，要激发高校学生课题申请的热情，鼓励他们参与研发活动。同时各科研机构也要积极引进人才，使 R&D 人员和研发活动专业化，促进 R&D 人员的分工不断细化，提高 R&D 人员的工作效率。高等院校承接着国家众多科研项目，要通过增加知识生产，实现技术创新、管理创新的突破，生产出高质量的科研成果，培养高素质的研究人才。但是高等院校只负责知识创新和技术创新，并不直接负责知识的转化。针对这种状况，国家要继续推行产学研相结合的技术创新方式，促使知识向成果转化，提高相关产品的竞争优势，进而促进产业发展。

3. 注重引进外来技术，提升自主创新能力

以上分析表明，外商直接投资对我国知识生产起到正向推动作用。改革开放四十多年来，我国吸引大量外商直接投资，坚持引进国外先进

技术，在一段时期内实现了科学技术的跨越式发展，带动了国内知识生产的增长。但从上述实证分析中可以看出，我国内部的知识存量对知识生产的影响更大，因此在通过外资引进先进技术的同时，应当更加注重提升我国的自主创新、原始创新的能力。目前我国技术引进外资已经达到空前的水平，而自主研发能力不足，针对这一状况，可以从以下几个方面提高知识生产能力。

一是要继续贯彻落实引进外来先进技术的战略，特别是要学习和引进国外的核心技术。虽然我国通过外资进行技术引进的总量规模极大，但真正的关键性核心技术比重极小，所以应当适当加大对这些技术引进类外资的优惠力度。

二是加强消化吸收再创新，提高我国自主创新水平。改革开放以来，我国吸引了大批外资企业进入国内市场，换取了大量先进的科学技术成果，内资企业对外来技术的依赖程度不断增加，忽视了自身的创新投资。国内研发一度出现了"引进技术—差距缩小—技术水平停滞—差距拉大—再引进"这样的恶性循环。因此，当前技术引进的关键是要提高"引进—吸收—消化—再创新"的能力，加强自身R&D创新投入，提高自主创新的能力，避免陷入技术水平停滞的困局。

三是要注重R&D创新的持续性和连贯性。实证分析表明，R&D创新的累积效应对知识生产的作用非常大，因此要着重解决好R&D研发活动和技术创新的跃迁性问题，实现R&D创新可持续和连续性发展。

4. R&D经费的地区合理布局

我国要合理分配R&D经费，在总体布局上要考虑到各省份之间的合理分配问题，优化R&D经费投资的区域结构，在兼顾效率的前提下，尽可能避免过分集中，实现全国范围内的最佳配置。

首先，我国经济发达的东部地区R&D创新活动较为活跃，特别是浙江和广东正在逐步形成创新型经济产业集聚区。国家要积极引导科技经济集聚区对国家科技发展做出更大贡献，如通过政府对企业，特别是大企业R&D活动的支持，引导企业在技术开发的基础上，逐步增强企业对高科技开发和应用基础研究能力的提升，这不仅增强企业自身创新能力，还为国家提供创新源，实现国家目标和产业目标的互动发展。

其次，部分中西部省份近几年R&D发展迅速，随着"一带一路"

和经济转型政策的实施，中西部省份逐渐形成了具有地方特色的高新技术产业，如新材料、新能源、航空航天和军工业等，具有很大的发展空间，R&D创新研发具有较强的潜力。因此，一些R&D投资项目在大致相同的条件下，可以考虑在有资源条件的中西部优先布点，进一步加大"西部大开发科技行动计划"实施力度，重点支持中西部地区的科研基础设施建设和人才引进。

5. 提升知识产出水平的效率

我国创新经济发展战略的实施，需要进一步发挥企业在创新发展过程中的主体地位，增强市场竞争力，提高生产效率。发挥企业、各科研机构和高等院校在科研创新过程中的主体优势，提高产学研的转化效率，完善社会评价体系，使创新研发的生产成果符合市场需要，使企业生产出更多拥有自主知识产权的产品，形成整个社会创新发展的良好氛围。改进创新知识评价体系，我们不仅要关注高等院校和企事业单位科研课题、论文和专利申请的数量，还要注意提高技术创新所创造的产出效益比，使企业的创新发展链条与社会各方的资金链条能够联动，释放经济创新发展的潜力。知识生产的成果与产出成果之间转化不畅等问题的出现是制约经济发展的主要障碍。从国家层面来说，要加强对研发经费的投资引导，从企业层面来说，应发挥企业在市场竞争中的主体地位，不断增加自主研发方面的经费投资，增强企业活力，注意对外来文化和人才的引进、消化和吸收，形成创新驱动经济发展的良好文化氛围。

二 发挥科技创新对经济增长的作用的政策建议

我国经济发展进入新常态，为促进我国经济的协同发展，我们要将发展的动力由要素投入驱动转向创新驱动。这一目标的实现，不仅需要政府政策的积极引导、企业研发经费的大量投入，更需要高等院校科研人员以及广大劳动者积极发挥他们的创造性和积极性，让创新创造的血液在全社会自由流动。近年来，传统的经济增长模式动力逐渐丧失，中国经济到了一个重要的转折期，创新成为中国经济增长的新动力，从前文实证研究的估计结果可以看出，知识生产增长率对经济增长率的回归系数为正并且结果较为显著。根据以上结论和我国知识生产的现状，本部分从以下几个方面提出促进我国知识生产增长进而促进经济发展的相关政策建议。

1. 继续增加R&D经费的总体投入

相比创新发达国家的R&D经费投资总量，我国R&D经费支出水平不高。从经费支出主体来看，我国R&D经费支出主要来源于政府和企业，政府对R&D的投资占主导地位。目前的创新型国家如美国、德国、日本等，其政府对R&D经费的投资曾长期占绝大多数比重，即便企业的经济实力和创新实力都较强，政府和企业双向投资的局面也持续了较长时间。目前我国企业对外来技术的依赖仍然存在，自主投资R&D的动力不足。要想顺利度过产业结构升级、经济发展方式转轨的关键阶段，政府依然要担负起大部分R&D经费支出的重担。尤其是基础研究领域存在成本高、周期长、容易被"搭便车"的状况，大多数企业并不重视对基础研究经费的投资，存在市场失灵的情况。所以应当进一步增加政府的R&D经费的投入，特别是要增加对基础研究经费的投入，充分发挥政府的"杠杆效应"，鼓励和引导社会资本进入，以引导调动企业科技资源配置的能力，这一方面能够改变我国R&D经费长期在低水平徘徊的局面，另一方面能够降低企业投资原始创新的风险，实现国家自主创新的战略目标。

加大研发活动的政策支持力度。加强政府相关的产业政策、金融政策、科技政策、知识产权政策、教育政策等方面的配套设施建设，使各部门机构的相关政策形成合力，形成长期稳定的激励机制，鼓励投资者进行长期投资，加强知识产权方面的保护，充分调动人的积极性和创造性，培养出一批具有创新活力，能够承担风险的人才队伍。打破东中西部经济发展的地方保护主义，使各主要生产要素能够在市场上自由流动。创新创业活动在市场上能够为广大的投资者获取丰厚的利润，但并不是所有的创新活动都会成功获益，创新活动的参与者要树立风险意识，根据市场要求做好产品研发活动。同时政府也应该制定更为完善的知识产权保护政策，完善社会保障机制，形成以政策促进研发投资的良好经济氛围，使各类创新成果通过自主产业化、转让等方式进入市场，形成新产品、新市场和新的产业形态，满足市场的需要，进一步拉动内需，带动经济增长。高等院校和各地区研究开发机构作为国家创新活动部门，应提升创新成果的质量，加大科研经费的投资监管力度，确保资金都用到真正的研发活动之中，完善国家相关重要课题的审批事项。

2. 继续加大人力资本及物质资本投资

根据回归结果发现，物质资本增长率的回归系数大于知识生产增长率的系数，人力资本增长率对经济增长的影响显著为负。物质资本投资在我国经济增长过程中仍然处于引领地位，人力资本投资动力不足，但是为促进经济的转型升级，投资领域需要更加明确。我国在关系民生的技术设施建设方面的投资较少，因此在关系医疗民生等方面的投资方面，企业需要更加注重在新产品研究开发、技术创新等领域的投资建设。针对人力资本产出效率较低的情况，我们需要重视东中西部各行业人员整体素质的提高，加大对中西部地区高等教育资源以及项目培训的倾斜力度，提高地区间高等院校课题科研成果向产出成果的转化效率。当前中国仍然处于工业化的中后期，重化工业当前面临产能过剩、附加值低的问题，为促使经济状况的好转，企业需要不断加强技术创新和产品创新，提升产品的知名度和市场竞争力，增加各领域对研究开发的支持力度。同时国家要努力营造创新驱动经济发展的良好文化氛围，完善知识产权和创新成果等方面的制度和法律保护，提高创新活动投入回报率。通过专利申请绿色通道、企业研发经费绿色贷款或者给予高校和科研机构更多的科研成果转化奖励等方式为社会创新提供各种便利，促进国家经济结构的转型，通过知识产出成果带动经济的发展。

3. 调结构，促创新

1）结合区域发展差异，推动区域协调发展

中国的各个区域由于其社会因素、地理因素和历史原因等，发展状况存在较大差异。通过以上分析可以看出，同样的制度变迁在不同区域对经济增长的影响有很大差别。东部地区发展较早，开放程度较高，近年来对外贸易对经济增长的贡献度明显降低，因此可以通过进一步扩大东部地区的开放度和提高其开放层次，使对外贸易继续发挥对经济增长的推动作用。东部地区对外贸易的好转，也会对中部地区起到带动作用。西部地区可以进一步深化产权改革，完善经济市场化制度，同时，要更好地实施招商引资工作，做好基础设施建设，吸引外商投资，更多地参与到对外贸易中去。只有结合区域发展的差异和地区优势，才能更好地推动区域协调发展，为经济增长提供更强的动力。

前文的实证回归结果表明,知识生产增长率对经济增长率的影响为正且较为显著,短期内来说物质资本投资对我国东中西部经济发展有正向的显著影响,从全国整体面板回归的结果来看,知识生产成果对企业乃至整个经济体的影响也不容忽视。东西部地区知识生产增长率的回归系数为正,中部地区知识生产的影响有限。过去40多年,我国东中西部的经济发展实际上是一个不断巩固改革成果,不断进行知识创新和技术创新的过程。为走出当前我国经济形势所面临的困境,东中西部的相关企业、高等院校需要加强在产品研发等方面的合作,同时激发各区域孵化园科研产品的孵化。在发展制造业的同时,加强技术创新对经济增长的推动作用,促进国家重要行业和领域实现跨越式发展,依靠科技进步实现经济的持续繁荣。支持区域创新生态系统的协调发展,加强知识和数据共享,激发各方力量参与到经济创新发展的大潮当中。同时发挥东部地区高校科研项目人才优势,中部地区政策和人力资源优势,西部地区资源及基础设施建设优势。加强优势矿产资源的开发利用,淘汰落后产业,大力发展地方特色优势产业,支持发展具有高产品附加值的制造业、高新技术产业及其他有优势的产业。提高地区间基础设施建设的公共服务质量,优先发展义务教育和职业教育,提高人们的平均受教育水平。改善中西部地区农村基本卫生条件,增加对科技人员及经费的投入。特别是浙江和广东正在逐步形成创新经济产业集聚区,国家要积极引导科技集聚区域对国家经济增长的贡献,引导企业逐步加强对高技术的开发,促进国家目标和产业目标的实现。中西部地区要利用"一带一路"和经济转型的优势,形成具有地方特色的高新技术产业,重点支持中西部地区科研基础设施建设和人才引进。

2)调整投资结构,适当减少基建投资比重

我国政府在投资结构上应该做到三点改变。第一,改变投资拉动式的经济增长方式,彻底转变粗放型经济增长方式。第二,在固定资产投资结构中,逐步减少对建筑工程类的投入比例,加大对体现技术进步的设备投资。第三,逐步调整政府研发投入的结构,增加基础研究投资。我国在R&D投入占GDP的比重逐年提升的情况下,基础研究占R&D投入的比重却维持低位。而且,我国的基础研究占R&D投入的比重与主要发达国家差距巨大。国家应该是基础研究资金的主要供给者。显然,我国政府应调整科研投入结构,加大对基础研究的支持力度。

三 发挥制度创新对经济增长的作用的政策建议

自1978年至今,中国经济一直持续较快增长,经济发展取得巨大成就,其中经济制度变迁对中国经济增长具有重要推动作用,但是,在这一过程中也出现了比较突出的问题。近年来,国际金融市场波动加剧,地区和全球性挑战不断出现,国内结构性问题突出、风险加大、经济下行压力越来越大,同时,改革进入攻坚期,利益关系发生深刻调整,影响社会稳定的因素不断增多。在这种情况下,保持经济增长,并获得高质量的增长尤为重要。通过前面的分析,结合中国经济发展的现状,对促进中国经济增长提出以下政策建议。

1. 不断促进产权多元化,并有效保护产权

单一的产权使整个社会固化,社会缺乏活力。而促进产权多元化,并保护产权,可以让每一个人都有平等的机会参与市场活动并获取收益,能够大大提高人们生产的积极性,创造更多社会财富,从而促进经济增长。因此,在现阶段,我们更要注重产权的多元化,鼓励私营企业投资,鼓励人们创新、创业。并且,政府要像对待国有企业一样对待私营企业投资,为它们提供审批、贷款上的便利,并给予技术、咨询等服务上的支持,依法对企业、个人的财产提供有效保护,尤其是要尊重知识产权,对知识产权给予重要保护。这样,人们就可以放心、积极地投入经济活动中,有产权的保护和竞争的存在,国有经济和非国有经济都会快速发展,从而持续推动经济增长。

2. 完善经济市场化制度,提高市场化程度

完善经济市场化制度对提高市场化程度、保持经济市场有效运行具有重要作用。因此,在现阶段,需要规范和促进现代市场体系的建立,提高市场化程度,促进要素的自由流动,提高资源配置效率。要进一步规范商品市场和生产要素市场,促进商品、金融、技术、信息、劳动力和房地产市场的发展,鼓励建立多层次的社会保障体系和社会信用制度,让市场真正能够在资源配置中起决定性作用,提高经济组织效率,促进经济高效率、高质量增长。

具体来说,应该在以下几个方面完善经济市场化制度。

1) 应进一步推进市场化进程，消除地方保护主义，形成有利于企业技术创新的市场结构

按照既有的理论成果和我们之前的分析结论，处于垄断竞争型和完全竞争型之间且不断运动的动态竞争型市场结构最有利于技术创新活动开展。应在深化改革的过程中，打破地方保护主义，消除行政垄断，加快建立全国性的统一、开放的市场体系进而建立这种能充分发挥竞争活力的市场结构。与此同时，为了提高竞争的效率和更有效地激励企业技术创新，必须采取措施使动态竞争的配套措施不断完善。例如，通过健全法律法规，避免行政权力导致市场竞争扭曲和不正当竞争行为对市场造成危害的情况发生；通过建立健全竞争法律体系和法律服务系统，加强执法普法，形成良好的法律环境，依靠法律规范竞争行为，逐步建立起效率竞争制度。

2) 加大力度放开生产要素市场，减少企业对要素寻租的投机行为

研究表明，在要素市场扭曲程度越深的地区，要素市场扭曲对中国企业研发投入的抑制效应就越大。要素市场扭曲对不同特征企业研发投入的抑制效应存在显著差异，要素市场扭曲所带来的寻租机会可能会减少或抑制企业研发投入。应全面加快和推进要素市场的市场化改革进程，消除要素市场对我国企业自主创新动力的扭曲。

3) 逐步放开部分行政垄断行业，消除行政垄断造成的创新抑制

垄断和市场体系的不完善导致了企业竞争机制不健全。我国特有的国情和发展历程造成过多的行政垄断问题，如目前行政分割导致的市场垄断，资源分配中存在的资源垄断，资金供给中存在的金融垄断，人才管理上存在的人才垄断等。这些行为具有超经济的强制性、低水平的原始性和分布领域的广泛性，使竞争对手难以对企业产生有效威胁，从而企业缺乏进行重大技术创新的动力。

行政垄断的独特存在，使得《中华人民共和国反垄断法》在实际反垄断执法时作用非常有限。特别地，国有企业特有的产权性质导致企业与主管部门的隶属关系无法切断，国有企业与政府的关联实质存在，体现在国有企业靠政府权力维持自己的市场地位，政府靠国有企业来实现本地区和本部门的利益。按照行政权力边界形成的地方保护主义使许多部门和行业由独家经营，而且在地区之间形成相互封锁的局面。这不仅

对其他企业进入市场造成障碍，破坏了公平竞争的环境，而且排斥了有效率的竞争，企业通过技术创新、提高经济效益来夺取竞争胜利的动因难以得到保证。要改变这一状况，首先要降低企业进入和退出市场的壁垒，现有市场结构会随着新企业的进入发生改变从而促进竞争，同时也迫使企业培养较高的创新力。其次要提高市场化建设的速度，消除行政垄断，为企业竞争创造良性环境。通过外在的竞争压力对企业施压，使其致力于技术创新机制的完善，从而加快技术创新进程，提高创新水平和企业绩效。

4）推进金融改革，鼓励中小金融机构发展

国家应在金融行业倡导混合所有制，鼓励民营资本进入金融行业。加快推进科技支行、科技保险支公司、科技小额贷款公司等专营机构的建设，制定科技金融特色机构认定标准，落实相关财税扶持政策。鼓励各地设立科技型中小企业贷款风险补偿资金池，逐步实现市县全覆盖。深入推进国家科技和金融结合试点省建设，开展省级科技金融合作创新示范区、科技金融服务中心、科技企业信用示范区创建，支持有条件的地区率先建成区域性科技金融中心。大力发展文化金融，支持文化产权交易场所创新平台建设。积极发展以文化金融为特色的专营金融机构和新型金融市场主体，鼓励金融机构开展商标权、专利权、著作权等质押贷款、融资租赁业务。

5）对于部分行业，提高市场集中度

与垄断不同，我国市场结构中部分行业普遍存在集中度障碍和规模经济障碍，这些集中度过低的生产、分散过度的竞争又使竞争缺乏效率。我国现阶段大多数的农业、部分制造业和服务业是需要巨额资金进行科技创新的行业，但有许多分散的企业，生产不够集中，仍然使用初级的竞争方式，缺乏创新的方法。多数企业在提高竞争力时首先是考虑降低产品价格，其次才是使用新技术、开发新产品，这种情况降低了市场的透明度，在客观上滋生了不正当竞争的行为，既不利于实现创新资源的优化配置，也无法有效推动技术创新。应鼓励部分行业集中生产，从而形成有创新能力的企业。在这些行业，应逐步扩大企业规模，提高生产集中度，改变现有的"大而全、小而全""散、乱、差"的产业组织状况，维持适宜的市场集中度，减少以至消除分散的低水平竞争，形成企业有效参与市场竞争所需要的市场结构。

3. 继续扩大对外贸易，不断提高开放水平

由于世界经济持续低迷，加之部分国家贸易保护主义抬头，我国对外贸易近年来受到了很大影响。在这种情况下，不能只看到危机，更要从中看到机遇。国外市场虽然总体需求萎靡，但对于高质量、高科技的创新产品仍然有着很大的需求量，这就需要我们不断进行产品创新，提升产品质量，以产品拉动需求，这也有利于我国企业的创新和转型。同时，在当前的情况下，我国经济依然保持着中高速增长，对国外的技术、资本和人才仍然有很大的吸引力，所以更要继续扩大贸易，并不断提高开放水平，引进国外资本和先进技术，促进我国经济更高质量发展。党的十八大、十九大都坚定了进一步扩大对外开放的方针，在扩大开放的大方向下，我们需要明确开放的具体举措和步骤，将扩大开放落在实处。

4. 创造有利于创新的文化环境

全社会的文化创新氛围在很大程度上会影响到我国知识生产水平和创新水平的提高，所以从宏观角度出发，国家要营造鼓励创新的社会文化氛围。首先，必须要完善知识产权的相关法律，加大对创新成果的保护力度，使创新活动得到必要的物质和精神回报。其次，为创新提供便利的社会服务，如专利申请绿色通道、企业研发经费贷款绿色通道，给予创新企业和研发机构税收优惠政策，完善知识产权保护法制，减少企业知识产权维权的成本。

要让企业以第一主体参与技术创新。技术创新活动是一系列创新要素围绕创新目标的协同和整合过程，会有许多作用和地位明显不同的主体参与这个过程，但是只有企业才是技术创新的第一主体。

除有关市场失灵的基础技术研究需要政府统筹之外，其他研究活动的技术创新应当由追求利润最大化的企业来完成。技术创新作为一种包括确认机会、构思设计、实验试制、发展完善的技术经济活动，需要众多要素满足条件才能顺利完成技术创新，其中最重要的是技术、人才、资金三大基本要素的支持。与此同时，技术创新又是高投入与高风险并存的活动，因此需要满足较高要求的社会经济组织才能开展，故这种社会经济组织应同时兼具技术能力和经济实力，并以赢利性为目标。在市场经济中，只有企业满足所提到的要求。

我国的企业改革虽然已经进行了很长时间，但是目前仍有不少企业存在体制陈旧的问题，产权明晰、职责明确的现代企业制度并未真正建立。众多国有企业仍普遍存在产权不明、政企不分的状况，已改制的不少企业中国家股"一股独大"的状况也常有发生，企业法人和非公有产权的独立责任和独立利益区分不清，使企业技术创新的利益驱动力和风险意识大为减弱，致使许多企业在激烈的市场竞争中不能主动依靠技术创新渡过难关。由于我国现行的企业产权制度、企业经营管理者的任用制度的特点，多数企业在实现目标时都尽可能从事滞后期较短的活动，而不会主动去追求滞后期较长的技术创新活动。仍然有许多企业，特别是国有企业在技术创新活动中，既没有成为利益分配主体，也没有成为风险、投资、决策和开发的主体。因此，必须对国有经济进行战略性调整，深化国有企业改革，建立现代企业制度，割断企业与上级主管部门的直接隶属关系，使企业成为能独立参与竞争的市场主体。我国应该进一步推进"混合所有制"改革，明确"混合所有制"改革的细则，建立能够激发企业创新动力的企业制度。

参考文献

中文文献

[1] 白俊红：《中国的政府 R&D 资助有效吗？——来自大中型工业企业的经验证据》，《经济学》（季刊）2011 年第 4 期，第 1375~1400 页。

[2] 白俊红、江可申、李婧：《中国地区研发创新的相对效率与全要素生产率增长分解》，《数量经济技术经济研究》2009 年第 3 期，第 139~151 页。

[3] 白重恩、张琼：《中国的资本回报率及其影响因素分析》，《世界经济》2014 年第 10 期，第 3~30 页。

[4] 保罗·扎克：《产权与增长》，《经济研究》1995 年第 323 卷第 3 期，第 3~13 页。

[5] 蔡昉：《中国经济增长如何转向全要素生产率驱动型》，《中国社会科学》2013 年第 1 期，第 56~71+206 页。

[6] 蔡昉、王德文：《中国经济增长可持续性与劳动共享》，《经济研究》1999 年第 10 期，第 62~67 页。

[7] 曹新：《经济制度与经济增长》，《学习与探索》2000 年第 5 期，第 8~12 页。

[8] 柴斌锋：《中国民营上市公司 R&D 投资与资本结构、规模之间关系的实证研究》，《科学学与科学技术管理》2011 年第 1 期，第 40~47 页。

[9] 陈国宏、邵赟：《技术引进与我国工业技术进步关系研究》，《科研管理》2001 年第 3 期，第 35~42 页。

[10] 陈小红：《技术创新促进经济增长的动力研究》，《技术经济与管理研究》2011 年第 6 期，第 62~65 页。

[11] 陈小红、董理：《促进区域经济增长的模式及技术创新的源动力研究》，《科学管理研究》2010 年第 6 期，第 16~19 页。

[12] 崔鑫生：《专利表征的技术进步与经济增长的关系文献综述》，《北京工商大学学报》（社会科学版）2008年第1期，第126~130页。

[13] 戴维·罗默：《高级宏观经济学》，王根蓓译，上海财经大学出版社，2009。

[14] 戴维·皮尔斯：《现代经济学辞典》，宋承先、寿进文等译，上海译文出版社，1988。

[15] 丹尼尔·贝尔：《后工业社会的来临——对社会预测的一项探索》，高铦等译，新华出版社，1997。

[16] 道格拉斯·诺思：《经济史中的结构与变迁》，上海三联书店，1994。

[17] 道格拉斯·诺思：《制度、制度变迁与经济绩效》，杭行译，上海人民出版社，2008。

[18] 道格拉斯·诺思、罗伯斯·托马斯：《西方世界的兴起》，厉以平、彩磊译，华夏出版社，1999。

[19] 邓进：《中国高新技术产业研发资本存量和研发产出效率》，《南方经济》2007年第8期，第56~64页。

[20] 杜伟：《人力资本、R&D投资对中国省域技术效率的影响研究》，《中国科技论坛》2013年第6期，第128~134页。

[21] 杜修立：《开放条件下中国经济增长模式的实证研究》，社会科学文献出版社，2015。

[22] 段龙龙：《人力资本存量、R&D投资与中国工业增长转型》，《科学决策》2012年第3期，第44~60页。

[23] 凡勃伦：《有闲阶级论》，蔡受百译，商务印书馆，1964。

[24] 樊纲：《中国市场化指数：各地区市场化相对进程2011年报告》，经济科学出版社，2011。

[25] 樊纲、王小鲁：《中国各地区市场化相对进程报告》，《经济研究》2003年第3期，第9~18页。

[26] 樊纲、王小鲁、马光荣：《中国市场化进程对经济增长的贡献》，《经济研究》2011年第9期，第4~16页。

[27] 方书生：《近代中国的经济增长——基于长江三角洲地区的验证》，《上海经济研究》2012年第9期，第118~126页。

[28] 冯根福、刘军虎、徐志霖：《中国工业部门研发效率及其影响因素

实证分析》，《中国工业经济》2006年第11期，第46~51页。

[29] 冯彦明：《中国经济发展的经验与引擎研究》，《区域经济评论》2019年第1期，第57~68页。

[30] 付强、乔岳：《政府竞争如何促进了中国经济快速增长——市场分割与经济增长关系再探讨》，《世界经济》2011年第7期，第43~63页。

[31] 傅晓霞、吴利学：《制度变迁对中国经济增长贡献的实证分析》，《南开经济研究》2002年第4期，第70~75页。

[32] 傅晓霞、吴利学：《制度变迁对中国经济增长贡献的实证分析》，《内蒙古财经学院学报》2003年第1期，第7~14页。

[33] 龚刚、黄春媛、张前程：《从技术引进走向自主研发——论新阶段下的中国经济增长方式》，《经济学动态》2013年第5期，第16~26页。

[34] 龚六堂、谢丹阳：《我国省份之间的要素流动和边际生产率的差异分析》，《经济研究》2004年第1期，第45~53页。

[35] 龚六堂、严成樑：《我国经济增长从投资驱动向创新驱动转型的政策选择》，《中国高校社会科学》2014年第2期，第102~113+159页。

[36] 郭苏文、黄汉民：《中国地区经济增长不平衡的制度质量解释》，《统计与决策》2012年第2期，第121~123页。

[37] 国家统计局：《2013年中国科技统计年鉴》，中国统计出版社，2003。

[38] 国彦兵：《新制度经济学》，立信会计出版社，2006。

[39] 何自力：《比较制度经济学》，南开大学出版社，2003。

[40] 洪银兴：《论创新驱动经济发展战略》，《经济学家》2013年第1期，第5~13页。

[41] 胡鞍钢：《从人口大国到人力资本大国：1980-2000年》，《中国人口科学》2002年第5期，第1~10页。

[42] 胡晓珍：《制度创新作用于经济增长的途径及其量化研究》，硕士学位论文，华中科技大学，2010。

[43] 胡永泰、海闻、金毅彪等：《中国企业改革究竟获得了多大成功》，《经济研究》1994年第6期，第20~32页。

[44] 黄苹：《R&D投资结构增长效应及最优基础研究强度》，《科研管

理》2013年第8期，第53~57页。

[45] 黄少安：《制度变迁主体角色转换假说及其对中国制度变革的解释——兼评杨瑞龙的"中间扩散型假说"和"三阶段论"》，《经济研究》1999年第1期，第68~74+81页。

[46] 黄少安、孙圣民、宫明波：《中国土地产权制度对农业经济增长的影响——对1949—1978年中国大陆农业生产效率的实证分析》，《中国社会科学》2005年第4期，第38~47页。

[47] 黄阵：《中国经济增长区域差异的制度分析》，《经济地理》2013年第1期，第35~40页。

[48] 蒋殿春、王晓娆：《中国R&D结构对生产率影响的比较分析》，《南开经济研究》2015年第2期，第59~73页。

[49] 姜海林、申登明：《制度变迁对云南经济增长影响的实证分析》，《云南财经大学学报》2013年第4期，第1~5页。

[50] 姜照华：《知识进展、制度创新与经济增长理论》，《科学学与科学技术管理》2003年第11期，第46~48页。

[51] 金菊平、王宏昌、顾杰：《中国工业企业的生产率》，《数量经济技术经济研究》1990年第2期，第3~12页。

[52] 金玮：《西部制度变迁对经济增长的贡献研究》，硕士学位论文，西北大学，2008。

[53] 金祥荣、余冬筠：《创新效率、产业特征与区域经济增长》，《浙江大学学报》（人文社会科学版）2010年第5期，第116~125页。

[54] 金雪军、欧朝敏、李杨：《全要素生产率、技术引进与R&D投入》，《科学学研究》2006年第5期，第702~705页。

[55] 金玉国：《宏观制度变迁对转型时期中国经济增长的贡献》，《财经科学》2001年第2期，第24~28页。

[56] 经济合作与发展组织：《弗拉斯卡蒂手册》，科学技术文献出版社，2010。

[57] 库姆斯、萨维奥蒂、沃尔什：《经济学与技术进步》，商务印书馆，1989。

[58] 李珊：《我国对外开放程度的度量与比较》，《经济研究》1998年第1期，第28~31页。

[59] 李光泗、沈坤荣：《中国技术引进、自主研发与创新绩效研究》，《财经研究》2011年第11期，第39~49页。

[60] 李嘉图：《政治经济学及赋税原理》，周洁译，华夏出版社，2005。

[61] 李建民：《人力资本通论》，上海三联书店，1999。

[62] 李京文：《生产率与中美日经济增长研究》，中国社会科学出版社，1993。

[63] 李京文、龚飞鸿、明安书：《生产率与中国经济增长》，《数量经济技术经济研究》1996年第12期，第27~40页。

[64] 李强、魏巍：《制度变迁对中国经济增长质量的非线性效应分析》，《经济与管理研究》2015年第12期，第3~10页。

[65] 李实：《最低工资人群与最低工资政策》，"CMRC中国经济观察"第25次报告会，中国北京，2011年4月，第3~11页。

[66] 李习保：《区域创新环境对创新活动效率影响的实证研究》，《数量经济技术经济研究》2007年第8期，第13~24页。

[67] 李小平、朱钟棣：《国际贸易、R&D溢出和生产率增长》，《经济研究》2006年第2期，第31~43页。

[68] 李玉虎：《经济发展与法律制度变迁研究——以中国经济改革与法律发展为视角》，中国检察出版社，2009。

[69] 林叶、孙伟化：《中国经济增长论》，黑龙江人民出版社，1992。

[70] 林毅夫：《关于制度变迁的经济学理论：诱致性变迁与强制性变迁》，转引自科斯《财产权利与制度变迁——产权学派与新制度学派译文集》，上海人民出版社，2003，第371页。

[71] 林毅夫：《制度技术与中国农业发展（第一版）》，上海三联书店，1994。

[72] 林毅夫、任若恩：《关于东亚经济增长模式争论的再探讨》，北大CCER工作论文，2006。

[73] 刘文革、高伟、张苏：《制度变迁的度量与中国经济增长》，《经济学家》2008年第6期，第48~55页。

[74] 刘小玄、郑京海：《国有企业效率的决定因素：1985~1994》，《经济研究》1998年第1期，第39~48页。

[75] 刘友金：《全面的企业创新与煤炭企业集约经营》，《煤炭经济研

究》1998 年第 9 期，第 41 页。

[76] 卢现祥、朱巧云：《新制度经济学》，北京大学出版社，2014。

[77] 卢中原、胡鞍钢：《市场化改革对我国经济运行的影响》，《经济研究》1993 年第 12 期，第 49~55 页。

[78] 罗志红、朱青：《物质资本、人力资本对经济增长的影响分析——基于地区差异的比较》，《技术经济与管理研究》2016 年第 5 期，第 21~25 页。

[79] 马克思：《资本论》（第 1 卷），人民出版社，1975。

[80] 马克思、恩格斯：《马克思恩格斯全集》（第 46 卷下），人民出版社，1972。

[81] 曼库尔·奥尔森：《为什么有的国家穷有的国家富?》，转引自吴敬琏《比较》第 7 辑，中信出版社，2003，第 34~35 页。

[82] 毛伟、蒋岳祥：《技术创新、产业结构与经济增长——一个两部门索洛增长模型》，《社会科学战线》2013 年第 9 期，第 53~60 页。

[83] 缪因知：《法律与证券市场关系研究的一项进路——LLSV 理论及其批判》，《北方法学》2010 年第 1 期，第 144~154 页。

[84] 倪鹏飞、白晶、杨旭：《城市创新系统的关键因素及其影响机制——基于全球 436 个城市数据的结构化方程模型》，《中国工业经济》2011 年第 2 期，第 16~25 页。

[85] 潘文卿、李子奈、刘强：《中国产业间的技术溢出效应：基于 35 个工业部门的经验研究》，《经济研究》2011 年第 7 期，第 18~29 页。

[86] 潘向东、廖进中、赖明勇：《经济制度安排、国际贸易与经济增长影响机理的经验研究》，《经济研究》2005 年第 11 期，第 57~67 页。

[87] 戚汝庆：《技术进步促进经济增长的作用机制分析》，《山东师范大学学报》（人文社会科学版）2007 年第 1 期，第 146~149 页。

[88] 钱雪亚、刘杰：《中国人力资本水平实证研究》，《统计研究》2004 年第 3 期，第 39~45 页。

[89] 青木昌彦：《比较制度分析》，周黎安译，上海远东出版社，2001。

[90] 饶旻、杨永华：《我国 R&D 投资效率分析》，《中国物价》2013 年

第 4 期，第 51~53 页。

[91] 任义君：《科技创新能力与区域经济增长的典型相关分析》，《学术交流》2008 年第 4 期，第 95~97 页。

[92] 沙文兵、李桂香：《FDI 知识溢出、自主 R&D 投入与内资高技术企业创新能力——基于中国高技术产业分行业动态面板数据模型的检验》，《世界经济研究》2011 年第 5 期，第 51~56+88 页。

[93] 单豪杰：《中国资本存量 K 的再估算：1952-2006》，《数量经济技术经济研究》2008 年第 10 期，第 17~31 页。

[94] 沈坤荣：《1978—1997 年中国经济增长因素的实证分析》，《经济科学》1999 年第 4 期，第 14~24 页。

[95] 沈坤荣：《新增长理论与中国经济增长》，南京大学出版社，2003。

[96] 沈坤荣：《中国综合要素生产率的计量分析与评价》，《数量经济技术经济研究》1997 年第 11 期，第 53~56 页。

[97] 沈利生、朱运法：《人力资本与经济增长分析》，社会科学文献出版社，1999。

[98] 盛洪：《制度变革、经济发展和宏观经济变动》，《经济研究》1991 年第 12 期，第 22~32 页。

[99] 斯通曼：《技术变革的经济分析》，机械工业出版社，1989。

[100] 孙敬水：《TFP 增长率的测定与分解》，《数量经济技术经济研究》1996 年第 9 期，第 48~50 页。

[101] 孙敬水、董亚娟：《人力资本、物质资本与经济增长》，《山西财经大学学报》2007 年第 4 期，第 14~18 页。

[102] 孙琳琳、任若恩：《中国资本投入和全要素生产率的估算》，《世界经济》2005 年第 12 期，第 3~13 页。

[103] 孙晓华、辛梦依：《R&D 投资越多越好吗？——基于中国工业部门面板数据的门限回归分析》，《科学学研究》2013 年第 3 期，第 377~385 页。

[104] 孙早、刘李华、孙亚政：《市场化程度、地方保护主义与 R&D 的溢出效应——来自中国工业的经验证据》，《管理世界》2014 年第 8 期，第 78~89 页。

[105] 谭姝、马苏：《人力资本与中国经济增长的关系探悉》，《财经问

题研究》2008 年第 2 期，第 51~55 页。

[106] 唐未兵、傅元海、王展祥：《技术创新、技术引进与经济增长方式转变》，《经济研究》2014 年第 7 期，第 31~43 页。

[107] 田睿、李梦瑶：《浅谈人力资本对我国经济增长的影响》，《商业文化》（学术版）2007 年第 12 期，第 2 页。

[108] 王伯鲁：《产业技术结构分析》，《经济问题》2000 年第 7 期，第 9~11 页。

[109] 王聪：《物质资本、人力资本与经济增长的动态关系研究》，《山东财政学院学报》2011 年第 5 期，第 80~89 页。

[110] 王海鹏、田澎、靳萍：《中国科技投入与经济增长的 Granger 因果关系分析》，《系统工程》2005 年第 7 期，第 85~88 页。

[111] 王家赠：《教育对中国经济增长的影响分析》，《上海经济研究》2002 年第 3 期，第 10~17+31 页。

[112] 王建、李思慧：《研发经费异质性、创新能力与科技金融政策》，《世界经济与政治论坛》2015 年第 4 期，第 160~172 页。

[113] 王金营：《人力资本与经济增长理论与实证》，中国财政经济出版社，2001。

[114] 王俊：《我国制造业 R&D 资本存量的测算（1998－2005）》，《统计研究》2009 年第 26 卷第 4 期，第 13~18 页。

[115] 王荣、杨晓明：《科技进步对我国经济增长贡献的实证研究》，《价格月刊》2007 年第 2 期，第 42~45 页。

[116] 王霄、石庆芳、袁晓玲：《城市广化与城市深化对中国经济增长的影响》，《城市发展研究》2011 年第 9 期，第 10~16 页。

[117] 王小鲁：《中国经济增长的可持续性与制度变革》，《经济研究》2000 年第 7 期，第 3~15+79 页。

[118] 王小鲁、樊纲、余静文：《中国分省份市场化指数报告（2016）》，社会科学文献出版社，2017。

[119] 王小鲁、余静文、樊纲：《中国市场化八年进程报告》，北京大学，2016。

[120] 王岳平、王亚平、王云平：《产业技术升级与产业结构调整关系研究》，《宏观经济研究》2005 年第 5 期，第 32~37 页。

[121] 吴延兵：《R&D 存量、知识函数与生产效率》，《经济学》（季刊）2006a 年第 3 期，第 1129~1156 页。

[122] 吴延兵：《R&D 与生产率——基于中国制造业的实证研究》，《经济研究》2006b 年第 11 期，第 60~71 页。

[123] 吴延兵：《中国工业 R&D 产出弹性测算（1993-2002）》，《经济学》（季刊）2008 年第 3 期，第 869~890 页。

[124] 吴延兵：《中国哪种所有制类型企业最具创新性？》，《世界经济》2012 年第 6 期，第 3~25+28~29+26~27 页。

[125] 吴延兵、李莉：《自主研发和技术引进对经济绩效的影响——基于时间序列的分析》，《社会科学辑刊》2011 年第 4 期，第 104~108 页。

[126] 吴延兵、米增渝：《创新、模仿与企业效率——来自制造业非国有企业的经验证据》，《中国社会科学》2011 年第 4 期，第 77~94+222 页。

[127] 向东、杜伟：《企业技术创新的市场环境分析》，《产业经济研究》2002 年第 s2 卷，第 42~45 页。

[128] 熊彼特：《经济发展理论》，郭武军译，商务印书馆，1990。

[129] 熊德义：《中国经济增长的制度因素分析》，中共中央党校博士学位论文，2007。

[130] 徐盈之、金乃丽：《高校官产学合作创新对区域经济增长影响的研究》，《科研管理》2010 年第 1 期，第 147~152+176 页。

[131] 薛进军：《经济增长理论发展的新趋势》，《中国社会科学》1993 年第 3 期，第 33~43 页。

[132] 亚当·斯密：《国富论》，陕西人民出版社，2001。

[133] 严成樑：《基础研究，应用研究与最优 R&D 配置》，《系统科学与数学》2013 年第 8 期，第 879~891 页。

[134] 严成樑：《社会资本、创新与长期经济增长》，《经济研究》2012 年第 11 期，第 48~60 页。

[135] 严成樑、龚六堂：《R&D 规模、R&D 结构与经济增长》，《南开经济研究》2013 年第 2 期，第 3~19 页。

[136] 严成樑、周铭山、龚六堂：《知识生产、创新与研发投资回报》，

《经济学》（季刊）2010年第3期，第1051~1070页。

[137] 杨文举：《技术效率、技术进步、资本深化与经济增长》，《世界经济》2006年第5期，第73~83页。

[138] 姚愉芳、贺菊煌：《中国经济增长与可持续发展》，社会科学文献出版社，1998。

[139] 叶茂林、郑晓齐、王斌：《教育对经济增长贡献的计量分析》，《数量经济技术经济研究》2003年第1期，第89~92页。

[140] 尹宗成、江激宇、李冬嵬：《技术进步水平与经济增长》，《科学学研究》2009年第10期，第1480~1485页。

[141] 郁光华、邵丽：《论LLSV法律来源论的缺陷性》，《上海财经大学学报》2007年第4期，第24~31页。

[142] 袁文平、赵磊：《经济增长方式转变机制论》，西南财经大学出版社，2000。

[143] 约翰·康芒斯：《制度经济学》，赵睿译，华夏出版社，2009。

[144] 岳书敬：《我国省级区域人力资本的综合评价与动态分析》，《现代管理科学》2008年第4期，第36~37页。

[145] 詹锋、田俊刚、朱晖：《我国经济增长因素的实证研究》，《统计与信息论坛》2003年第3期，第61~63页。

[146] 张百顺：《制度变迁、技术进步与经济增长相互关系文献述评》，《中国物价》2015年第4期，第86~88页。

[147] 张福进、罗振华、张铭洪：《税收竞争与经济增长门槛假说——基于中国经验数据的分析》，《当代财经》2014年第6期，第32~42页。

[148] 张果、郭鹏：《技术创新与经济增长：基于结构方程模型的路径分析》，《生产力研究》2016年第5期，第27~30页。

[149] 张海洋：《R&D两面性、外资活动与中国工业生产率增长》，《经济研究》2005年第5期，第107~117页。

[150] 张海洋：《中国省际工业全要素R&D效率和影响因素：1999—2007》，《经济学》（季刊）2010年第3期，第1029~1050页。

[151] 张杰、周晓艳、李勇：《要素市场扭曲抑制了中国企业R&D？》，《经济研究》2011年8月，第78~91页。

[152] 张军:《资本形成、投资效率与中国的经济增长——实证研究》,清华大学出版社,2005。

[153] 张军、施少华、陈诗一:《中国的工业改革与效率变化——方法、数据、文献和现有的结果》,《经济学》(季刊)2003年第4期,第1~38页。

[154] 张军、吴桂英、张吉鹏:《中国省际物质资本存量估算:1952-2000》,《经济研究》2004年第10期,第35~44页。

[155] 张磊、王亮:《我国人力资本、物质资本与经济增长动态关系研究》,《扬州大学学报》(人文社会科学版)2013年第1期,第44~49页。

[156] 张千帆:《宪政、法治与经济发展》,北京大学出版社,2004。

[157] 张同龙:《市场化能带来经济增长吗?》,《财经研究》2011年第37卷第11期,第16~26页。

[158] 张玉喜、赵丽丽:《中国科技金融投入对科技创新的作用效果——基于静态和动态面板数据模型的实证研究》,《科学学研究》2015年2月,第177~184+214页。

[159] 赵理想:《制度因素对区域经济差异影响的实证分析》,《云南财经大学学报》2007年第2期,第12~16页。

[160] 支道隆:《试算我国改革前的综合要素生产率:并与外国学者的计算作比较》,《数量经济技术经济研究》1992年第9期,第61~66页。

[161] 钟心桃、龚唯平:《广东经济增长中制度因素对要素效率影响的实证研究》,《南方经济》2008年第4期,第75~81页。

[162] 周俊敏:《商业文化的经济学发掘》,《湖南社会科学》2003年第6期,第119~120页。

[163] 周凯:《调查结果显示——教育花费成为城乡居民致贫首因》,《中国青年报》2006年2月8日。

[164] 周南南、毕于岗:《转型时期制度变迁对我国经济增长影响的实证分析》,《经济与管理》2013年第35卷第1期,第137~141页。

[165] 周其仁:《中国经济增长的基础》,《北京大学学报》(哲学社会科学版)2010年第1期,第18~22页。

[166] 朱平芳、徐大丰：《中国城市人力资本的估算》，《经济研究》2007年第9期，第84~95页。

[167] 朱平芳、徐伟民：《政府的科技激励政策对大中型工业企业R&D投入及其专利产出的影响——上海市的实证研究》，《经济研究》2003年6月，第45~53+94页。

[168] 朱学新、方健雯、张斌：《我国科技创新和技术转化经济效果的实证分析》，《中国科技论坛》2007年第7卷，第15~18页。

[169] 朱有为、徐康宁：《研发资本累积对生产率增长的影响——对中国高技术产业的检验（1996-2004）》，《中国软科学》2007年第4期，第57~67页。

[170] 朱有为、徐康宁：《中国高技术产业研发效率的实证研究》，《中国工业经济》2006年第11期，第38~45页。

[171] 祖砚馥：《论经济增长的动力机制》，《财经问题研究》1990年第12期，第48~53页。

英文文献

[1] Acemoglu, D., "Growth and institutions", *Empirica* 32 (1) (2010): 3-18.

[2] Acemoglu, D., *Introduction to Modern Economic Growth* (Princeton University Press, 2008).

[3] Acemoglu, D., "Technology change, inequality and labor market", *Journal of Economic Literature* 40 (1) (2002): 7-72.

[4] Acemoglu, D., "Why not a political coase theorem? Social conflict, commitment, and politics", *Journal of Comparative Economics* 31 (4) (2003): 620-652.

[5] Acemoglu, D., Gallego, F. A., Robinson, J. A., "Institutions, human capital, and development", *Annual Review of Economics* (6) (2014): 875-912.

[6] Acemoglu, D., Johnson, S., "Unbundling institutions", *Journal of Political Economy* 113 (2005): 949-995.

[7] Acemoglu, D., Johnson, S., Robinson, J., "Institutions as the funda-

mental cause of long-run growth", *NBER Working Papers* (2004).

[8] Acemoglu, D., Johnson, S., Robinson, J., "The rise of Europe: atlantic trade, institutional change, and economic growth", *American Economic Review* 95 (2005): 546-579.

[9] Aghion, P., "Schumpeterian growth theory and the dynamics of income inequality", *Econometrica* 70 (3) (2002): 855-882.

[10] Aghion, P., Bloom, N., Blundell, R., et al., "Competition and innovation: an inverted U relationship", *Quarterly Journal of Economics* 120 (2) (2005): 701-728.

[11] Aghion, P., Howitt, P., "A model of growth through creative destruction", *Econometric* 60 (2) (1992): 323-351.

[12] Aghion, P., Howitt, P., *Endogenous Growth Theory* (MIT Press, 1998).

[13] Aghion, P., Howitt, P., "Growth and unemployment", *Review of Economic Studies* 61 (3) (1994): 477-494.

[14] Aghion, P., Howitt, P., "Growth with quality improving innovations: an integrated framework", *Handbook of Economic Growth* (1) (2005): 67-110.

[15] Alcouffe, A., Kuhn, T., "Schumpeterian endogenous growth theory and evolutionary economics", *Journal of Evolutionary Economics* 14 (2) (2004): 223-236.

[16] Alesina, A., Perotti, R., "Income distribution, political instability, and investment", *European Economic Review* 40 (1996): 1203-1228.

[17] Alesina, A., Rodrik, D., "Distributive politics and economic growth", *Quarterly Journal of Economics* 109 (2) (1994): 465-490.

[18] Allen, F., Qian, M.J., Qian, J., "Law, finance and economic growth in China", Financial Institutions Center, Wharton School Working Paper (2002).

[19] Anders, S., "R&D, learning and phases of economic growth", *Journal of Economic Growth* 4 (4) (1999): 429-445.

[20] Antonio, M., "Testing schumpeterian growth theory: the role of income

inequality as a determinant of research and development expenditure and technology transfers", *MPRA Paper*, No. 4785, 2007.

[21] Arnold, L. G., "Endogenous technological change: a note on stability", *Economic Theory* 16 (1) (2000): 219 – 226.

[22] Arnold, L. G., "Stability of the market equilibrium in romer's model of endogenous technological change: a complete characterization", *Journal of Macroeconomics* 22 (1) (2002): 69 – 84.

[23] Arnold, L. G., "The dynamics of Jones R&D growth model", *Review of Economic Dynamics* 9 (1) (2006): 143 – 152.

[24] Aron, J., "Growth and institutions: a review of the evidence", *World Bank Research Observer* 15 (1) (2000): 99 – 135.

[25] Arrow, K. J., "The economic implication of learning by doing", *Review of Economics and Stats* 29 (3) (1962): 155 – 173.

[26] Backus, D. K., Kehoe, P., Kehoe, T. J., "In search of scale effects in trade and growth", *Journal of Economic Theory* 58 (2) (1992): 377 – 409.

[27] Barro, R. J., "Determinants of democracy", *The Journal of Political Economy* 107 (6) (1999): 5158 – 5183.

[28] Barro, R. J., "Economic growth in a cross – section of countries", *Quarterly Journal of Economics* 106 (5) (1991): 407 – 444.

[29] Barro, R. J., "Government spending in a simple model of endogenous growth", *Journal of Political Economy* 98 (5) (1990): 103 – 125.

[30] Barro, R. J., "Human capital and growth", *American Economic Review* (91) (2001): 12 – 17.

[31] Barro, R. J., "Inequality and growth in a panel of countries", *Journal of Economic Growth* 5 (1) (2000): 5 – 32.

[32] Barro, R. J., "Notes on growth accounting", *Journal of Economic Growth* 4 (2) (1999): 119 – 137.

[33] Barro, R. J., Sala – I – Martin, *Economic Growth* (McGraw – Hill, 2003).

[34] Barro, R. J., Lee, J. W., "A new data set of educational attainment

in the world, 1950 – 2010", *Journal of Development Economics* 104 (2013): 184 – 198.

[35] Barro, R. J., Lee, J. W., "International comparisons of educational attainment", *NBER Working Papers* 32 (3) (1993): 363 – 394.

[36] Barro, R. J., Lee, J. W., "International measuring of schooling years and schooling quality", *American Economic Review* 86 (2) (1996): 218 – 223.

[37] Bekaert, G., Harvey, C. R., Lundblad, C., "Growth volatility and financial liberalization", *Journal of International Money & Finance* 25 (3) (2006): 370 – 403.

[38] Benhabib, J., Perli, R., Xie, D., "Monopolistic competition, indeterminacy and growth", *Ricerche Economiche* 48 (1) (1994): 279 – 298.

[39] Benhabib, J., Spiegel, M., "Human capital and technology diffusion", *Handbook of Economic Growth* (1) (2002): 935 – 966.

[40] Benhabib, J., Spiegel, M., "The role of human capital in economic development: evidence from aggregate cross – country data", *Journal of Monetary Economics* 34 (2) (1994): 143 – 173.

[41] Besley, T., "Property rights and investmemt incentives: theory and evidence from Ghana", *Journal of Political Economy* 103 (1995): 903 – 937.

[42] Bitzer, J., Kerekes, M., "Does foreign direct invest transfer technology across borders? New evidence", *Economics Letters* 100 (3) (2008): 355 – 358.

[43] Bjorn Van C., Danny, C., "Multiple equilibria in the dynamics of financial globalization: the role of institutions", *Journal of International Financial Markets, Institutions & Money* 22 (2012): 329 – 342.

[44] Blackburn, K., Hung, V. T. Y., Pozzolo, A. F., "Research, development and human capital accumulation", *Journal of Macroeconomics* 22 (2) (2000): 189 – 206.

[45] Bucci, A., "Population growth in a model of economic growth with human capital accumulation and horizontal R&D", *Journal of Macroeconomics* 30 (3) (2008): 1124 – 1147.

[46] Bucci, A., Parello, C. P., "Horizontal innovation – based growth and product market competition", *Economic Modelling* 26 (1) (2006): 213 – 221.

[47] Cass, D., "Optimum growth in an aggregative model of capital accumulation", *Review of Economic Studies* 32 (3) (1965): 233 – 240.

[48] Centre, C. O. D., Bardhan, P. K., "The role of governance in economic development", *International Journal of Social Economics* 41 (12) (1997): 1265 – 1278.

[49] Che, Y., Lu, Y., Tao, Z., et al., "The impact of income on democracy revisited", *Journal of Comparative Economics* 41 (1) (2013): 159 – 169.

[50] Chen, Y. M., Puttitanun, T., "Intellectual property rights and innovation in developing countries", *Journal of Development Economics* 78 (2) (2005): 474 – 493.

[51] Cheung, K., Lin, P., "Spillover effects of FDI on innovation in China: evidence from the provincial data", *China Economic Review* 15 (1) (2004): 25 – 44.

[52] Choi, Y. J., "An exploration into the institutional underdevelopment in the Asia Pacific region: national attributes, transaction costs, and regime preferences", *Pacific Focus* (1995).

[53] Clarke, D. C., "The execution of civil judgment in China", *The China Quarterly* 14 (1995): 80.

[54] Coase, R. H., "Problem of social cost", *Journal of Law & Economics* 3 (4) (1960): 1 – 44.

[55] Coe, D. T., Helpman, E., "International R&D spillovers", *European Economic Review* 39 (5) (1995): 859 – 887.

[56] Coe, D. T., Helpman, E., Hoffmaister, A. W., "North – South R&D spillovers", *Economic Journal* 107 (440) (1997): 134 – 149.

[57] Comin, D., "R&D, a small contribution to productivity growth", *Journal of Economic Growth* 9 (4) (2004): 391 – 421.

[58] Crosby, M., "Patents, innovation and growth", *Economic Record* 76

(234)(2000): 255-262.

[59] Cross, F. B. , "Law versus economics?", *Law & Social Inquiry* (17) (1992): 653-658.

[60] Dalgaard, C. J. , Kreiner, C. T. , "Is declining productivity inevitable?", *Journal of Economic Growth* 6 (3) (2001): 187-203.

[61] Dani, R. , "Where did all growth go? External shocks, social conflict, and growth collapses", *Journal of Economic Growth* 4 (4) (1999): 385-412.

[62] Davis, L. S. , "Institutional flexibility and economic growth", *Journal of Comparative Economics* 38 (2010): 306-320.

[63] Del Rio F. , "Embodied technical progress and unemployment", *Institut de Recherches Economiques et Sociales (IRES)* (2001).

[64] Delong, B. , Summers, L. , "Equipment investment and economic growth", *Quarterly Journal of Economics* 106 (1991): 445-502.

[65] Denison, E. F. , "Accounting for United States economic growth, 1929-1969", *Brookings Institution* (1974).

[66] Denison, E. F. , "Sources of economic growth in the United States and the alternatives before us", *Committee for Economic Development* (1962).

[67] Denison, E. F. , "Sources of postwar growth in nine western countries", *American Economic Review* 57 (2) (1967): 325-336.

[68] Dincecco, M. , Katz, G. , "State capacity and long-run economic performance", *The Economic Journal February* 126 (590) (2014): 189-218.

[69] Dinopolous, E. , *Growth in Open Economics, Schumpeterian Models* (Princeton University Press, 2006).

[70] Dinopolous, E. , Segerstrom, P. , *North-South Trade and Economic Growth* (Mimeo, University of Florida, 2007).

[71] Dinopolous, E. , Sener, F. , "New directions in schumpeterian growth theory", *Elgar Companion to Neo-Schumpeterian Economics, Edward Elgar, Cheltenham* (2007).

[72] Dinopolous, E. , Thompson, P. , "Scale effects in schumpeterian

growth models of economic growth", *Journal of Evolutionary Economics* 9 (2) (1999): 157 – 187.

[73] Dinopolous, E., Thompson, P., "Schumpeterian growth without scale effects", *Journal of Economic Growth* 3 (4) (1998): 313 – 335.

[74] Doi, F., Mino, K., "A variety – expansion model of growth with externality habit formation", *Journal of Economic Dynamics and Control* 32 (10) (2008): 3055 – 3083.

[75] Domar, E. D., "Capital expansion, rate of growth, and employment", *Econométrica* 14 (2) (1946): 137 – 147.

[76] Domar, E. D., "Economic growth: an econometric approach", *American Economic Review* 42 (2) (1952): 479 – 495.

[77] Eaton, J., Kortum, S., "Engines of growth: domestic and foreign source of innovation", *Japan and the World Economy* 9 (2) (1997): 235 – 259.

[78] Efendic, A., Pugh, G., Adnett, N., "Institutions and economic performance: a meta – regression analysis", *European Journal of Political Economy* (27) 3 (2011): 1 – 14.

[79] Ehrlich, I., Lui, F. T., "Bureaucratic corruption and endogenous economic growth", *Journal of Political Economy* 107 (6) (1999): 270 – 293.

[80] Eicher, T., Garcia – Penalosa, C., "Endogenous strength of intellectual property rights: implications for economic development and growth", *European Economic Review* 52 (2) (2008): 237 – 258.

[81] Engelbrecht, H. J., "International R&D spillovers, human capital and productivity in OECD economies: an empirical investigation", *European Economic Review* 41 (8) (1997): 1479 – 1488.

[82] Esfahani, H. S., Ramirez, M. T., "Institutions, infrastructure, and economic growth", *Journal of Development Economics* 70 (2) (2003): 443 – 477.

[83] Etro, F., "Growth leaders", *Journal of Macroeconomics* 30 (3) (2008): 1148 – 1172.

[84] Evans, G. W., Honkapohja, S., Romer, P., "Growth cycles", *American Economic Review* 88 (3) (1998): 495–515.

[85] Evans, P., *Are Innovation – Based Endogenous Growth Models Useful* (Mimeo, Ohio State University, 2000).

[86] Falvey, R., Foster, N., Greenway, D., "Imports, exports, knowledge spillovers and growth", *Economics Letters* 85 (2) (2004): 209–213.

[87] Falvey, R., Foster, N., Greenway, D., "North – South trade knowledge spillovers and growth", *Journal of Economic Integration* 17 (1) (2002): 209–213.

[88] Foellmi, R., Zweimuller, J., "Mass consumption, exclusion, and unemployment mass consumption, exclusion, and unemployment", *IEW – Working Papers* (2006).

[89] Forbes, K. J., "A reassessment of the relationship between inequality and growth", *Quarterly Journal of Economics* 117 (4) (2000): 1131–1191.

[90] Frantzen, D., "R&D, human capital and international technology spillovers: a cross – country analysis", *Scandinavian Journal of Economics* 102 (1) (2000): 57–75.

[91] Funke, M., Strulik, H., "On endogenous growth with physical capital, human capital and product variety", *European Economic Review* 44 (3) (2000): 491–515.

[92] Furukawa, Y., "Endogenous growth cycles", *Journal of Economics* 91 (1) (2007a): 69–96.

[93] Furukawa, Y., "The protection of intellectual property rights and endogenous growth: is stronger always better?", *Journal of Economic Dynamics and Control* 31 (11) (2007b): 3644–3670.

[94] Galiani, S., Schargrodsky, E., "Effects of land titling on child health", *Economics & Human Biology* 2 (3) (2004): 353.

[95] Galor, O., Zeira, J., "Income distribution and macroeconomics", *Review of Economics Studies* 60 (1) (1993): 35–52.

[96] Garcia – Penalosa, C., "The paradox of education or the good side of inequality", *Oxford Economics Papers* 47 (2) (1995): 265–285.

[97] Garcia-Penalosa, C., Wen, J. F., "Redistribution and entrepreneurship with schumpeterian growth", *Journal of Economic Growth* 13 (1) (2008): 57-80.

[98] Ginsburg, T., "Book review (reviewing Daniel Bell, East Meets West: Human Rights and Democracy in East Asia (2000))", *Law & Politics Book Review* (2000).

[99] Glass, A. J., Saggi, K., "Intellectual property rights and foreign direct investment", *Journal of International Economics* 56(2) (2002): 387-410.

[100] Glass, A. J., Wu, X. D., "Intellectual property rights and quality improvement", *Journal of Development Economics* 82 (2) (2007): 393-415.

[101] Goldsmith, R. W., "A perpetual inventory of national wealth", *NBER Chapters, in Studies in Income and Wealth* 14 (1951): 5-73.

[102] Gould, D. M., Gruden, W. C., "The role of intellectual property rights in economic growth", *Journal of Development Economics* 48 (2) (1996): 323-350.

[103] Griliches, Z., "Patent statistics as economic indicators: a survey", *Journal of Economic Literature* 28 (4) (1990): 1661-1707.

[104] Griliches, Z., Mairesse, J., "Productivity and R&D at the firm level in french manufacturing", *R&D, Patents, and Productivity* 826 (1984): 339-374.

[105] Groshby, M., "Patents, innovation and growth", *Economics Letters* 76 (2000): 255-262.

[106] Grossman, G. M., Helpman, E., *Innovation and Growth in the Global Economy* (MIT Press, 1991b).

[107] Grossman, G. M., Helpman, E., "Quality ladders and product cycles", *Quarterly Journal of Economics* 106 (2) (1991a): 557-586.

[108] Grossman, G. M., Helpman, E., "Quality ladders in the theory of growth", *Review of Economic Studies* 58 (1) (1991c): 43-61.

[109] Gründler, K., Krieger, T., "Democracy and growth: evidence from

a machine learning indicator", *European Journal of Political Economy* 45 (2016): 85-107.

[110] Ha, J., Howitt, P., "Accounting for trends in productivity and R&D: a schumpeterian critique of semi-endogenous growth theory", *Journal of Monetary Credit and Banking* 39 (4) (2007): 733-773.

[111] Hanushek, E. A., "Schooling, labor-force quality, and the growth of nations", *American Economic Review* 90 (5) (2000): 1184-1208.

[112] Hardy, C. O., "Schumpeter on capitalism, socialism, and democracy", *Journal of Political Economy* 53 (4) (1945): 348-356.

[113] Harrod, R., "An essay in dynamic theory", *Economic Journal* 49 (193) (1939): 14-33.

[114] Hausmann, R., Pritchett, L., Rodrik, D., "Growth accelerations", *Journal of Economic Growth* 10 (4) (2005): 303-329.

[115] Helpman, E., "Innovation, imitation and intellectual property rights", *Econometrica* 61 (6) (1993): 1247-1280.

[116] Herzer, D., Vollmer, S., "Inequality and growth: evidence from panel cointegration", *The Journal of Economic Inequality* 10 (2012): 489-503.

[117] Horri, H., Iwaisako, T., "Economic growth with imperfect protection of intellectual property rights", *Journal of Economics* 90 (1) (2007): 45-85.

[118] Howitt, P., "Endogenous growth and cross-country differences", *American Economic Review* 90 (4) (2000): 829-846.

[119] Howitt, P., "Innovation, competition and growth: a schumpeterian perspective on Canada's economy", *C. D. Howe Institute Commentary* (246) (2007).

[120] Howitt, P., "Steady endogenous growth with population and R&D inputs growing", *Journal of Political Economy* 107 (5) (1999): 715-730.

[121] Howitt, P., Aghion, P., "Capital accumulation and innovation as complementary factors in long-run growth", *Journal of Economic Growth* 3 (2) (1998): 111-130.

[122] Howitt, P., Mayer-Foukles, D., "R&D, implementation and stagnation: a schumpeterian approach of convergence clubs", *NBER Working Paper* (9104) (2002).

[123] Hsiao, C., Pesaran, M. H., "Random coefficient panel data models", *Cambridge Working Papers in Economics* 87 (2) (2004): 207-237.

[124] Iwasako, T., Fugatami, K., "Patent policy in an endogenous growth model", *Journal of Economics* 78 (3) (2003): 239-258.

[125] Jakob, S., "Eight questions about corruption", *Journal of Economic Perspectives* 19 (3) (2005): 19-42.

[126] Javorcik, B. S., "The composition of foreign direct investment and protection of intellectual property rights: evidence from transition economics", *European Economic Review* 48 (1) (2004): 39-62.

[127] Jones, C. I., "Growth: with or without scale effects?", *American Economic Review* 89 (2) (1999): 139-144.

[128] Jones, C. I., *Population and Ideas: A Theory of Endogenous Growth* (Stanford University, 2002).

[129] Jones, C. I., "R&D-based models of economic growth", *Journal of Political Economy* 103 (4) (1995a): 759-784.

[130] Jones, C. I., "Source of U. S. economic growth in a world of ideas", *American Economic Review* 92 (1) (2002): 220-239.

[131] Jones, C. I., "Time series tests of endogenous growth models", *Quarterly Journal of Economics* 110 (2) (1995b): 495-525.

[132] Jones, C. I., Williams, J., "Measuring the social returns to R&D", *Quarterly Journal of Economics* 113 (4) (1998): 119-1138.

[133] Jones, C. I., Williams, J., "Too much of a good thing? The economics of investment in R&D", *Journal of Economic Growth* 5 (1) (2000): 65-85.

[134] Jorgenson, D. W., "Surplus agricultural labour and the development of a dual economy", *Oxford Economic Papers* 19 (3) (1967): 288-312.

[135] Kaldor, N., Mirrlees, J. A., "A new model of economic growth",

Review of Economic Studies 29 (3) (1962): 174-192.

[136] Kanwar, S., "Business enterprise R&D, technological change, and intellectual property protection", *Economics Letters* 96 (1) (2007): 120-126.

[137] Kathavate, J., Mallik, G., "The impact of the interaction between institutional quality and aid volatility on growth: theory and evidence", *Economic Modelling* 29 (2012): 716-724.

[138] Kaufmann, D., Kraay, A., Zoido-Lobaton, P., "Governance matters", *Policy Research Working Paper* 120 (4) (1999): 53-78.

[139] Keller, W., "Are international R&D spillovers trade-related? Analyzing spillovers among randomly matched trade partners", *European Economic Review* (42) 8 (1998): 1469-1481.

[140] Keller, W., "Trade and transmission of technology", *Journal of Economic Growth* 7 (1) (2002): 5-24.

[141] Kelley, A. C., "Economic consequences of population change in the Third World", *Journal of Economic Literature* 26 (4) (1988): 1685-1728.

[142] Knack, S., "Institutions and the convergence hypothesis: the cross-national evidence", *Public Choice* 87 (1996): 207-228.

[143] Knack, S., Keefer, P., "Institutions and economic performance: crosscountry tests using alternative institutions measures", *Economics and Politics* 7 (3) (1995): 207-228.

[144] Kocherlakota, N., Yi, K., "Is there endogenous long-run growth? Evidence from United States and United Kingdom", *Journal of Monetary Credit and Banking* 29 (2) (1997): 235-262.

[145] Kokko, A., "Technology, market characteristics, and spillovers", *Journal of Development Economics* 43 (2) (1994): 279-293.

[146] Koman, R., Marin, D., "Human capital and macroeconomic growth", *Economics* (1997): 12.

[147] Koopmans, T., "On the concept of optimal growth, econometric approach to development planning", *Econometric Approach to Development Planning*

(1965): 225 – 287.

[148] Kortum, S. , "Research, patenting, and technological change", *Econometrica* 65 (6) (1997): 1389 – 1419.

[149] Kosempel, S. , "A theory of development and long run growth", *Journal of Development Economics* 75 (1) (2004): 201 – 220.

[150] Kremer, M. , "Population growth and technology change: one million B. C to 1990", *Quarterly Journal of Economics* 108 (3) (1993): 681 – 716.

[151] Krugman, P. , "A model of innovation, technology transfer, and the world distribution of income", *Journal of Political Economy* 87 (2) (1979): 253 – 266.

[152] Kwan, F. , Lai. , E. , "Intellectual property rights and endogenous economic growth", *Journal of Economic Dynamics and Control* 27 (5) (2003): 853 – 873.

[153] Lai, E. C. , "International intellectual property rights protection and the rate of product innovation", *Journal of Development Economics* 55 (1) (1998): 133 – 153.

[154] Lane, P. , Milesi – Ferretti, G. M. , "The external wealth of nations mark Ⅱ: revised and extended estimates of foreign assets and liabilities, 1970 – 2004", *Journal of International Economics* 73 (2) (2007): 223 – 250.

[155] Langlois, R. N. , Robertson, P. L. , "Stop crying over spilt knowledge: a critical look at the theory of spillovers and technical change", *Journal of Public Finance & Public Choice* 33 (1) (2018): 63 – 80.

[156] Laroche, M. , Merette, M. , "Measuring human capital in Canada", *Ministry of Finance of Canada* (2000) .

[157] Lawa, S. H. , Kutan, A. M. , Naseem, A. M. , "The role of institutions in finance curse: evidence from international data", *Journal of Comparative Economics* 46 (1) (2017): 1 – 18.

[158] Lee, G. Y. , "The effectiveness of international knowledge spillover channels", *European Economic Review* 50 (8) (2006): 2075 – 2088.

[159] Lee, G. Y., Mansfield, E., "Intellectual property protection and U. S. foreign direct investment", *Review of Economics and Statistics* 78 (2) (1996): 181 – 186.

[160] Lee, J. W., Barro, R. J., "Schooling quality in a cross – section of countries", *Economica* 68 (272) (2001): 465 – 488.

[161] Levine, R., "Law, finance, and economic growth", *Journal of Financial Intermediation* 8 (1/2) (1999): 8 – 35.

[162] Li, C. W., "Endogenous vs. semi – endogenous growth in a two R&D – sector model", *Economic Journal* 110 (462) (2000): 109 – 122.

[163] Li, C. W., "Growth and scale effect: the role of knowledge spillovers", *Economics Letters* 74 (2) (2002): 177 – 185.

[164] Li, C. W., *Income Inequality, Product Market, and Schumpeterian Growth* (University of Glasgow, 2003).

[165] Li, C. W., *R&D – Based Growth Models* (University of Zurich, 2003).

[166] Li, Z., Chu, Y. J., Gao, T. R., "Economic growth with endogenous economic institutions", *Macroeconomic Dynamics* 24 (4) (2018): 920 – 934.

[167] Lichtenberg, F. R., Potterie, B. P., "International R&D spillovers: a comment", *European Economic Review* 42 (8) (1998): 1483 – 1491.

[168] Lloyd, E. H., "Endogenous technological change and wage inequality", *American Economic Review* 89 (1) (1999): 47 – 77.

[169] Lloyd, E. H., "Twin engines of growth: skills and technology as equal partners in balanced growth", *Journal of Economic Growth* 7 (2) (2002): 87 – 115.

[170] Lopez – De – Silanes, F. F., Shleifer, A., Porta, R. L., et al., "Legal determinants of external finance", *The Journal of Finance* 52 (3) (1997): 1131 – 1150.

[171] Lubman, S., "Introduction: the future of Chinese law", *China Quarterly* (141) (1995): 1.

[172] Lucas, R. E., "On the mechanism of economic development", *Jour-

nal of Monetary Economics 22 (1) (1988): 3 - 42.

[173] Madsen, J. B., "Are there diminishing returns to R&D?", Economics Letters 95 (2) (2007): 161 - 166.

[174] Madsen, J. B., "Semi - endogenous versus Schumpeterian growth models: testing the knowledge production function using international data", Journal of Economic Growth 13 (1) (2008): 1 - 26.

[175] Mankiw, N. G., Romer, D., Weil, D. N., "A Contribution to the empirics of economic growth", Quarterly Journal of Economics 107 (2) (1992): 407 - 437.

[176] Mansfield, E., "Intellectual property protection, foreign direct investment, and technology transfer", IFC Discussing Paper, No. 19 (1994).

[177] Matsuyama, K., "Growing through cycles", Econometrica 67 (2) (1999): 335 - 347.

[178] Matsuyama, K., "Growing through cycles in an infinitely lived agent economy", Journal of Economic Theory 100 (2) (2001): 220 - 234.

[179] Mauro, P., "corrupt and growth", Quarterly Journal of Economics 110 (3) (1995): 308 - 331.

[180] Md Al Mamun, K., Hassan, M. K., "Governance, resources and growth", Economic Modelling 63 (2017): 238 - 261.

[181] Mendoza, R. U., "Aggregate shocks, poor households and children", Global Social Policy 9 (1 Suppl) (2009): 55 - 78.

[182] Milgrom, P. R., North, D. C., Weingast, B. R., "The role of institutions in the revival of trade: the law merchant, private judges, and the champagne fairs", Economics & Politics 2 (1) (2010): 1 - 23.

[183] Mondal, D., Gupta, M. R., "Innovation, imitation and multinationalisation in a North - South model: a theoretical note", Journal of Economics 94 (1) (2008): 31 - 62.

[184] Mulder, P., de Groot, H., Hofkes, M. W., "Economic growth and technological change: a comparison of insights from a neo - classical and evolutionary perspective", Technological Forecasting and Social Change 68 (2) (2001): 151 - 171.

[185] Mulligan, C. B., Sala-I-Martin, X., "A labor income-based measure of the value of human capital: an application to the states of the United States", *Japan and the World Economy* 9 (2) (1997): 159-191.

[186] Nadiri, M. I., "Contributions and determinants of research and development expenditures in the U. S. manufacturing industry", *NBER Working Paper* 360 (1979).

[187] Nadiri, M. I., "Innovations and technological spillovers", *NBER Working Papers*, No. 4423 (1993).

[188] North, D. C., *Institutions, Institutional Change and Economic Performance* (Cambridge University Press, 1990).

[189] North, D. C., Thowmas, R. P., *The Rise of Western World: A New Economic History* (The University Press, 1973).

[190] Pack, H., Saggi, K., "Inflows of foreign technology and indigenous technological development", *Review of Development Economics* 1 (1) (1997): 81-98.

[191] Papageorgiou, C., Perez-Sebastian, F., "Dynamics in a non-scale R&D growth model with human capital: explaining the Japanese and South Korean development experiences", *Journal of Economic Dynamics and Control* 30 (6) (2006): 901-930.

[192] Parello, C. P., "A North-South model of intellectual property rights protection and skill accumulation", *Journal of Development Economics* 85 (1) (2008): 253-281.

[193] Park, W. G., "A theoretical model of government research and growth", *Journal of Economic Behavior and Organization* 34 (1) (1998): 69-85.

[194] Park, W. G., "International R&D spillovers and OECD economic growth", *Economic Inquiry* 33 (4) (1995): 571-591.

[195] Park, W. G., Brat, D. A., "Cross country R&D and growth: variations on a theme of Mankiw-Romer-Weil", *Eastern Economic Journal* 22 (3) (1996): 345-354.

[196] Park, W. G., Ginarte, J. C., "Intellectual property rights and economic growth", *Contemporary Economic Policy* 21 (1997): 51–61.

[197] Parker, K., Jayasuriya, K., "Law, capitalism and power in Asia: the rule of law and legal institutions", *Journal of Asian Studies* 59 (1) (1999): 227–228.

[198] Peerenboom, R., *China's Long March Toward Rule of Law* (Cambridge University Press, 2002).

[199] Peretto, P., "Corporate taxes, growth and welfare in a schumpeterian economy", *Journal of Economic Theory* 137 (1) (2008): 353–382.

[200] Peretto, P., "Fiscal policy and long-run growth in R&D-based models with endogenous market structure", *Journal of Economic Growth* 8 (3) (2003): 325–347.

[201] Peretto, P., "Schumpeterian growth with productive public spending and distortionary taxation", *Review of Development Economics* 11 (4) (2007): 699–722.

[202] Peretto, P., "Technological change and population growth", *Journal of Economic Growth* 3 (4) (1998): 283–311.

[203] Peretto, P., Laincz, C. A., "Scale effects in endogenous growth theory: an error of aggregation not specification", *Journal of Economic Growth* 11 (3) (2006): 263–288.

[204] Perez-Sebastian, F., "Public support to innovation and imitation in a non-scale growth model", *Journal of Economic Dynamics and Control* 31 (12) (2007): 3791–3821.

[205] Pessoa, A., "Ideas driven growth: the OECD evidence", *Portuguese Economic Journal* 4 (1) (2005): 46–67.

[206] Pistor, K., Wellons, P. A., *The Role of Law and Legal Institutions in Asian Economic Development: 1960–1995* (Oxford University Press, 1998).

[207] Porta, R. L., Lopez-De-Silanes, F., Shleifer, A., et al., "Agency problems and dividend policies around the world", *The Journal of Finance* 55 (1) (2000): 1–33.

[208] Porta, R. L., Silanes, F. L. D., Shleifer, A., et al., "Law and finance", *Journal of Political Economy* 106 (6) (1998): 1113-1155.

[209] Porter, M. E., "Competitive advantage of nations", *Competitive Intelligence Review* 1 (1) (2010): 14.

[210] Porter, M. E., Stern, S., "Measuring the 'ideas' production function: evidence from international patent output", *NBER Working Paper* (2000).

[211] Primo Braga, C. A., Fink, C., "International transactions in intellectual property and developing countries", *International Journal of Technological Management* 19 (1) (2000): 35-56.

[212] Przeworski, A., et al., *Democracy and Development: Political Institutions and Well-Being in the World, 1550-1990* (Cambridge University Press, 2000).

[213] Quah, D. T., "Convergence empirics across economics with (some) capital mobility", *Journal of Economic Growth* 1 (1) (1996): 95-124.

[214] Ranis, G., "Another look at the East Asian miracle", *The World Bank Economic Review* 9 (1995): 135-146.

[215] Rapp, R. T., Rozek, R. P., "Benefits and costs of intellectual property rights in developing countries", *Journal of World Trade* 24 (4) (1990): 74-102.

[216] Reis, A. B., Squeira, T. N., "Human capital and over-investment in R&D", *Scandinavian Journal of Economics* 109 (3) (2007): 573-591.

[217] Rivera-Batiz, L., Romer, P., "Economic integration and endogenous growth", *Quarterly Journal of Economics* 106 (2) (1991): 531-555.

[218] Robert, S., "A contribution to the theory of economic growth", *The Quarterly Journal of Economics* 70 (1956): 53-79.

[219] Rodrik, D., Subramanian, A., "The primacy of institutions (and what this does and does not mean)", *Finance and Development* 40 (2) (2003): 31-34.

[220] Romer, P., "Endogenous technological change", *Journal of Political*

Economy 98 (5) (1990): S71 - S102.

[221] Romer, P., "Increasing returns and long - run growth", *Journal of Political Economy* 94 (5) (1986): 1002 - 1037.

[222] Romer, P., "The origins for endogenous growth", *Journal of Economic Perspective* 8 (1) (1994): 3 - 22.

[223] Romer, P., "Two strategies for economic development: using ideas and producing ideas", *World Bank Economic Review* 7 (1) (1993): 63 - 91.

[224] Sala - I - Martin, X., "Transfers, social safety nets, and economic growth", *IMF Staff Papers* 44 (1) (1997): 81 - 102.

[225] Salter, W. E. G., *Productivity and Technical Change* (Cambridge University Press, 1960)

[226] Samaniego, R. M., *R&D and Growth: The Missing Link?* (George Washington University, 2006).

[227] Schneider, P. H., "International trade, economic growth and intellectual property rights: a panel data study of developed and developing countries", *Journal of Development Economics*, 78 (2) (2005): 529 - 547.

[228] Schultz, T. W., "Institutions and the rising economic value of man", *American Journal of Agricultural Economies* 50 (5) (1968): 1113 - 1122.

[229] Segerstrom, P. S., "Endogenous growth without scale effect", *American Economic Review* 88 (5) (1998): 1290 - 1310.

[230] Segerstrom, P. S., "Intel economics", *International Economic Review* 48 (1) (2007): 247 - 280.

[231] Segerstrom, P. S., "On the feasibility of maximal collusion", *Journal of Economic Theory* 54 (1) (1991): 234 - 238.

[232] Segerstrom, P. S., "The long - run growth effects of R&D subsidies", *Journal of Economic Growth* 5 (3) (2000): 277 - 305.

[233] Segerstrom, P. S., Anant, T. C., Dinopolous, E., "A Schumpeterian model of the product life cycle", *American Economic Review* 80 (5) (1990): 1077 - 1091.

[234] Segerstrom, P. S., Zolnierek, J. M., "The R&D incentives of industry

leaders", *International Economic Review* 40 (3) (1999): 745 – 766.

[235] Sener, F., "R&D policies, endogenous growth and scale effects", *Journal of Economic Dynamics and Control* 32 (12) (2008): 3895 – 3916.

[236] Sequeira, T. N., Reis, A. B., "Human capital composition, R&D and the increasing role of services", *Topics in Macroeconomics* 6 (1) (2006): 12.

[237] Sheshinsky, E., *Optimal Accumulation with Learning by Doing* (MIT Press, 1967).

[238] Shleifer, A., Vishny, R. W., "Corruption", *Social ence Electronic Publishing* 108 (3) (1993): 599 – 617.

[239] Smith, A., *An Inquiry into the Nature and Causes of the Wealth of Nations* (Methane & Co., Ltd., 1776).

[240] Solow, R. M., "A contribution to the theory of economic growth", *Quarterly Journal of Economics* 70 (1956): 65 – 94.

[241] Solow, R. M., "Perspectives on growth theory", *Journal of Economic Perspectives* 8 (1) (1994): 45 – 54.

[242] Solow, R. M., "Technical change and the aggregate production function", *Review of Economics and Statistics* 39 (1957): 312 – 320.

[243] Stasavage, D., "Private investment and political institutions", *Economics and Politics* 14 (2002): 41 – 63.

[244] Steger, T. M., "The Segerstrom model: stability, speed of convergence and policy implications", *Economics Bulletin* 15 (4) (2003): 1 – 8.

[245] Steger, T. M., "Welfare implications of non – scale R&D – based growth models", *Journal of Economics* 107 (4) (2005): 737 – 757.

[246] Steven, N. S., "Transaction costs, risk aversion, and the choice of contractual arrangements", *Journal of Law and Economics* 12 (1) (1969): 23 – 42.

[247] Stiglitz, J. E., Meier, G. M., "Frontiers of development economics", *World Bank Publications* 34 (100) (2001): 965 – 968.

[248] Stoever, J., "On comprehensive wealth, institutional quality and sustainable development – quantifying the effect of institutional quality on sustainability", *Journal of Economic Behavior & Organization* 81 (2012): 794 – 801.

[249] Stokey, N. L., "R&D and economic growth", *Review of Economic Studies* 62 (3) (1995): 469 – 489.

[250] Strulik, H., "Effectiveness versus efficiency: growth accelerating policies in a model of growth without scale effect", *German Economic Review* 7 (3) (2006): 297 – 316.

[251] Strulik, H., "The role of human capital and population growth in R&D – based models of economic growth", *Review of International Economics* 13 (1) (2005): 129 – 145.

[252] Swan, T. W., "Economic growth and capital accumulation", *Economic Record* 32 (1956): 334 – 361.

[253] Temple, J., "The long – run implications of growth theories", *Journal of Economic Survey* 17 (3) (2003): 497 – 510.

[254] Temple, J., "The new growth evidence", *Journal of Economic Literature* 37 (1) (1999): 112 – 156.

[255] Tinbergen, J., "Zur Theorie def langfristigen Wirtschaftsentwicklung", *WeltwirtschaftlichesArchiv* 55 (1942): 511 – 549.

[256] Transaetionocsst, C. S., "Risk aversion and the choice of contractual arrangements", *Journal of Law and Economics* 349 (2) (1969): 67 – 84.

[257] Trehan, B., "Productivity shocks and the unemployment rate", *Economic Review* (2003): 13 – 27.

[258] Ulku, H., "R&D, invention and growth: evidence from four manufacturing sectors in OECD countries", *Oxford Economic Papers* 59 (3) (2007a): 513 – 536.

[259] Ulku, H., "R&D, invention and output: evidence from OECD and Non – OECD countries", *Applied Economics* 39 (3) (2007b): 291 – 307.

[260] Uzawa, H., "Optimal technical change in an aggregate model of economic growth", *International Economic Review* 6 (1) (1965): 18 – 31.

[261] Van Campenhout, B., Cassimon, D., "Multiple equilibria in the dynamics of financial globalization: the role of institutions", *Journal of International Financial Markets, Institutions & Money* 22 (2012): 329 – 342.

[262] Wang, J., Blomstom, M., "Foreign investment and technology transfer: a simple model", *European Economic Review* 36 (1) (1992): 137 – 155.

[263] Williamson, C. R., Mathers, R. L., "Economic freedom, culture, and growth", *Public Choice* 148 (3/4) (2011): 313 – 335.

[264] Xu, B., Wang, J. M., "Capital goods trade and R&D spillovers in the OECD", *Canadian Journal of Economic* 32 (5) (1999): 1258 – 1274.

[265] Xu, C. G., "The fundamental institutions of China's reforms and development", *Journal of Economic Literature* 49 (2011): 1076 – 1151.

[266] Yan, C. L., Gong, L. T., *Growth Effects of Fiscal Policy in an Endogenous Growth Model with Capital Accumulation and Innovation* (Peking University, 2007).

[267] Young, A., "Growth without scale effect", *Journal of Political Economy* 106 (1) (1998): 41 – 63.

[268] Young, A., "The tyranny of numbers: confronting the statistical realities of the East Asia growth experience", *Quarterly Journal of Economics* 110 (3) (1995): 641 – 680.

[269] Yuko, K., "R&D and technology spillovers through FDI: innovation and absorptive capacity", *William Davidson Institute Working Paper*, No. 349 (2000).

[270] Zachariadis, M., "R&D – induced growth in the OECD?", *Review of Development Economics* 8 (3) (2004): 423 – 439.

[271] Zachariadis, M., "R&D, innovation and technological progress: a test of Schumpeterian growth without scale – effects", *Canadian Journal of Economics* 36 (3) (2003): 566 – 586.

[272] Zeng, J. L., "Physical and human capital accumulation, R&D and economic growth", *Southern Economic Journal* 63 (4) (1997):

1023 - 1038.

[273] Zeng, J. L. , "Reexamining the interaction between innovation and capital accumulation", *Journal of Macroeconomics* 25 (4) (2003): 541 - 560.

[274] Zeng, J. L. , Zhang, J. , "Long - run growth effects of taxation in a non-scale growth model with innovation", *Economics Letters* 75 (3) (2002): 391 - 403.

[275] Zeng, J. L. , Zhang, J. , "Subsidies in an R&D model with elastic labor", *Journal of Economic Dynamics and Control* 31 (3) (2007): 861 - 886.

[276] Zweimuller, J. , "Schumpeterian entrepreneurs meet engle's law: the impact of inequality on innovation - driven growth", *Journal of Economic Growth* 5 (2) (2000): 185 - 206.

[277] Zweimuller, J. , Brunner, J. K. , "Innovation and growth with rich and poor consumers", *Metroeconomica* 56 (2) (2005): 233 - 262.

图书在版编目(CIP)数据

中国创新发展:科技与制度"双驱动"路径/高伟著. -- 北京:社会科学文献出版社,2022.1(2023.2 重印)
国家社科基金后期资助项目
ISBN 978 - 7 - 5201 - 9669 - 7

Ⅰ.①中… Ⅱ.①高… Ⅲ.①国家创新系统 - 研究 - 中国 Ⅳ.①F204②G322.0

中国版本图书馆 CIP 数据核字(2022)第 006551 号

国家社科基金后期资助项目
中国创新发展:科技与制度"双驱动"路径

著　　者 / 高　伟

出 版 人 / 王利民
责任编辑 / 陈凤玲　李真巧
责任印制 / 王京美

出　　版 / 社会科学文献出版社·经济与管理分社(010)59367226
地址:北京市北三环中路甲 29 号院华龙大厦　邮编:100029
网址:www.ssap.com.cn

发　　行 / 社会科学文献出版社(010)59367028
印　　装 / 唐山玺诚印务有限公司

规　　格 / 开　本:787mm × 1092mm　1/16
印　张:14　字　数:221 千字

版　　次 / 2022 年 1 月第 1 版　2023 年 2 月第 2 次印刷
书　　号 / ISBN 978 - 7 - 5201 - 9669 - 7
定　　价 / 88.00 元

读者服务电话:4008918866

版权所有 翻印必究